PAROLES DU CIEL

MESSAGES DE MARIE A MEDJUGORJE

POUR CONNAITRE LES MESSAGES

-Par Minitel : 3615 FIS "Enfants de Medjugorje"

-Par répondeur téléphonique :
au 88 67 88 22 (Strasbourg), ce numéro donne le message en permanence.
au 88 65 12 24 (Strasbourg), ce numéro donne en permanence les dernières nouvelles sur Medjugorje. Elles sont renouvelées deux fois par mois, le 1er et le 15 du mois.
au 40 69 63 92 (Nantes) 24h/24h

- Autres répondeurs, pour le message uniquement :
- Paris : (1) 64 26 17 98
- Rouen : 35 98 10 84
- Perpignan : 68 87 78 09
- Canada : 418 774 20 64
- Landerneau : 98 20 90 33
- Lyon : 72 71 07 72
- Nantes : 40 25 72 86
- Montpellier : 67 65 59 50
- Cambrai : 27 78 74 61
- Belgique : 19 32 10 84 06 10 et 19 32 85 51 18 68

REMERCIEMENTS

Nous remercions le père René Laurentin d'avoir bien voulu mettre à notre disposition ses travaux sur les premiers messages, de 1981 à 1984.

Nous remercions également Terry Colafrancesco qui nous a autorisés à utiliser sa publication *Words from Heaven.*

Les messages à partir de juin 1984 ont été traduits du croate par Cyrille Auboyneau.

CYRILLE AUBOYNEAU

PAROLES DU CIEL

Messages de Marie à Medjugorje

Avant-Propos et conclusion de Soeur Emmanuel

12e édition (45e mille)
Mise à jour en septembre 1994

Editions des Béatitudes

En employant l'expression "la Vierge apparaît...", l'éditeur et les auteurs de ce livre n'entendent nullement devancer le jugement de l'Eglise quant à l'authenticité des apparitions de Marie à Medjugorje. Ils ne font que donner ici leur opinion personnelle ou celle de témoins des faits qui se déroulent à Medjugorje actuellement.

Ils déclarent publier ce livre dans un but d'information et se soumettront au discernement de l'Eglise dès que celle-ci se prononcera.

ISBN 2-905480-70-X

Avant-propos

"Il n'y a qu'un seul danger avec Medjugorje : passer à côté".
(Cardinal Hans Urs von Balthasar)

Ce soir-là sur la montagne, alors que plus de quinze mille personnes se pressaient autour du petit groupe d'Ivan, elle nous avait dit : **"Je vous demande, chers enfants, de prier spécialement pour la paix maintenant".**

Elle-même avait ensuite prié longuement à cette intention avec Ivan durant l'apparition. Certains ont été un peu déçus du message, car au premier degré de lecture ils se disaient : "la paix, encore la paix, elle dit souvent la même chose..." Il leur fallait du nouveau, de l'original, du "ça vient de sortir". Nous sommes descendus de la montagne en priant et je me demandais : "Que voit-elle, que voit-elle ... ?"

Arrivée à la maison, mon hôte croate me happe littéralement pour m'annoncer : "Incroyable ! Vers 22 h 30, ils ont pris les armes, ça avait chauffé tout l'après-midi entre les Serbes et les Croates et la guerre était déclarée, la route de Knin bloquée par les émeutiers. Ils l'ont dit à la télé. Et puis à 23 H, on ne sait pas pourquoi, tout s'est remis en ordre, ils ont décidé que la guerre n'aurait pas lieu, le calme est revenu, personne n'a tiré, c'était pourtant à deux doigts..."

J'avais ma réponse. C'était la demi-heure du **"Priez maintenant pour la paix"**. Ce soir-là encore, elle avait dit le mot qu'il fallait, et elle avait gagné la bataille...

Ainsi est-elle notre mère. Elle voit tout, elle sonde, elle scrute chaque coeur dans le monde. Elle connaît les pensées et les projets de chacun, les souffrances cachées, les péchés... Elle est plus intime à nous-mêmes que nous-mêmes.

C'est pourquoi quand elle parle, quand elle donne un message, elle sait ce qu'elle dit, elle sait de quoi elle parle. Ça vient de très loin. Rien à voir avec ces voeux pieux insipides qui n'engendrent que l'ennui. Le coeur de Dieu et ses désirs ? Elle en est la première confidente.

Les plans machiavéliques de Satan pour nous détruire ? Elle les voit en pleine lumière. Les événements à venir ? Non seulement elle les connaît, mais elle peut même les transformer grâce aux prières qu'elle recueille avec parcimonie auprès de nous.

Alors elle enseigne, elle prévient, démasque le mal ; elle exhorte, elle supplie, et console. Qui entendra sa voix ?

Cyrille Auboyneau, le deuxième auteur de ce livre après la Sainte Vierge, si j'ose dire, nous y aide puissamment. Arrivé en juin 1984 à Medjugorje, il y fait aussitôt une expérience spirituelle d'une telle force qu'il décide d'y passer sa vie et d'y devenir le disciple-témoin de la Vierge. Sa brillante formation universitaire ne l'y préparait guère. En effet, quelle est la place d'un intellectuel parisien dans ce village d'Herzégovine où la société est à 98 % paysanne ? Dès les premiers mois, sa connaissance de la langue croate lui permet de pénétrer les familles de l'intérieur. Il découvre avec émerveillement ce peuple que la Vierge a choisi entre mille autres pour incarner et porter son message au monde de l'électronique et de la désespérance. Il voit l'impact profond de la Vierge dans le coeur de ces villageois qui se mettent avec enthousiasme à son école ; il reçoit aussi les confidences des pèlerins bouleversés par la grâce...

Très vite, il devient l'ami des voyants, puis du père Jozo, "le prophète de Medjugorje", qui le choisit comme interprète. Il est le seul étranger à être introduit dans le groupe de prière des jeunes du village, confié à Ivan par la Vierge elle-même. Spontanément, pèlerins et journalistes français font appel à lui pour l'interprétation du croate. Il y excelle, ayant hérité des talents de sa mère, Russe d'origine, qui était l'interprète de Charles de Gaulle. J'ai vu Cyrille passer des heures à scruter un message nouvellement arrivé, pour en distiller toute la saveur, toutes les nuances, et s'en pénétrer comme on s'imprègne d'une lettre d'amour.

Six ans passés aussi en solitaire, grelottant l'hiver, dans cette contrée où l'on ne connaissait ni le chauffage, ni la bronchite avant l'arrivée des pèlerins, priant de longues heures sur la montagne et jeûnant autant que les voyants, chassé plusieurs fois par la police communiste et même emprisonné dix jours... Medjugorje fait réellement partie de son être.

C'est la raison pour laquelle je lui ai demandé de nous introduire dans l'esprit, dans la pédagogie profonde de la mère de Dieu, exprimés à Medjugorje. Je savais qu'il éviterait le piège : faire des phrases, de belles phrases autour des messages de la Vierge, comme pour l'excuser d'être trop simple, trop limpide. Mais Cyrille est plutôt bourru, dépourvu de tout souci de plaire, j'étais tranquille. "Tu sais bien que la Sainte Vierge n'aime pas beaucoup les mots, et d'ailleurs moi non plus. Elle dit ce qu'elle a à dire, c'est tout. Medjugorje, c'est la simplicité, c'est pour cela qu'elle peut atteindre une telle profondeur", aime-t-il à dire.

Belle guérison pour l'Occident, médiatisé à outrance, en quête de la vérité vraie, pure, cristalline, celle qui donne la vie au lieu de l'abîmer, celle d'une mère qui sait très bien comment nous sauver et qui nous le dit avec les mots de son insondable amour.

Soeur Emmanuel
Communauté des Béatitudes

1ère PARTIE

Le plan de Marie pour sauver le monde

*"Personnellement je suis profondément convaincu
de l'authenticité des apparitions à Medjugorje...
Il nous faut dès à présent accueillir avec joie les messages et les vivre".*
(Cardinal Tomasek, Prague)

La Sainte Vierge apparaît depuis le 24 juin 1981, dans le village de Medjugorje en Yougoslavie. Ce sont des apparitions quotidiennes.

Nous sommes en octobre 1990, quatre voyants voient la Mère de Dieu tous les jours. Chaque jour, elle leur parle et prie avec eux pour la paix dans le monde et pour les pèlerins qui viennent à Medjurgorje.

Quatorze millions de pèlerins environ sont venus à ce jour prier dans cette paroisse franciscaine d'Herzégovine. De très nombreuses conversions se sont produites en ce lieu, ainsi que de nombreuses guérisons physiques (plus de trois cent quatre-vingt dossiers de guérisons).

Entre les mois de juin 1981 et mars 1984 la Sainte Vierge a donné les grandes lignes de son message. Pendant cette période, elle répondait souvent aux questions des voyants sur de nombreux sujets. A partir du 1er mars 1984, Marie a commencé un enseignement hebdomadaire.

Chaque semaine, le jeudi, elle donnait un message pour la croissance spirituelle de la paroisse de Medjugorje. Ce message était également destiné à "toute personne voulant marcher sur le chemin de la sainteté" (paroles de la Sainte Vierge citées par la voyante Marija). Depuis le 25 janvier 1987 jusqu'à aujourd'hui, nous ne recevons plus qu'un message par mois, destiné au monde entier et que nous publions.

Ces messages hebdomadaires puis mensuels sont toujours donnés à la voyante Marija Pavlovic. D'autres messages sont reçus dans les groupes de prière, mais ne sont pas publiés pour le moment.

Les six voyants de juin 1981 ont des "apparitions" de la Sainte Vierge, c'est-à-dire qu'ils voient une personne réelle, en trois dimensions, qu'ils peuvent toucher et qui est vraiment présente en face d'eux.

Ces voyants sont Marija, Vicka, Ivan, Jakov, Ivanka et Mirjana.

Deux autres voyantes se sont ajoutées à eux en 1982, ce sont Jelena et Marijana qui ont des locutions intérieures et des visions intérieures. Elles voient sous une autre forme. Ce sont des visions "comme au cinéma", disent-elles. Elles reçoivent des messages pour la croissance spirituelle d'un groupe de prière à Medjurgorje. La Sainte Vierge, par Jelena et Marijana, donne aussi des conseils à la paroisse.

Donc, depuis 1981, nous avons reçu de très nombreux messages à Medjugorje. Quel est le contenu de ces messages ? C'est ce que nous voulons découvrir maintenant.

1- La durée des apparitions : pour nous conduire à la sainteté

Pourquoi la Sainte Vierge apparaît-elle depuis si longtemps ?

Fin 1990 nous en serons à neuf ans et demi d'apparitions quotidiennes. La Mère de Dieu nous donne une réponse. Lisons les messages.

> **"Vous savez, chers enfants, que je suis restée si longtemps à cause de vous, pour vous apprendre à marcher sur le chemin de la sainteté" (1er Janvier 1987).**

Nous ne pouvons apprendre la sainteté en quelques semaines ou en quelques mois, pour cela il faut de longues années. Nous devons suivre Marie pas à pas, "de jour en jour" comme elle le dit si souvent.

Elle veut nous "apprendre à marcher", pour cela nous avons besoin de sa douce pédagogie de Mère, au jour le jour, pendant longtemps.

Elle n'est pas venue seulement pour confirmer, encourager et montrer la voie. Elle est venue pour nous accompagner, nous guider à chaque pas. Nous enseigner. Marie veut être lontemps présente parmi les hommes.

> **"Je remercie aujourd'hui encore le Seigneur de tout ce qu'il a fait pour moi, surtout de m'avoir permis d'être encore aujourd'hui avec vous (...). Mon coeur suit votre pas avec sollicitude" (25 décembre 1986).**

Marie est venue nous apprendre à marcher et elle veut être à nos côtés à chaque pas, comme une maman qui suit avec amour tous les progrès de son enfant. Nous mener vers la sainteté est un long processus. Nous ne pouvons espérer cette grâce sans passer par une école. Marie a ouvert cette "école de sainteté" à Medjugorje où elle enseigne chaque jour sans relâche. Voilà pourquoi la Sainte Vierge parle beaucoup à ses enfants. Elle répète des choses simples, comme le fait une maman avec son bébé.

A Medjugorje, Marie donne des messages comme jamais auparavant.

> **"Je souhaite donner des messages comme jamais auparavant**

dans l'histoire depuis le commencement du monde" (Jeudi Saint, 4 avril 1985).

Il faut du temps à Marie pour nous aider à devenir des saints. Après huit ans et demi d'apparitions ne dit-elle pas.

"Vous guider comme un enfant incertain dans ses premiers pas" (25 décembre 1989).

et :

"Je vous invite sans cesse, et pourtant vous êtes encore loin" (25 octobre 1989).

et encore plus de précision :

"Depuis des années déjà vous êtes appelés à la sainteté, or vous en êtes encore loin" (25 mars 1989).

Même quand Marie est là en nous tenant la main, la sainteté demande un long mûrissement. Surtout dans un monde si éloigné parfois de l'Esprit du Christ. Le but de ces apparitions est de former des saints pour le renouveau de la foi en Jésus sur terre.

**"Je suis votre Mère, c'est pourquoi je veux vous mener à l'entière sainteté. Je veux que chacun soit heureux ici sur la terre et qu'il soit ensuite avec moi au Ciel.
C'est cela, chers enfants, le but de ma venue ici et c'est mon désir" (25 mai 1987).**

L'appel à la sainteté est le fondement de l'oeuvre de Marie à Medjugorje. Dieu n'a jamais pu aider le monde autrement que par la sainteté. Aucun salut éternel, aucune transformation en profondeur dans l'histoire ne sont possibles sans la prière et sans la sainteté. Cela était vrai au temps de saint François, c'est tout aussi vrai à la fin du vingtième siècle. Cela sera toujours vrai. Et la sainteté, c'est tout simple, cela veut dire : avoir l'Esprit Saint en soi. Avoir Dieu qui est amour en soi !

Seul l'amour des saints peut débloquer un monde crispé comme le nôtre dans le péché.

C'est cela le programme, le plan et le but des apparitions de Medjugorje. Nous ne pouvons faire en aucune façon l'économie de la sainteté. Nous ne pouvons vivre sans elle, voilà donc pourquoi Medjugorje dure avec Marie pour guide. Il lui faut guérir et sauver par la sainteté.

La Mère de Dieu veut soulever la terre par la sainteté. Sans saints le christianisme disparaîtrait sur terre et tout se dessècherait.

"Chers enfants, aujourd'hui, je vous appelle à la sainteté. Sans la sainteté, vous ne pouvez pas vivre" (10 juillet 1986).

2- Qu'est-ce que la sainteté ?

La sainteté, c'est l'amour. C'est la définition qu'en donne Marie.

C'est pour cela que personne ne peut avoir peur de la sainteté en disant : "C'est un appel trop élevé pour moi !" Personne ne peut avoir peur de l'amour et nul ne doit craindre cet accomplissement de l'amour qu'est la sainteté. Mais qui oserait dire à Marie : "C'est trop pour moi". N'ayez pas peur, car avec elle tout se fait en douceur ! La Vierge nous guide comme des enfants qu'elle connaît parfaitement dans la lumière de Dieu. Elle marche avec nous et elle sait comment il faut nous nourrir de l'Evangile, bouchée par bouchée, message par message, pour que nous produisions enfin les fruits de la sainteté, non par un acte volontariste, non pas "à la force du poignet", mais tout doucement, comme une grâce qui sera déposée dans nos coeurs. Et pourtant, oui ! La Mère de Dieu voit grand pour nous, son appel est immense :

> **"En particulier, chers enfants, je voudrais que vous soyez tous le reflet de Jésus, qui va luire dans ce monde infidèle qui marche dans les ténèbres. Je désire que vous soyez lumière pour tous" (5 juin 1986).**

Le simple désir de Marie est de nous nourrir de l'Evangile. Ainsi a-t-elle dit à Marija :

> **"Tout ce que je dis dans mes messages ici est déjà inscrit dans la Bible".**

Dans les premières années la Sainte Vierge disait souvent :

> **"Vous trouverez tout dans l'Evangile".**

ou

> **"Pourquoi poser tant de questions ? La réponse se trouve dans l'Evangile".**

ou encore

> **"N'allez pas à la recherche de voies extraordinaires, prenez plutôt l'Evangile et lisez-le : là tout est clair".**

C'est pour cela qu'elle est venue : pour nous donner son Fils Jésus, et pour que nous vivions son Evangile. Pour ressembler à Jésus, pour devenir son reflet comme nous le demande Marie, nous devons nous imprégner de son Evangile, être son Evangile.

Ainsi, l'appel de Medjugorje vise haut : être le reflet de Jésus, être un saint. Mais comme le disait mère Teresa de Calcutta : "La sainteté est le devoir de tout chrétien". La Sainte Vierge nous donne à Medjugorje une définition très simple de la sainteté : l'amour.

"Chers enfants, aujourd'hui, je vous appelle à la sainteté. Sans la sainteté, vous ne pouvez pas vivre. C'est pourquoi par l'amour, soyez victorieux de tout péché. Par l'amour surmontez toutes les difficultés qui vous viennent. Chers enfants, je vous en prie, vivez en vous l'amour" (10 juillet 1986).

Le saint c'est celui qui lutte contre le mal et le péché par l'amour. L'amour est son arme. L'amour est sa définition et son moyen d'action.

"Surtout, chers enfants, à l'endroit où vous vivez, agissez avec amour.
Que votre unique moyen soit toujours l'amour" (31 juillet 1986).

La sainteté, c'est l'amour qui s'incarne en un être humain.
L'amour est tout puissant au service de Dieu.

"L'amour fait de grandes choses" (12 avril 1987).

Sans amour, il n'y a ni sainteté, ni salut. Le manque d'amour tue, paralyse tout, empêche la grâce et l'action de l'Esprit.
Sans amour, l'homme est totalement infirme, car Dieu l'a créé pour l'amour.

"Mais sans l'amour vous n'arriverez à rien" (13 décembre 1984).

"Sans amour, chers enfants, vous ne pouvez rien" (29 mai 1986).

C'est une grande leçon que nous donne là la Sainte Vierge.
Pensions-nous sauver le monde par la science, l'intelligence, l'art, la politique, la force ?
Non, nous dit Marie, c'est par l'amour que nous sauverons le monde. Voilà ce dont le monde manque le plus : l'amour. L'amour guérit, transforme, sauve et donne la paix. Medjugorje est un hymne sublime à l'amour.

3- Se décider pour l'amour

Tout dépend de nous et de notre décision.
La Sainte Vierge est tout amour. Quand nous demandons aux voyants de décrire l'apparition, ils disent : "C'est au-delà des paroles. On ne peut décrire la joie et l'amour que donne la Gospa (Notre-Dame en croate) au moment de l'apparition".
Le mot qui décrit le mieux la Gospa, c'est le mot : amour.
Marie nous parle de son amour pour nous :

"Vous savez que je vous aime, que je brûle d'amour pour vous. C'est pourquoi chers enfants, décidez-vous à aimer, brûlez

d'amour. Apprenez à connaître de jour en jour l'amour de Dieu. Chers enfants, décidez-vous pour l'amour. Que l'amour prédomine en chacun d'entre vous, mais non pas un amour humain mais un amour divin" (20 novembre 1986).

Ainsi, dès l'abord, nous voyons se dessiner le programme de vie de la Sainte Vierge. Avant même de nous pencher sur le commencement des apparitions, nous avons tout de suite pénétré au coeur même du message : se décider pour l'amour pour devenir un saint.

Se décider veut dire ici savoir quelle est la priorité dans nos vies, s'efforcer de toujours tenir à l'amour et avoir une claire vision des choses dans sa vie : hors l'amour et en son absence, tout perd sa signification.

Notre seul but : aimer. Chaque jour notre amour doit croître.

"Je vous demande de croître dans l'amour" (10 avril 1986).

4 - Le commencement

Selon l'exégèse biblique ancienne toute chose est contenue dans son propre commencement. Il en est ainsi pour Medjugorje. Tout Medjugorje est contenu dans les premiers moments et les premières paroles. Les premiers jours des apparitions contiennent déjà tout l'essentiel du plan de la Sainte Vierge. Le premier jour, le 24 Juin 1981, les enfants-voyants se sont enfuis et Marie n'a pas parlé. Le deuxième jour le groupe des voyants s'était constitué : Ivanka, Mirjana, Marija, Ivan, Jakov et Vicka. Ces six voyants allaient avoir des apparitions quotidiennes.

Ce jour-là la Sainte Vierge parla pour la première fois.

Quelles furent ses toutes premières paroles ? Elle dit aux voyants et à travers eux au monde entier :

"Loué soit Jésus".

C'est la salutation traditionnelle du peuple croate, employé quotidiennement et constamment depuis des siècles dans les villages catholiques d'Herzégovine. La réponse à cette salutation est : "Toujours Jésus". C'est ce qu'ont répondu tous les voyants.

"Loué soit Jésus", évidemment, c'est le message de la Sainte Vierge, la première parole et aussi la parole la plus importante. A chaque apparition sans exception la Mère de Dieu salue ainsi : **"Loué soit Jésus !"**

Elle nous dit donc, en quelque sorte : "Je suis venue pour Jésus, pour que nous le louions ensemble, moi, vous et le monde entier. C'est mon premier message. On ne loue plus Jésus, le monde pense être heureux sans lui et alors voilà pourquoi, moi qui suis sa Mère, je suis venue vous dire : 'Loué soit Jésus !' Le salut est en lui et en lui seul, vous ne pouvez pas oublier cela. Revenez à lui !" Voilà le message fondamental de Marie à

Medjugorje. Quelques années plus tard elle précisera :

"La lumière ne règnera dans le monde que si les hommes acceptent Jésus, que s'ils vivent ses paroles, que si les hommes vivent la parole de l'Evangile.
Chers enfants, voici la raison de ma présence parmi vous depuis si longtemps.
Je veux vous mener sur le chemin de Jésus !
Je veux vous sauver, et à travers vous sauver le monde entier.
Beaucoup de gens vivent de nos jours sans la foi. Certains ne veulent même pas entendre parler de Jésus, et pourtant ils veulent la paix et la satisfaction !" (30 juillet 1987).

Le deuxième jour des apparitions, le 26 Juin 1981, la Sainte Vierge dira une seconde phrase fondamentale qui contient elle aussi son plan, ses intentions, en nous expliquant la raison de sa venue à Medjugorje.

Ivanka demanda à la Gospa : "Pourquoi es-tu venue ici ? Que désires-tu ?"

La réponse fut :

"Je suis venue parce qu'il y a ici beaucoup de vrais croyants. Je désire être avec vous pour convertir et réconcilier le monde entier" (26 juin 1981).

Ainsi, la Sainte Vierge est venue pour convertir le monde entier !

Le commencement de Medjugorje et sa fin dernière : louer Jésus pour convertir le monde à Jésus.

5 - Pour convertir le monde entier, chacun est choisi

Plusieurs messages nous montrent que Marie, en effet, veut toucher le monde entier. Chacun est choisi par elle pour participer à son grand plan de salut.

Elle veut nous faire don de la sainteté pour que le monde soit sauvé par la sainteté. Au cours des premières apparitions de 1981 sur la montagne de Podbrdo la Sainte Vierge a dit aux voyants :

"Je vous ai choisis. J'ai besoin de vous. Vous êtes importants".

Ces mêmes paroles sont dites à chaque pèlerin venant à Medjugorje.

Chaque pèlerin est choisi personnellement par Marie. Chaque pèlerin est important pour son plan. Nous devons prier pour comprendre tout ce que Dieu veut accomplir par chacun d'entre nous. Nous sommes vraiment importants aux yeux de la Sainte Vierge et elle nous dit même :

"Sans vous je ne peux pas aider le monde" (28 août 1986).

Notre "oui" à Dieu et au plan de sa Mère est indispensable pour le salut du genre humain. Chaque homme est invité à devenir un artisan de paix pour coopérer avec la Sainte Vierge dans son dessein de salut.

> **"Je veux que vous coopériez avec moi en tout, même dans les choses les plus petites" (28 août 1986).**

Coopérer en quoi ? Coopérer au salut du monde, pour cela chacun est choisi, chacun est important. Tout âme sincère disant son "oui" deviendra un artisan de paix, avec la Sainte Vierge, pour le salut du monde. Pour cela il faut prier et changer de vie.

> **"Chers enfants, voilà, à partir d'aujourd'hui vivez tous une nouvelle vie. Chers enfants, comprenez que Dieu a choisi chacun d'entre vous pour l'utiliser dans un grand plan de salut de l'humanité" (25 janvier 1987).**

C'est bien chacun d'entre nous. Non pas seulement les voyants ou les villageois de Medjugorje. C'est de chaque "homme de bonne volonté" dont il s'agit. Dieu et Marie t'ont choisi, toi ! Etre unique avec lequel Dieu veut accomplir de grandes choses. Tu l'ignores, cela te semble difficile à croire... Dieu te demande de le comprendre. "Comprenez que Dieu a choisi chacun d'entre vous". Et Dieu te donne le moyen pour le comprendre. La prière est ce moyen.

Il est normal que spontanément nous disions : "Comment suis-je choisi ? Pourquoi suis-je choisi ?" Dans la prière profonde nous allons comprendre que nous sommes choisis, que nous sommes importants aux yeux de Dieu.

Dans la prière se dévoilera notre rôle dans le plan de Dieu.

> **"Vous ne pouvez comprendre l'importance de votre rôle dans les desseins de Dieu. C'est pourquoi, chers enfants, priez pour comprendre le plan que Dieu a pour vous. Je suis avec vous pour vous permettre de le réaliser dans sa plénitude"**
> **(25 janvier 1987).**

Nous devons rechercher Dieu et son plan dans la prière. La Vierge Marie obtient beaucoup de grâces, nous devons les comprendre, les vivre, les porter au monde.

> **"Priez pour pouvoir comprendre tout ce que je donne ici (...) Sachez que sans prière vous ne pouvez comprendre ce que Dieu veut accomplir à travers vous" (25 avril 1987).**

Cet aspect du message est tout à fait spécifique à Medjugorje.

C'est un appel à chacun pour sauver le monde. Celui qui, dans ce monde, a compris que Dieu a posé son regard sur lui et lui dit : "Je t'ai choisi, viens pour oeuvrer au salut du monde". Celui qui a saisi cela a fait un grand pas dans sa vie spirituelle. C'est cela la particularité de ces apparitions en Yougoslavie.

Medjugorje est unique par bien des côtés.

Vicka dit souvent : "Ce que la Gospa fait à Medjugorje n'a jamais été fait nulle part avant et ne le sera jamais après. C'est unique dans l'histoire".

6 - L'importance de Medjugorje

A Ivanka, lors de sa dernière apparition quotidienne, la Sainte Vierge disait .

> **"Personne sur cette terre n'a jamais reçu les grâces que toi-même et tes frères et soeurs (les autres voyants) avez reçues" (7 mai 1985).**

Ainsi, ce qui est réalisé par Dieu à Medjugorje est unique dans l'histoire. Cela est confirmé par d'autres messages et cela est dit par Marie sous de multiples formes.

> **"Je souhaite donner des messages comme jamais auparavant dans l'histoire, depuis le commencement du monde" (4 avril 1985).**

D'autre part la Sainte Vierge a dit, et cela est confirmé par plusieurs messages, que nous assistons à Medjugorje aux dernières apparitions sur terre.

> **"Je suis venue appeler le monde à la conversion pour la dernière fois. Après cela, je n'apparaîtrai plus sur cette terre" (2 mai 1982).**

Cependant, cela ne veut pas dire qu'il n'y aura pas de charismes mariaux après Medjugorje. La voyante Marija précise à des pèlerins en 1990 : "Certaines personnes recevront sûrement des visions de Marie et d'autres charismes venant d'elle. Mais il n'y aura plus d'apparition sous la forme que nous connaissons ici, c'est-à-dire une présence réelle d'une personne que nous voyons en trois dimensions. Une personne que nous pouvons toucher et qui est présente en face de nous comme vous êtes présents en face de moi maintenant. La Gospa vient nous voir réellement, avec son corps". C'est cela une "apparition". Eh bien, d'apparitions il n'y en aura plus après la fin de Medjugorje.

Cela ne veut pas dire non plus qu'il n'y ait pas d'apparitions à l'heure actuelle dans le monde alors que l'événement de Medjugorje se déroule.

Au contraire, la Sainte Vierge nous dit que nous vivons un temps de grâces où Dieu est actif, car il veut ramener les hommes à lui. Mais après la fin des apparitions de Medjugorje il n'y aura plus dans le monde d'apparitions authentiques, "seulement certaines fausses apparitions" nous dit la Sainte Vierge.

Nous recevons beaucoup de messages qui nous prouvent à quel point Medjugorje est important aux yeux de la Sainte Vierge. Elle veut faire de Medjugorje un exemple pour toutes les paroisses de l'Eglise, car cette paroisse est unique et qu'elle a été choisie de façon toute particulière :

> **"Cette paroisse que j'ai choisie est particulière. Elle se différencie de toutes les autres (...) Chers enfants, je donne des messages d'abord aux habitants de la paroisse. Ils sont destinés ensuite à tous les autres" (6 février 1986).**

Il y aurait donc un privilège donné à ce village et à ses habitants. La Mère de Dieu ne dit-elle pas :

> **"Chers enfants, vous êtes un peuple élu et Dieu vous a donné de grandes grâces" (15 novembre 1984).**

Et encore :

> **"J'ai choisi cette paroisse de façon particulière. Elle m'est plus chère que les autres où j'ai été heureuse de séjourner quand le tout-puissant m'envoya" (21 mars 1985).**

Nous ne réalisons pas toujours l'importance de ce choix et l'importance des grâces que Marie donne en ce village. A un théologien français qui demandait à Marija : "Pourquoi venir à Medjugorje, car la Sainte Vierge est présente partout où les hommes la prient ?" Marija répondit : "A Medjugorje la Gospa donne des grâces particulières".

La Gospa nous reproche souvent de ne pas réaliser l'importance de Medjugorje et des grâces qu'elle y donne :

> **"Non, vous ne savez pas combien de grâces Dieu vous donne" (9 mai 1985).**

Nous devons comprendre dans la prière le sens de la présence de la Gospa et l'importance des grâces qu'elle offre à ceux qui s'ouvrent pour les recevoir. De grands, très grands dons sont reçus à Medjugorje : guérisons physiques et spirituelles, réconciliations, nouvelles amitiés et surtout la joie immense d'une rencontre personnelle avec Dieu qui transfigure nos vies. Tout cela est perçu et reçu dans la prière, surtout par un simple élan du coeur.

> **"Priez, vous ne le regretterez pas. Dieu vous donnera des dons pour lesquels vous le glorifierez jusqu'à la fin de votre vie terrestre" (2 juin 1984).**

Mais il faut puiser la grâce en un lieu unique au monde : dans le village de Medjugorje, dans l'église du village où la Sainte Vierge est apparue tant de fois, sur la colline des premières apparitions, sur la colline de la croix où elle fit tant de signes miraculeux.

"A Medjugorje se trouve la source des grâces" dit la Gospa.

Venons et buvons abondamment à cette source. Marie appelle aussi Medjugorje "l'oasis de paix", et de plus en plus, le monde devient un désert où Dieu n'est plus trouvé par l'homme. Venons donc au lieu de la source, pour boire Dieu et goûter sa paix.

7 - La valeur de la prière

Constamment la Sainte Vierge nous appelle à la prière. A Medjugorje, rares sont les messages sans une référence à la prière. Marie nous demande de prier beaucoup, de consacrer notre vie à la prière. Notre grand problème dans le monde moderne c'est que nous avons perdu goût à la prière, depuis des siècles pourrait-on dire... Nous ne reconnaissons plus la valeur de la prière. Elle nous paraît spontanément comme quelque chose d'un peu bizarre et de superflu. Mais la Sainte Vierge nous dit : **"Il y a beaucoup de chrétiens qui ont perdu la foi parce qu'ils ont perdu la prière".**

Si l'homme perd la prière, il va très vite perdre sa relation à Dieu et donc sa foi. Il faut reconstruire le christianisme par la prière, car sans elle c'est le vide et l'absence. La première étape pour nous est de reconnaître la valeur de la prière.

> **"Vous ne comprenez pas la valeur de la prière !"**
> **(2 octobre 1986).**

Pour apprendre à découvrir l'esprit de la prière, il faut se décider pour la prière. En quelque sorte il faut arrêter un moment le rythme de notre vie moderne trépidante où beaucoup de choses nous attirent pour nous éloigner de Dieu.

Pour découvrir la prière "un nouvel esprit venant de Dieu doit venir habiter en nous". Pour cela il faut faire un petit effort et suivre les conseils de la Sainte Vierge. Nous ne comprendrons pas la valeur de la prière tant que nous ne nous dirons pas à nous-mêmes :

> **"C'est le moment de la prière, rien n'a maintenant d'importance, ni personne, seul Dieu" (2 octobre 1986).**

Marie nous demande de nous décider pour la prière et que la prière soit "vie pour nous".

> **"Chers enfants, consacrez-vous à la prière avec un amour particulier, ainsi Dieu pourra vous récompenser par des grâces" (2 octobre 1986).**

Nous avons aussi oublié la force de la prière. La prière peut changer le monde. Elle peut tout transformer, nous et le monde. "**Par la prière,** dit la Sainte Vierge, **on peut arrêter et empêcher les guerres. Par la prière on peut transformer les lois naturelles**".

Marie, qui s'est présentée à Medjugorje comme Reine de la Paix et de la Réconciliation, demande en particulier que nous priions pour la paix. **"Sans prière il n'y a pas de paix"** dit-elle. La paix est sans doute l'intention de prière principale de la Sainte Vierge à Medjugorje.

"Priez pour la paix dans vos coeurs, puis pour la paix dans vos familles et ensuite cette même paix que vous avez reçue de Dieu vous pourrez la porter au monde entier pour être les artisans de ma paix dans le monde" (cité par Vicka).

Quelles sont les prières que la Sainte Vierge recommande à Medjugorje ?

D'abord, les sept "Pater", "Ave" et "Gloria" avec le "Credo". C'est la prière traditionnelle de Medjugorje. La Gospa a dit aux enfants-voyants dans les premiers jours que sa prière préférée était le "Credo".

En 1984, elle nous demandait d'ajouter les trois parties du Rosaire tous les jours. Les prières à l'Esprit Saint sont aussi demandées par Marie ; avant la messe et avant l'apparition c'est le "Veni Creator Spiritus" qui est récité. Et enfin :

> **"Je vous appelle aujourd'hui à la prière de consécration à Jésus, mon Fils bien-aimé, pour que chacun de vos coeurs soit à lui" (25 octobre 1988).**

Se consacrer ainsi à Jésus est un engagement profond que nul ne peut prendre à la légère. Cela veut dire être entièrement à Jésus-Christ, être aussi entièrement à Marie :

> **"Et aussi je vous invite à la consécration à mon coeur immaculé" (25 octobre 1988).**

Marie voudrait une consécration de toutes les familles, de toutes les paroisses à Jésus et à son coeur immaculé.

> **"Je souhaite que vous vous consacriez personnellement, mais aussi en tant que familles et en tant que paroisses, pour que tout appartienne à Dieu par mes mains. Ainsi, chers enfants, priez pour saisir la grandeur de ce message que je vous donne" (25 octobre 1988).**

L'appel à la prière est fondamental, car c'est de la prière que tout vient : la conversion, les grâces, la joie, la connaissance de Dieu, le discernement, la force, la persévérance, l'amour et tous les dons de l'Esprit. Par la prière nous pouvons reconstituer le lien qui a été détruit par le mal, nous pouvons recevoir la lumière. La prière est une arme de lutte contre Satan. La Sainte

Vierge nous dit qu'il faut entrer dans un combat contre la puissance des ténèbres, c'est-à-dire cette puissance qui fait que les gens tuent, haïssent, détruisent, pervertissent...

> **"Je vous invite à commencer, particulièrement maintenant, le combat contre Satan par la prière (...) Revêtez l'équipement du combat et soyez victorieux, le chapelet à la main" (8 août 1985).**

L'équipement du combat c'est notre volonté de lutte contre le mal, dans sa dimension intérieure ; c'est aussi le chapelet vu comme arme de la victoire contre les forces de mort et de destruction. Le chapelet que l'on prie et que l'on tient en main "comme signe pour Satan que nous appartenons à la Sainte Vierge et non pas à Satan".

Il y a guerre entre le bien et le mal. La prière guérit le mal, l'empêche d'agir, elle nous rend fort. Nous donne la victoire.

La Gospa nous demande de prendre goût à la prière en profondeur, il faut qu'elle soit une joie. Si nous ressentons de la sécheresse dans la prière, il faut continuer et demander la joie dans la prière.

Dieu par Marie accorde beaucoup de joie dans la prière à Medjugorje.

La prière est une rencontre avec une personne invisible, mais vivante et réelle. Ne l'oublions pas. Cette personne est le Dieu vivant. Les voyants voient quelle joie la prière peut donner à la Sainte Vierge.

Si nous pouvions nous aussi voir cette joie de Marie, nous serions tout de suite convaincus de l'immense importance et de la nécessité de la prière. Nous pouvons cependant voir, nous qui ne sommes pas voyants, les fruits de la prière chez notre prochain et chez les voyants eux-mêmes.

Nous voyons comme la prière est une force de santé spirituelle et de transfiguration. **"La prière est un médicament qui guérit"** dit Marie. Dans la prière nous ouvrons notre coeur, car Dieu veut nous parler ; tendons l'oreille, tendons tout notre être vers lui, car la prière est aussi une conversation avec Dieu et nous devons donc nous attendre à une réponse de sa part.

> **"La prière, c'est parler avec Dieu" (20 octobre 1984).**

> **"La prière est une conversation avec Dieu. En toute prière vous devez être à l'écoute de la voix de Dieu" (10 septembre 1984).**

Par la prière je peux résoudre les difficultés, Dieu va me donner une clef pour comprendre. Il faut avoir cette conscience de la possibilité très réelle d'une réponse de Dieu dans la prière. Il faut avoir confiance et espérance que Dieu va parler, car il veut notre bien et il veut nous guider.

Il ne nous laisse pas sans réponse et il trouve un moyen pour nous parler et nous donner dans le coeur des certitudes. Par la prière, il clarifie notre pensée et purifie notre coeur.

Nous n'avons pas à avoir de "locutions" pour discerner la volonté et la parole de Dieu. Il est un Dieu qui se révèle à l'homme de diverses façons. Dieu nous parle au coeur par la voix de notre conscience renouvelée par la prière et de bien d'autres manières.

> **"Prier veut dire écouter Dieu.**
> **La prière est utile, car après la prière tout est clair.**
> **La prière fait connaître le bonheur" (20 octobre 1984).**

La prière éclaire notre conscience pour nous faire voir la vérité.

Dieu veut nous guider et nous éclairer, nous faire sortir de nos impasses.

> **"Par la prière vous trouverez une issue aux situations impossibles" (28 mars 1985).**

Mais nous devons avoir confiance. Confiance que Dieu est là, présent et tout proche. Confiance qu'il peut tout faire. Cette foi est essentielle pour approfondir et sans cesse enrichir notre contact avec Dieu. Si nous avons foi et confiance, la Reine du Ciel et Dieu lui-même nous guideront.

"Le plus important est d'avoir une foi ferme" dit toujours Vicka.

> **"Chers enfants, aujourd'hui, je vous demande de commencer à prier le Rosaire avec une foi vive. Ainsi, je pourrai vous aider. Vous voulez, chers enfants, obtenir des grâces ; mais vous ne priez pas. Je ne peux donc pas vous aider, car vous ne vous êtes pas mis en mouvement" (12 juin 1986).**

Avant même d'être une "école de la sainteté", Medjugorje est une "école de la prière". La Vierge Marie apprend d'abord aux voyants à prier : eux nous apprennent à notre tour ce qu'ils ont appris et ressentent auprès de la Reine, qui non seulement enseigne par ses messages, mais surtout par son exemple si parfait. Cet exemple est vu par des êtres humains tous les jours sur cette terre. O merveille ! Ainsi une fenêtre directe sur la réalité divine et sur la prière a été ouverte dans le voile qui sépare le visible de l'invisible.

Les voyants voient l'invisible et sa réalité paradoxale mais parfaite et infinie. Ils nous transmettent une part de l'invisible. Ainsi, Marie nous apprend, par voyants interposés, les réalités divines et en particulier la prière. C'est son désir :

> **"Je veux vous apprendre à prier" (12 juin 1986).**

8 - Prier avec le coeur ou la guérison par la prière pour sauver le monde

La qualité de la prière est très importante. Il ne s'agit pas seulement d'aligner les chapelets. La prière doit être toujours un mouvement de l'âme vers Dieu. Cela doit être une rencontre avec Dieu, or nous ne pouvons rencontrer Dieu que dans la profondeur. Une prière qui ne serait qu'une répétition de mots avec notre esprit qui demeurerait en surface, cette prière serait stérile.

Au contraire, nous sommes appelés à une prière en profondeur.

"Priez, priez, priez" répète sans cesse Marie à Medjugorje. Cela veut dire : priez beaucoup.

Cela veut dire aussi : rentrez en profondeur dans la prière. Comme si la prière avait trois paliers de profondeur dans lesquels il faudrait plonger : **"Priez, priez, priez"**. Ce qu'il faut c'est pénétrer dans la prière.

"Beaucoup viennent prier mais n'entrent pas dans la prière" nous dit la Sainte Vierge.

Notre prière est superficielle car nous avons une idée souvent fausse de la prière. La prière est un acte d'amour ; si nous comprenions cela nous ferions un immense pas vers le vrai esprit de la prière.

La prière doit être une rencontre avec l'amour. Il doit y avoir un désir et une joie dans la prière. "La prière doit être : jouissance en Dieu, fleurissement en Dieu. La prière, c'est être plein de paix, être plein de joie".

D'où l'une des paroles clefs de Medjugorje : Prier avec le coeur. Prier avec le coeur, c'est prier avec amour. Le coeur est le symbole de l'amour. Cela veut aussi dire, prier du fond du coeur. C'est-à-dire s'exprimer vers Dieu dans un élan qui vient du plus profond de soi.

Oui, la qualité de la prière est essentielle. En fait, la prière est non seulement une conversation avec Dieu, elle est aussi une union avec Dieu.

> **"Aujourd'hui, je vous appelle à la prière avec le coeur. Pendant ce temps de grâces je désire que chacun d'entre vous s'unisse à Jésus. Mais sans la prière constante vous ne pouvez ressentir la beauté et la grandeur des grâces que Dieu peut vous donner" (25 février 1989).**

La prière constante est cette prière qui vit en nous toute la journée. C'est cet "Esprit de Dieu qui prie en nous".

Cette prière qui habite nos âmes, sans que nous soyons formellement en oraison, est le fruit de la prière avec amour que nous appelons : la prière du coeur. C'est un don que Dieu procure. La prière va rester vivante en nous et comme dit la voyante Marija : "La Gospa dit que notre coeur, s'il sait prier priera sans cesse ; dans la journée quand nous travaillons, quand nous rions, quand nous lisons. Cet esprit de la prière sera vivant en nous sans même que nous disions une parole. Même en dormant nous allons ainsi prier sans cesse".

C'est ainsi que la prière devient la source de la vie en nous.

Tout ce qui est bon et beau en nous est actif dans nos coeurs grâce à l'amour de Dieu qui travaille en nous. Cette prière continue dont nous parlons est en fait le travail d'amour de Dieu dans nos coeurs à chaque instant. Ainsi la prière est pour nous source de vie, source d'amour. La prière est joie et paix dans nos coeurs.

> **"Chers enfants, je vous appelle à la prière. Par la prière, petits enfants, vous obtenez la joie et la paix. Par la prière vous vous enrichissez de la grâce de Dieu. C'est pourquoi, petits enfants, que la prière soit vie pour chacun d'entre vous (...) Ainsi, petits enfants, priez, priez, priez ! Que la prière prenne le pouvoir dans le monde entier !" (25 août 1989).**

L'appel de Marie à Medjugorje est en quelque sorte une révolution de la prière.

> **"Que la prière prenne le pouvoir dans le monde entier !" (25 août 1989).**

La Reine de la Paix nous le dit de façon tout à fait claire et c'est son cri dans notre désert, un cri qu'il nous faut accepter entièrement dans toutes ses conséquences :

> **"Enfants ! Voilà pourquoi j'ai tant besoin de vos prières : La prière est le seul moyen pour sauver la race humaine !" (30 juillet 1987).**

Mais seule une prière d'amour, une prière du coeur pourra sauver le monde. La prière travaille à guérir le monde, à le transformer : par la prière et par son énergie réparatrice il y a davantage d'amour sur terre. La prière du coeur guérit, reconstruit, régénère.

9 - La joie de la prière

Celui qui prie avec le coeur ressentira de la joie dans la prière, une joie profonde.

> **"Chers enfants, aujourd'hui, je vous demande : priez, priez, priez ! Vous connaîtrez dans la prière la joie la plus grande" (28 mars 1985).**

Encore une fois l'expression : **"Priez, priez, priez !"** est non seulement un appel à augmenter nos prières, mais aussi à les approfondir. Une chose que les pèlerins découvrent souvent à Medjugorje c'est que la prière n'est pas ennuyeuse. Cette grâce leur est donnée directement par la Sainte Vierge (dans la prière). Ils la découvrent en regardant les habitants de Medjugorje prier - des milliers et des milliers de pèlerins apprennent enfin que prier peut être une immense joie. Si nous recherchons vraiment Dieu dans la prière, il nous donne à Medjugorje une intimité avec son amour qui emplit le coeur de joie.

"Une chose fondamentale dans la prière", nous dit la Reine de la Paix, **"est d'avoir un grand désir de Dieu et un grand désir de sauver les âmes"**. L'amour de Dieu et l'amour du prochain sont bien sûr les choses les plus importantes. Il faut retrouver dans notre coeur au moment de la prière ces deux aspects de l'amour, qui sont en fait un amour unique.

La joie dans la prière est une demande de Marie à Medjugorje, il faut rechercher cette joie. Si elle est absente Marie nous dit qu'**"elle ne peut pas nous guider"**.

> **"Chers enfants, je vous demande de prier le Rosaire. Qu'il soit pour vous un engagement que vous accomplirez avec joie" (12 juin 1986).**

La prière c'est demander à Dieu, mais c'est aussi le glorifier.

Le glorifier dans la joie et l'amour.

> **"Glorifiez Dieu, petits enfants, avec le chant de louange de l'amour, pour que l'amour de Dieu puisse grandir de jour en jour jusqu'à sa plénitude" (25 juin 1988).**

Si nous trouvons des difficultés dans la prière, ce qui est normal, car Satan n'est pas du tout content quand nous prions, il faut offrir nos difficultés, nos distractions à Dieu et dans la persévérance.

Lui demander de nous donner la grâce de la prière du coeur avec amour et abandon. C'est un cadeau que Marie demande souvent au Père pour nous et qui est souvent accordé. Mais pour cela il faut **"du courage"**, nous dit la Gospa, car les distractions sont si fortes parfois qu'elles risquent de nous décourager complètement. La prière vraie (comme l'amour) doit provenir d'une décision de notre part.

> **"Chers enfants, aujourd'hui encore, je vous appelle à la prière. Je vous appelle sans cesse, mais vous êtes encore loin. Ainsi, décidez-vous avec sérieux à consacrer du temps à Dieu" (25 octobre 1989).**

Prier, c'est vouloir consacrer un temps de la journée à un acte divin : rencontrer Dieu lui-même. Seule une prière dans le silence et la paix peut nous donner cette concentration nécessaire pour faire vraiment cette rencontre :

> **"Dans la journée prévoyez un temps où vous allez pouvoir prier et rencontrer le Dieu créateur dans la paix et l'humilité" (25 novembre 1988).**

Il faut désirer la joie de la prière, la demander. C'est un don qui viendra de Dieu, comme la grâce d'une guérison, soudain après avoir fait la demande, la joie est présente ! Je demande à Dieu l'amour et la joie dans la prière. Je demande à Dieu ma guérison. Et soudain Dieu accorde !

> **"Veillez pour que chaque rencontre dans la prière soit joie de votre rencontre avec Dieu" (25 novembre 1988).**

Nous devons avoir toujours confiance, même après des années de prière dans la sécheresse. A Medjugorje Marie donne cette grâce de la joie de prier. Elle est avec nous pour cela et elle nous apprend la prière avec le coeur, la prière dans la joie.

> **"Je suis avec vous et je désire vous apprendre à prier avec le coeur. Dans la prière avec le coeur vous aurez une rencontre avec Dieu. C'est pourquoi, petits enfants, priez, priez, priez !" (25 octobre 1989).**

Il est évident, d'ailleurs, que l'une des raisons principales de la présence de la Gospa depuis si longtemps à Medjugorje est justement de nous apprendre à prier avec joie :

> **"Chers enfants, je vous demande de prier le Rosaire. Qu'il soit pour vous un engagement que vous accomplirez avec joie. Ainsi, vous comprendrez pourquoi je suis restée si longtemps avec vous : je veux vous apprendre à prier !" (12 juin 1986).**

Si nous prions avec insistance, la Sainte Vierge nous promet de nous donner la joie.

> **"Priez sans cesse. Ainsi, je vous donnerai la joie qui m'est offerte par le Seigneur" (19 juin 1986).**

Le mot joie revient très souvent dans les messages de Marie à Medjugorje. Une vie spirituelle sans la joie est une vie spirituelle complètement ratée. Il suffit de rencontrer les voyants de Medjugorje, les membres des groupes de prière pour savoir combien la joie est vivante dans le coeur de chaque personne vivant au contact de la Reine de la Paix. La joie est partout à Medjugorje, dans les coeurs, dans la prière, dans les chants et dans la liturgie.

C'est en premier lieu la prière qui doit être une joie pour nous. La prière doit être un mouvement actif de l'âme vers Dieu, ainsi elle sera véritablement une joie :

> **"Aujourd'hui, je vous appelle à rentrer activement dans la prière (...) La prière sera joie pour vous. Si vous décidez de commencer, la prière ne vous ennuiera pas, car vous prierez dans la joie" (20 mars 1986).**

Encore une fois, la chose importante qui est demandée ici c'est la décision. Décidons-nous pour la prière avec une volonté ferme. Alors

Dieu nous guidera, nous aidera à prier et à trouver sa présence dans la prière, ce qui nous procurera "la joie la plus grande".

10 - Les trois messages où Marie nous explique la raison de sa venue sur terre : prière, amour, sainteté.

La Sainte Vierge nous donne, comme nous l'avons déjà entrevu, des clefs très importantes pour que nous puissions vraiment comprendre le sens de sa venue parmi nous et ses intentions fondamentales. Nous avons déjà vu que la raison de sa présence depuis si longtemps est qu'elle veut nous former pas à pas, en douceur, à la sainteté. Citons encore une fois ce message et citons-le en premier, car c'est le plus fondamental dans toute sa clarté :

> **"Vous savez, chers enfants, que je suis restée si longtemps à cause de vous, pour vous apprendre à marcher sur le chemin de la sainteté" (1er janvier 1987).**

On ne dira pas que Marie ne s'explique pas très clairement sur le but de sa venue ! Ces apparitions de Medjugorje sont une école. Marie est venue nous apprendre à marcher **"comme des enfants incertains dans leurs pas"** dira-t-elle plus tard.

Il nous faut lire tous les messages pour comprendre le plan de Dieu à Medjugorje. La Sainte Vierge nous dit que chaque message est comme une pièce "d'une mosaïque". C'est-à-dire qu'il faut mettre toutes les pièces ensemble pour avoir une idée de l'image. Il est nécessaire de lire les messages souvent. Il faut les "enraciner en nous" et prier pour les comprendre. Enfin, il faut vivre les messages dans la persévérance.

"Lisez les messages tous les jours et transformez-les en vie" nous dit la Sainte Vierge. Ainsi, seulement ainsi, pourrons-nous voir l'image que forment toutes les petites pierres de la mosaïque. Cette mosaïque est si riche, mais nous ne pouvons la découvrir par une approche superficielle. Toute approche superficielle de Medjugorje est décevante.

Dans cette image que forment les différents messages nous devons reconnaître les points forts, ce qui est saillant. Les messages qui concernent une explication sur la présence si longue de Marie sur terre sont certainement parmi ces points forts qu'il faut distinguer.

La Sainte Vierge est venue pour nous apprendre la sainteté, mais pour cela il faut avant tout nous apprendre à prier. Car sans prière il n'y a pas de sainteté possible ; et c'est ainsi que nous avons vu que Medjugorje est une école de la prière, autant qu'une école de la sainteté.

"Je veux vous apprendre à prier" nous dit Marie. C'est son voeu fondamental, par lequel tout tient. La prière nous purifie et nous construit spirituellement. Elle nous transforme pour nous mener vers la sainteté. La prière reconstitue en nous tout ce que le péché a détruit et elle nous fait participer plus parfaitement à la nature de Dieu. Donc, si le but final pour nous est la sainteté, le moyen par excellence, c'est la prière. Ainsi, nous ne sommes pas surpris d'entendre la Mère de Dieu nous dire :

> **"Vous comprendrez pourquoi je suis restée si longemps avec vous : je veux vous apprendre à prier" (12 juin 1986).**

Voici donc le second message que nous citons nous expliquant la raison de la durée des apparitions.

En fait, nous aurions dans l'ordre chronologique, d'abord la prière. Pourquoi la prière ? Pour nous mener à la sainteté ! Il faut avoir cette vision très nette et évidente de l'oeuvre de Marie à Medjugorje pour pouvoir avancer. Après la prière et la sainteté, quelle est la troisième chose que la Mère de Dieu est venue nous enseigner et nous donner ? Ecoutons-la :

> **"Chers enfants, non, vous ne savez pas aimer et vous ne savez pas écouter avec amour les paroles que je vous donne. Soyez conscients mes bien-aimés que je suis votre Mère et que je suis venue sur terre pour vous apprendre à être à mon écoute par amour, à prier par amour, et non obligés à cause de la croix que vous portez. Par la croix, Dieu se glorifie en chaque homme. Merci d'avoir répondu à mon appel" (29 novembre 1984).**

Ce message est en fait le premier en date -1984- nous expliquant les raisons de la durée des apparitions. Cela n'est pas étonnant, car l'amour doit être toujours posé au commencement, car "sans l'amour nous n'arriverons à rien". Marie nous dit ici que nous ne savons pas aimer et qu'elle est venue sur terre pour nous apprendre à être à son écoute et à prier par amour. Elle est donc venue nous enseigner, là encore, ce que nous ne savons pas **: l'amour !**

"Non, vous ne savez pas aimer !" retentit comme un cri.

Renforcée par le "non" au début, cette phrase veut nous faire découvrir un aspect terrible de notre monde actuel : l'absence d'amour sous toutes ses formes. Les maux principaux de nos sociétés modernes ne s'expliquent-ils pas essentiellement par le manque d'amour ? Pensons en particulier à l'avortement, à l'homosexualité, à la drogue ...

Ainsi en lisant les messages nous voyons que Marie est venue pour :

- Nous apprendre à aimer (29 novembre 1984).
- Nous apprendre à prier (12 juin 1986).
- Nous apprendre la sainteté (1er janvier 1987).

Si nous comprenons cela, nous comprendrons Medjugorje. Ou du moins nous commencerons à comprendre Medjugorje.

Marie dans sa douce pédagogie donne parfois, surtout dans les groupes de prière, des conseils particuliers pour apprendre à prier, à aimer, à devenir un saint. Une fois elle a dit simplement :

> **"Que ces sept jours soient la semaine où vous allez apprendre à aimer !"**

Sept jours pour apprendre à aimer ! Joli exercice pour les élèves... Mais à Medjugorje nous vivons à une école d'amour, avec un professeur qui a des pouvoirs surnaturels !

11 - La même phrase dans chaque message

A la fin de chaque message la Reine de la Paix répète inlassablement : **"Merci d'avoir répondu à mon appel !"** Quel est le sens de cette phrase ? Le mot "Poziv" en croate signifie un appel. Notre-Dame est reconnaissante car nous répondons à son appel. Son appel, c'est son message. En d'autres termes : **"Merci de bien vouloir vivre mes messages"**. D'abord, la Gospa remercie les voyants, ensuite la paroisse ; enfin, elle remercie toute personne vivant le message. Son appel est important. Voilà pourquoi elle répète son remerciement dans chaque message. Cela n'est bien entendu pas un hasard. La Sainte Vierge ne veut pas simplement montrer qu'elle est bien élevée. Cela veut dire : merci de vivre mon message, car cet appel, ce message, est important ; j'ai besoin de cela, nous dit Marie, pour sauver le monde. Je sauverai le monde avec vous si vous vivez mon appel, si vous répondez à mon appel maternel. Marie apparaît pour nous aider à vivre le message : voilà une autre raison pour la durée des apparitions :

> **"Chers enfants, aujourd'hui je vous demande de prendre au sérieux et d'accomplir les messages que je vous donne.**
> **Chers enfants, c'est à cause de vous que je suis restée si longtemps : pour vous aider à accomplir les messages que je vous donne. C'est pourquoi, chers enfants, par amour pour moi, vivez tous les messages que je vous transmets. Merci d'avoir répondu à mon appel" (30 octobre 1986).**

"Poziv" en croate veut aussi dire "invitation". La traduction de la phrase serait alors : **"Merci d'être venus à mon invitation"**.

Là encore, l'invitation à venir concerne en premier lieu les voyants eux-mêmes. Ils viennent tous les jours à l'apparition. Parfois, ils ont deux apparitions dans la même journée. Ils sont invités par la Sainte Vierge, le plus souvent deux fois par semaine, à prier sur la montagne en fin de soirée. Les voyants répondent à cette invitation supplémentaire. Après avoir eu une apparition dans l'église, ils reçoivent ainsi une seconde apparition en général les lundi et vendredi. **"Merci d'être venus"** leur dit alors la Sainte Vierge. Parfois, Marie étend explicitement ce remerciement à tous les pèlerins présents autour des voyants en ajoutant : **"Merci d'être venus en si grand nombre ce soir !"**

Cela veut dire qu'il est important de venir physiquement là où Marie apparaît, car c'est là que nous recevons la grâce "à la source".

Par son **"Merci d'avoir répondu à mon appel"**, Marie nous indique que Medjugorje est un message qu'il faut vivre, et elle nous remercie de vivre cet appel, ce message. Elle nous indique aussi que nous sommes invités à venir en un lieu, et là aussi elle nous remercie d'être venus. Medjugorje est un appel, un message et un lieu. Un lieu où se trouve la "source des grâces" dans une "oasis de paix".

Cette paix est dans le nom même que Marie s'est donné à Medjugorje : "Reine de la Paix". Examinons un peu le sens de ce nom.

12 - "Je suis la Reine de la Paix et de la Réconciliation"

De même que le commencement, le "nom" contient toute la réalité de la chose. Ainsi le nom de Marie à Medjugorje est pour nous l'explication de son plan, du but de sa venue. Le 26 juin 1981, soit le troisième jour des apparitions, Marija, après avoir vu la Gospa avec tous les autres voyants, eut une seconde apparition en redescendant de la montagne. La Vierge lui apparaît alors en pleurs et une grande croix en bois se profile derrière elle. La Gospa donnera alors son premier message pour le monde :

> **"Paix, paix, seulement la paix, réconciliez-vous.**
> **Faites la paix avec Dieu, et faites la paix entre vous.**
> **Pour cela, il faut croire, prier, jeûner et se confesser" (26 juin 1981).**

Plus tard la Mère de Dieu dira que son nom à Medjugorje est :
"Reine de la Paix et de la Réconciliation".

N'oublions pas le dernier terme : la réconciliation qui est un élément fondamental de toute l'oeuvre de Marie à Medjugorje. La réconciliation est un "vaste programme" dans cette partie des Balkans sans cesse secouée par les conflits fratricides entre peuples parlant presque la même langue et de culture très semblable, mais de religions différentes. Vivant en conflit depuis des générations, orthodoxes, catholiques et musulmans s'entre-déchirent dans le sang périodiquement. Le dernier conflit mondial ayant été particulièrement sanglant et tragique. Ainsi le cri de Marie "Réconciliez-vous" s'incarne de façon particulière dans une situation politico-religieuse extrêmement difficile et tendue.

L'appel à la réconciliation s'adresse ainsi d'abord aux peuples croate (catholique), musulman et serbe (orthodoxe). Il s'adresse aussi à tous les hommes et au monde entier.

Marie dira aussi au début des apparitions : **"La paix du monde est en danger. Priez pour la paix"**. Et plus tard : **"Sans prière, il n'y a pas de paix"**. C'est là, évidemment, tout Medjugorje : prier pour la paix. Très souvent Marie répètera à l'église, sur les montagnes, dans les différents groupes de prière : **"Priez pour la paix dans le monde !"** Les changements extraordinaires du monde européen de l'Est au cours des derniers mois ne sont-ils pas une preuve de la force de la prière, alors que Marie nous dit : **"Par la prière et le jeûne on peut empêcher les conflits, on peut arrêter les guerres"** ? La prière guérit l'histoire. Devant nos yeux une "guerre froide" s'est terminée. A Noël 1989, le voyant Ivan nous disait : "La Gospa nous demande constamment de prier pour la paix. Cette paix c'est d'abord une paix intérieure. Ensuite, c'est une paix que nous devons partager dans le monde entier, pour que le monde vive en paix. Par la prière la paix peut croître partout.

D'autre part, la Gospa nous demande de prier pour ses intentions particulières. La situation en Europe de l'Est fait partie des grandes préoccupations de la Gospa. Sans le savoir, en priant aux intentions de la Sainte Vierge, nous avons prié pour l'Europe de l'Est. "Nous voyons maintenant les fruits de nos prières". Une fois le mot "mir" (qui signifie paix) s'est inscrit en lettres de lumière dans le ciel de Medjugorje.

De la paix Marie nous donne une merveilleuse définition :

> **"La paix c'est l'amour, et l'amour c'est la paix".**

La paix c'est en effet, l'amour et l'harmonie entre Dieu et les hommes, et des hommes entre eux. A Noël 1988, la Sainte Vierge nous disait :

> **"Chers enfants, je vous invite à la paix.**
> **Vivez la paix dans votre coeur et dans votre entourage, pour que tous puissent connaître cette paix, qui ne vient pas de vous, mais qui vient de Dieu" (25 décembre 1988).**

En ce jour de l'Incarnation, Marie nous appelle à la paix. C'est tout naturel car la nativité du Christ représente le moment où Dieu veut recréer l'amour et l'harmonie entre le Ciel et la terre. Noël est la fête de la paix par excellence. Par amour Dieu se fait homme pour apporter la paix,

"Gloire à Dieu au plus haut des cieux, et sur terre paix aux hommes, qui ont sa faveur !" (Lc 2, 14).

Paix sur terre, c'est le message de Noël et c'est le message de Medjugorje. La paix, c'est l'amour venant sur terre. L'harmonie entre Dieu et les hommes : voilà la vraie paix. La Sainte Vierge continue son message de Noël en disant :

> **"Petits enfants, ce jour (de Noël) est un grand jour !**

Réjouissez-vous avec moi ! Glorifiez la naissance de Jésus avec ma paix ! C'est à cause de cette paix que je suis venue à vous en tant que Mère, Reine de la Paix.
Aujourd'hui, je vous donne ma bénédiction spéciale, portez-là à toute créature, pour qu'elle puisse être dans la paix.
Merci d'avoir répondu à mon appel".

13 - Les victoires de Satan dans le monde

Cette harmonie entre Dieu qui se donne et le genre humain est attaquée par les puissances du mal. Marie nous parle très souvent à Medjugorje de Satan. Dans la Bible nous retrouvons ce nom comme désignant l'adversaire ou l'accusateur, ce qui est le sens du mot "satan" en hébreu. L'accusateur veut nous séduire et son but est la destruction et la mort.

Marie nous avertit :

"Mes chers enfants, Satan est si puissant !
De toutes ses forces il veut déranger les plans que j'ai commencés avec vous (...)
Satan agit avec force dans le monde.
Faites attention !" (14 janvier 1985).

Le monde actuel est sous l'influence des forces du mal.

La Sainte Vierge nous parle souvent des ténèbres :

"Enfants, les ténèbres règnent sur le monde entier" (30 juillet 1987).

L'une des voyantes, Mirjana -qui devait avoir des apparitions quotidiennes jusqu'à Noël 1982- eut une terrible rencontre avec Satan luimême. Alors qu'elle attendait l'apparition de la Sainte Vierge, Mirjana vit Satan. Il essaya de la séduire en lui promettant d'être heureuse. "Tu seras malheureuse avec la Gospa" lui disait-il.

Mirjana eut peur et tout son être se révolta contre Satan.

Elle ne pouvait que dire : "Non, non, non !!!"

Ensuite la Sainte Vierge lui est apparue en lui disant :

"Excuse-moi pour cela, mais tu devais savoir comment Satan agit".

Et Marie ajouta des paroles pénibles :

"C'est le temps de Satan" (14 avril 1982).

A une autre voyante, Jelena, qui a des visions intérieures, la Sainte Vierge a montré des scènes, comme dans un film, décrivant l'action de Satan dans le monde actuel.

Jelena vit trois scènes :

- d'abord, la Sainte Vierge lui montra des jeunes se droguant ;
- ensuite, Jelena vit des combats, sans doute au Moyen-Orient, et des gens s'entre-tuant ;
- enfin, la voyante vit une maman de race noire tenant un enfant mourant dans ses bras. L'enfant disait à sa mère : "Maman, est-ce que toute le monde est comme nous?" Ayant dit cela, l'enfant mourut dans les bras de sa mère.

La Sainte Vierge expliqua alors à Jelena qu'elle avait vu trois aspects du péché du monde contemporain, trois aspects des victoires de Satan dans le monde.

Marie ne veut pas nous effrayer, et tout "catastrophisme" est complètement étranger à l'esprit de Medjugorje. Cependant la Mère de Dieu veut nous mettre en garde et elle désire que nous voyions la situation avec clarté pour pouvoir, précisément y remédier.

Le remède principal contre l'action de Satan est la prière, avec elle nous sommes protégés :

> **"Petits enfants, n'ayez pas peur. Si vous priez, Satan ne peut vous faire aucun mal, car vous êtes les enfants de Dieu et il veille sur nous.**
> **Priez ! Que le chapelet soit toujours en vos mains le signe pour Satan que vous m'appartenez" (25 février 1988).**

Contre l'action de Satan, Marie nous donne en fait cinq armes différentes.

14 - Les cinq armes

Marie nous dit : **"Si vous vivez les messages, vous vivez les germes de la sainteté."** Ainsi, ces messages ne sont pas seulement des armes contre Satan, ils sont aussi des forces de sanctification. Rien n'est plus dangereux pour Satan que l'amour et la sainteté. Si nous croissons dans la sainteté grâce à Marie en vivant ses messages, le plan de Satan sur le monde sera détruit. La Sainte Vierge nous dit qu'à Medjugorje, Satan a perdu la partie :

> **"Chers enfants, le plan de Satan est tombé. Priez pour que se réalise ce que Dieu a prévu en cette paroisse"**
> **(3 septembre 1985).**

Il s'agit ici du plan de Satan sur la paroisse de Medjugorje. Ce plan a échoué.

Les cinq armes pour la sainteté et contre Satan sont :
- la prière
- le jeûne
- la Bible
- la confession
- l'Eucharistie.

1- La prière

Nous avons déjà parlé de la prière. Il suffit de citer de nouveau les paroles de la Sainte Vierge :

> **"Enfants ! Voilà pourquoi j'ai tant besoin de vos prières : la prière est le seul moyen pour sauver la race humaine !" (30 juillet 1987).**

Par la prière nous obtenons l'Esprit Saint en nous. Cette acquisition de l'Esprit Saint est le but de notre vie chrétienne. Marie ne dit-elle pas :

> **"L'important, c'est de prier l'Esprit Saint pour qu'il descende sur vous. Quand on a l'Esprit Saint, on a tout" (21 octobre 1983).**

La Sainte Vierge recommande d'autres prières que la prière à l'Esprit Saint, mais le but de toutes les prières est l'acquisition de l'Esprit Saint.

> **"Quand l'Esprit Saint descend sur la terre, alors tout devient clair et tout se transforme" (décembre 1983).**

Marie demande, comme nous l'avons vu, de réciter tous les mystères du Rosaire chaque jour. C'est cela l'essentiel de notre effort individuel de prière à Medjugorje. Les autres prières recommandées étant : les prières de consécration à Jésus et à Marie, les sept "Pater", "Ave" et "Gloria" avec le "Credo" et bien entendu les prières à l'Esprit Saint.
Marie nous explique :

> **"Vous vous demandez : pourquoi tant de prières ? Regardez autour de vous, chers enfants, et vous verrez combien le péché a pris de l'emprise sur cette terre. C'est pourquoi, priez pour que Jésus soit vainqueur" (13 septembre 1984).**

2- Le jeûne

La deuxième arme est le jeûne. Marie nous dit :

> **"Le jeûne a été oublié, au cours de ce dernier quart de siècle, au sein de l'Eglise catholique" (Mai 1984).**

Medjugorje est l'endroit de la renaissance du jeûne. Le jeûne est réparateur et il nous purifie. La Sainte Vierge conseille un "jeûne strict" au pain et à l'eau, le mercredi et le vendredi. Seules les personnes malades sont dispensées du jeûne. Donnons la parole à Marija : "Le jeûne est très important. Il faut croire, prier et jeûner. Faire tout cela en même temps. Il faut jeûner avec espérance, en pensant que la valeur du jeûne est grande. La prière et le jeûne peuvent changer les lois naturelles. Il faut toujours allier jeûne et prière".

Le jeûne crée en nous un espace dans lequel Dieu va pouvoir agir.

Ecoutons Ivan : "Notre coeur est souvent trop plein, par le jeûne nous le vidons pour pouvoir accueillir Dieu".

Le jeûne nous rend humble, nous fait ressembler au pauvre. Il a aussi une fonction de préparation à la communion, ainsi nous jeûnons le mercredi, veille du jeudi, jour de l'Eucharistie. Le jeûne du mercredi est un jeûne eucharistique pour nous aider à mieux recevoir Jésus à la messe.

La Gospa nous demande de toujours jeûner dans la joie et avec le coeur :

> **"Chers enfants, aujourd'hui, je vous appelle à commencer à jeûner avec coeur (...) Je prie la paroisse de jeûner en remerciement, car Dieu m'a permis de rester si longtemps parmi vous. Chers enfants, priez et jeûnez avec coeur" (20 septembre 1984).**

Le jeûne est un sacrifice que nous devons accepter non par obligation, mais par amour, avec coeur.

> **"Il y a un certain nombre de gens qui jeûnent, mais ils le font parce que tout le monde le fait" (20 septembre 1984).**

Ainsi, ni habitude, ni obligation, le jeûne au pain et à l'eau est une offrande d'amour faite à Dieu pour la guérison spirituelle et la réparation.

Le jeûne nous aide à guérir notre âme d'abord, il donne ensuite des fruits de guérison dans le monde, tout comme la prière. Le jeûne est une arme de paix : il a pour fonction d'éveiller en nous la faim et la soif de la paix divine. Par cette privation, parfois pénible, nous nous dépouillons et nous devenons faibles dans nos corps pour être "forts en Dieu".

Combien de pèlerins nous disent qu'ils ont pu vraiment découvrir le Dieu vivant grâce au jeûne ! Le jeûne est une étape essentielle de notre conversion et de notre sanctification, surtout si nous vivons dans ce monde d'abondance qui a perdu tout sens de "l'unique essentiel".

Le jeûne développe en nous le goût de Dieu, le désir de sa présence.

Il procure de grandes grâces et il est une grande force : ainsi il permet à la Sainte Vierge "d'accomplir tout ce qu'elle a prévu" à Medjugorje, nous dit-elle.

Inutile de trop parler du jeûne, car il faut vivre le jeûne pour le comprendre. Mais il faut le vivre avec la prière.

3- La Bible

A Medjugorje, Notre-Dame apparaît presque toujours "heureuse et joyeuse", selon l'expression qu'emploie le voyant Ivan après chaque apparition.

Parfois, Marie se présente en étant triste. Dans certains cas très rares la Mère de Dieu a pleuré. Ces larmes sont très pénibles pour les voyants et elles sont un grand et terrible signe pour nous tous.

Une fois Marie a pleuré et a expliqué pourquoi elle pleurait : **"Vous avez oublié la Bible !"** disait-elle en continuant à pleurer.

Nous pouvons comprendre ces larmes, car si nous oublions la Bible, nous oublions le Verbe, la Parole, c'est-à-dire Jésus lui-même. Sans la Parole de Dieu nous sommes dans les ténèbres, nous ne connaissons pas la pensée de Dieu, le coeur de Dieu, la "mentalité" de Dieu. Comment le créateur de toutes choses voit-il sa propre création ? Nous ne pouvons le savoir sans lire la Parole de Dieu ! Seule la Bible contient une parole qui est directement de Dieu.

Tous les autres livres, aussi bons soient-ils, restent en deçà de la Bible. Ils contiennent des paroles inspirées parfois, mais seule la Bible est un livre écrit par Dieu lui-même. Ce livre contient des clefs, des secrets, en lui est inscrit de manière définitive et exemplaire tout ce que Dieu veut révéler de son mystère.

La tradition juive nous dit que chaque mot, chaque idée de la Bible est comme la gerbe d'étincelles qui jaillit lorsqu'un marteau frappe un silex. Il y a autant d'explications ou de degrés d'interprétation que d'étincelles. C'est une belle image qui nous montre la profondeur et la richesse unique du texte biblique. Le livre doit être séparé de tout autre livre, placé en un lieu à part nous dit la Sainte Vierge, car la Parole de Dieu est à part de toute autre parole :

> **"Chers enfants, aujourd'hui je vous demande de lire la Bible chaque jour dans vos maisons et de la placer en évidence dans un endroit, pour toujours vous inciter à la lire et à prier.**
> **Merci d'avoir répondu à mon appel" (18 octobre 1984).**

Marie n'emploie jamais d'expressions qui pourraient indiquer une obligation. Elle nous "invite", nous "demande", nous "prie", nous "appelle"... Pourtant une fois dans l'histoire des messages, la Sainte Vierge a employé, en nous demandant de faire quelque chose, un verbe qui en croate a un sens très fort. C'est le verbe "devoir" :

> **"Chaque famille doit prier en famille et lire la Bible"**
> **(14 février 1985).**

Cela veut dire qu'il n'y a pas de vie chrétienne possible sans ces deux choses : prier et lire la Bible. Et cela en famille, car "la famille est le lieu privilégié où Satan veut agir en premier. Satan veut détruire nos familles" nous dit Vicka. Nous devons donc "contre-attaquer" très fort au niveau de la famille. Sans la parole de Dieu le chrétien perd sa nature de chrétien, il est tout déboussolé et tout perdu, il ne sait plus où il va...

Jelena nous dit que "nous devons prier l'Esprit Saint pour demander à Dieu de nous parler dans la Bible. Dieu veut nous parler, nous dire quelque chose de personnel dans la Bible. L'Evangile n'est pas un livre qui concerne certains événements du passé. L'Evangile nous parle aujourd'hui pour nous donner un message pour nous aujourd'hui".

Et le père Jozo, premier curé de Medjugorje, ajoute : "Le père de famille doit lire la Bible chaque jour à ses enfants, à sa famille. En faisant cela, il apporte Jésus vivant parmi les siens. Il les aide à vivre à l'image du Christ.

Le père de famille doit toujours embrasser la Bible. Et si un de ses enfants lui demande : 'Papa, pourquoi embrasses-tu ce livre ?', le père doit répondre : 'Mon Fils, j'embrasse Jésus !"

Vicka nous dit : "L'Evangile, c'est vraiment un message vivant et la Vierge dit qu'il faut mettre la Bible dans un 'endroit vivant, afin qu'elle serve constamment". Dans la bouche de Vicka "endroit vivant", veut dire lieu où nous pouvons atteindre toujours le livre, physiquement et spirituellement.

Nous devons pouvoir atteindre Dieu dans la Bible, car la Bible c'est aussi "Dieu à notre portée".

4- La Confession

La Sainte Vierge attache une grande importance à la confession.

A Medjugorje, Marie a demandé de se confesser une fois par mois.

Il faut aussi savoir aller se confesser tout de suite après avoir commis un péché grave, pour ne pas laisser le temps à Satan d'agir en nous, c'est ce que conseille la Sainte Vierge. Dans les groupes de prière à Medjugorje, le rythme des confessions est d'une fois par semaine. Dès les tous premiers jours, la Reine de la Paix nous dit que la confession est une arme pour la paix :

> **"Faites la paix avec Dieu, et entre vous. Pour cela, il faut croire, prier, jeûner et se confesser" (26 juin 1981).**

Marie nous dit que la confession est un médicament pour guérir l'âme et que **"des pans entiers de l'Eglise occidentale seraient guéris"** si les gens se confessaient. Tout pèlerin ayant fait un séjour à Medjugorje a vu les files de pénitents devant de très nombreux prêtres. Se confesser, près de la Sainte Vierge qui apparaît, est une très grande grâce. Etre un confesseur à Medjugorje veut parfois dire être des heures sous un soleil de plomb. Un prêtre restera parfois deux à trois heures avec le même pénitent, la grâce de la guérison intérieure étant donnée à Medjugorje dans la confession de façon particulière. Se confesser c'est se mettre dans la présence de Dieu pour naître à nouveau. Ecoutons le père Jozo : "Se confesser ne veut pas dire faire une liste de ses péchés ou raconter sa vie à un prêtre. Se confesser veut dire se mettre à nouveau dans les mains de notre créateur pour qu'il nous insuffle une vie nouvelle".

Nous devons avant tout prier pour le prêtre qui va nous confesser pour qu'il ne fasse pas, en quelque sorte, écran entre nous et Dieu, mais qu'au contraire il nous dise des paroles inspirées.

La confession est une remise en question et un stimulant pour toujours aller de l'avant dans notre vie spirituelle, sans jamais s'endormir, car dans ce domaine "qui n'avance pas, recule".

> **"Ne vous confessez pas par habitude, pour rester les mêmes après cela. Non, ce n'est pas bien. La confession doit donner une impulsion à votre foi. Elle doit vous stimuler et vous rapprocher de Jésus" (7 novembre 1983).**

Vicka ajoute : "La Sainte Vierge voudrait que la confession soit une impulsion pour changer notre vie. Il n'est pas bon de voir la confession comme quelque chose qui va nous libérer du péché pour nous permettre de rester les mêmes après cela. Non, nous devons nous transformer et grâce à la confession devenir des hommes nouveaux. Nous devons aussi demander au prêtre un conseil de vie pour pouvoir faire un pas en avant dans notre vie spirituelle".

La Reine de la Paix nous dit que : **"Dans la confession s'obtiennent de grandes grâces"**. Nous devons rechercher ces grâces, les désirer. La grâce première de la confession doit être une grâce de transformation.

Nous ne pouvons pas rester les mêmes. Medjugorje est un appel à un changement de vie. Sur tous les tons la Sainte Vierge nous le dit :

> **"Chers enfants, voilà, à partir d'aujourd'hui vivez tous une vie nouvelle !" (25 janvier 1987).**

Vivre une vie nouvelle avec un coeur nouveau :

> **"Chers enfants, aujourd'hui je vous appelle au renouvellement du coeur" (25 janvier 1989).**

Il n'y a pas de vie nouvelle, ni de renouvellement du coeur réel sans la confession. C'est pourquoi la Sainte Vierge nous dit très clairement :

> **"Si la confession ne signifie rien pour vous, en vérité, vous vous convertirez difficilement !" (7 novembre 1983).**

Nous devons demander à Dieu de nous pardonner et de vivre ce sacrement, pour vraiment nous réconcilier avec lui et avec les hommes.

La Sainte Vierge est venue précisément pour cela : pour la paix et la réconciliation, il n'est donc pas étonnant de voir la confession être véritablement la spécialité de Medjugorje car Marie nous dit :

"Je suis la Reine de la Paix et de la Réconciliation".

Et elle ajoute :

"Abandonnez-vous à Dieu pour qu'il puisse vous guérir, vous consoler et vous pardonner tout ce qui en vous bloque l'amour. Ainsi Dieu pourra former votre vie pour vous permettre de grandir dans l'amour" (25 juin 1988).

L'essence du péché, c'est de bloquer l'amour. Dieu veut nous guérir, nous consoler et nous pardonner par le sacrement de la confession ! Il veut nous reconstituer, nous qui avons perdu son amour, nous reformer à son image. Par cette puissante purification qu'est la confession nous pouvons recevoir le corps du Christ.

L'Eucharistie est la cinquième arme contre Satan, c'est la plus puissante.

5- L'Eucharistie

Laissons la parole au père Jozo et aux voyantes Vicka et Marija :

Le père Jozo : "Un pèlerin une fois m'a apporté une statue qui est un symbole. C'est une statue de la Sainte Vierge ; de sa main elle désigne son coeur. Son coeur est absent. A la place du coeur de la Mère se trouve une hostie, c'est l'Eucharistie qui est le coeur de la Sainte Vierge ! C'est le symbole de Medjugorje. La Reine de la Paix est venue, non pour elle, elle est venue pour nous présenter son Fils, elle est venue pour nous présenter l'Eucharistie, Pain de vie !"

Vicka : "La Gospa dit que le moment le plus important de nos vies, le moment le plus saint et sacré, c'est quand nous recevons Jésus vivant dans nos coeurs. Elle nous demande de nous préparer pendant la messe à recevoir Jésus avec tout le respect nécessaire".

Marija : "La Gospa dit que le centre de notre vie doit être la Sainte Messe. Elle nous demande d'y aller tous les jours si possible. La messe est la forme de prière la plus haute et la plus puissante. C'est là que Dieu se donne. L'Eucharistie est la rencontre la plus forte et la plus puissante que nous puissions avoir avec Dieu.

Il faut aller à la messe, non par habitude, mais par véritable désir de rencontrer Dieu. Nous ne pouvons pas dire : "Je ne vais pas à la messe car je n'aime pas les gens qui y vont, ou parce que je n'aime pas le prêtre qui célèbre." Cela n'est pas une excuse, car nous rencontrons à la messe, non pas le prêtre, non pas les gens, mais bien Dieu lui-même. La messe doit être pour nous une expérience de Dieu. Pour pouvoir faire cette rencontre avec Dieu nous devons nous préparer par la prière.

La messe à Medjugorje est le moment des grandes grâces. C'est le moment central de la journée. Juste après l'apparition quotidienne, la messe du soir en croate est le lieu de l'action puissante de l'Esprit, où Dieu donne les grâces de transformation en profondeur pour sanctifier les disciples de sa Mère. Pour que l'Esprit Saint vienne nous habiter pour faire de nous des saints. C'est là où nous voyons Dieu s'offrir dans le mystère de l'Eucharistie et où nous nous unissons à notre créateur.

L'Eucharistie c'est aussi l'adoration, les mercredi, jeudi et samedi, où se vit à Medjugorje le moment de l'amour de Dieu.

Cette église d'Herzégovine qui retentit de chants de louange et de prières est, nous le pensons, le coeur vivant de l'Eglise, où Jésus s'offre de façon toute particulière.

Mais dans chaque église Jésus est présent :

> **"Comprenez que l'église est le palais de Dieu, le lieu où je vous rassemble et où je veux vous montrer le chemin vers Dieu (...). Les églises méritent le respect et elles sont sanctifiées, car Dieu qui s'est fait homme y demeure jour et nuit" (25 avril 1988).**

La présence de l'Eucharistie dans les églises, dans nos coeurs, est une force fantastique que Dieu a donnée à l'homme pour la transfiguration de l'humanité. Pour que nos vies soient à l'image de Dieu, nous devons communier, recevoir Dieu dans nos coeurs. Par l'Eucharistie nous devenons semblables au Christ ressuscité et nous transformons nos âmes pour être le reflet de Jésus, qui va luire dans le monde. Seuls la prière et les sacrements, et en premier lieu l'Eucharistie, peuvent faire que nous soyons vraiment le reflet de Jésus.

Marie embrasse le monde entier dans son plan de conversion, par la force de la prière, par la force des sacrements, elle nous mène vers une vie nouvelle en son Fils. C'est le monde qui doit, par l'Eucharistie, recevoir la vie : *Car le Pain de Dieu, c'est celui qui descend du Ciel et donne la Vie au monde* (Jn 6, 33).

Saint Jean dans son prologue nous dit du Verbe : *En lui est la Vie, et la Vie est la lumière des hommes* (Jn 1, 4).

La transfiguration est lumière, la vie est lumière des hommes ; Marie à Medjugorje nous invite à une vie de lumière pour la guérison et le salut du monde. Citons à nouveau ce message sur la lumière et la vie :

> **"Je voudrais que vous soyez tous le reflet de Jésus qui va luire dans ce monde infidèle qui marche dans les ténèbres.**
> **Je désire que vous soyez lumière pour tous.**
> **Témoignez dans la lumière chers enfants, vous n'êtes pas appelés aux ténèbres, mais à la lumière.**
> **C'est pourquoi, vivez votre vie dans la lumière" (5 juin 1986).**

L'Evangile selon saint Jean dit : *La lumière brille dans les ténèbres et les ténèbres ne l'ont pas arrêtée* (Jn 1, 5).

Pour que notre vie soit lumière nous devons communier à la lumière. Pour ressembler au Christ, être son reflet, nous devons le recevoir souvent dans nos coeurs. Marie nous donne ce message de paix à Medjugorje et nous devons comprendre que la paix n'est pas possible si nous sommes incomplets. *Shalom* en hébreu indique la plénitude, ce qui est complet . sans Jésus dans nos coeurs nous sommes incomplets et la paix ne peut pas venir !

La Sainte Vierge dit aussi :

> **"Que la sainte messe soit vie pour vous !" (25 avril 1988).**

Cela fait écho à **"vivez votre vie dans la lumière"** ; lumière et vie, c'est cela que procure l'Eucharistie. La sainte messe est source de vie et de lumière. Pour être reflet de Jésus il nous faut nous unir à lui dans l'Eucharistie.

> **"Je désire que chacun d'entre vous s'unisse à Jésus" (25 février 1989).**

15 - Les enfants de la beauté, de la liberté, de la joie, de l'amour et de la lumière

Marie nous appelle dans chaque message ses chers enfants, et même parfois ses petits enfants !

Vivre sur le chemin de la sainteté avec la Sainte Vierge est une vie particulière. Les paroissiens de Medjugorje qui ont su approfondir leur conversion, les pèlerins vivant à l'école de Marie, sont les enfants de Dieu dont Marie nous dit que Satan ne peut leur faire de mal.

Les enfants de Dieu sont appelés à être témoins pour que le monde puisse connaître le Dieu de la joie.

Et Marie va très loin en disant :

> **"Ainsi votre témoignage n'aura pas valeur seulement pour vous, mais pour toute l'éternité" (25 mars 1988).**

Les enfants de Dieu et de la Sainte Vierge sont appelés à grandir sans cesse plus proche de Dieu, et à croître dans la beauté spirituelle.

Marie compare très souvent ses enfants à des fleurs :

> **"Quand vous priez vous êtes tellement plus beaux !
> Comme les fleurs qui après les neiges montrent toute leur beauté, et dont les couleurs sont si merveilleuses qu'on ne peut les décrire (...)**

Chers enfants, priez et ouvrez votre intérieur au Seigneur, pour qu'il fasse de vous une belle et harmonieuse fleur pour le paradis" (18 décembre 1986).

Les enfants de Marie sont appelés aussi à la liberté des enfants de Dieu.

**"Ainsi, petits enfants, je souhaite que vos décisions soient libres devant Dieu, car Dieu vous a donné la liberté"
(25 novembre 1989).**

De même Marie appelle ses enfants à la joie de la vie :

"Chers enfants, aujourd'hui je vous appelle à être dans la joie à cause de la vie que Dieu vous donne. Petits enfants, réjouissez-vous en Dieu le créateur, car il vous a créés de façon si merveilleuse !" (25 août 1988).

La vie avec la Reine de la Paix est une joie radieuse et constante, malgré les souffrances et les croix, et nous devons en remercier Dieu :

"Priez pour que votre vie devienne joyeuse reconnaissance qui coulera de vos coeurs comme un fleuve de joie" (25 août 1988).

Cette phrase exprime véritablement la réalité de ce que nous vivons à Medjugorje, et ce fleuve de joie est là pour emplir le monde de paix.

Marie veut aussi donner à ses enfants l'amour qui est le don le plus beau, le plus pur, le plus salvateur, le plus puissant. L'amour est la première chose. Il dépasse toute autre chose. L'amour accepte tout :

**"Chers enfants, aujourd'hui je vous appelle à l'amour, qui est abandonné à Dieu, (*odana* en croate signifie "donné" à Dieu. L'amour, de par sa nature, est divin, et nous fait participants à la nature de Dieu. Quand on aime, on est donné à Dieu) et qui plaît à Dieu !
Petits enfants, l'amour accepte tout, même ce qui est dur et amer, au nom de Jésus qui est amour !
(...) Dieu pourra former votre vie et vous croîtrez dans l'amour"
(25 juin 1988).**

Medjugorje est là pour nous permettre d'apprendre à aimer d'un amour véritable. La prière fait croître l'amour jusqu'à sa perfection :

"Priez, car dans la prière chacun pourra atteindre l'amour parfait" (25 octobre 1987).

N'oublions pas, encore et encore, la puissance de l'amour.

**"Mais sans amour vous n'arriverez à rien" (13 décembre 1984).
"Chers enfants, par l'amour vous pouvez tout obtenir, même ce que vous croyez impossible" (28 février 1985).**

Notre amour d'enfants de Dieu doit ressembler à l'amour de Marie qui nous rappelle le premier commandement :

> **"Chers enfants, aujourd'hui, je vous demande de vivre l'amour envers Dieu et envers le prochain dans votre vie. Sans amour, chers enfants, vous ne pouvez rien (...). Tous vont ressentir mon amour en vous !**
> **Ainsi, s'il vous plaît, chers enfants, commencez dès aujourd'hui à aimer d'un amour ardent ! De ce même amour dont je vous aime" (29 mai 1986).**

Et quand Jelena demanda à Marie : "Pourquoi es-tu aussi belle ?" La plus belle femme du monde (c'est ainsi que l'appela un jour le petit Jacov) répondit à Jelena :

> **"Je suis belle parce que j'aime.**
> **Si vous voulez être belles, aimez !**
> **Il n'y a personne sur terre qui ne veuille être beau".**

Et enfin, bien sûr, nous devons être enfants de lumière :

> **"Chers enfants, dans votre vie, vous avez tous fait l'expérience de la lumière et des ténèbres.**
> **Dieu donne à chacun la connaissance du bien et du mal.**
> **Je vous rappelle à la lumière que vous devez portez à tous les gens qui sont dans les ténèbres.**
> **De jour en jour, des gens qui sont dans les ténèbres viennent dans vos maisons.**
> **Chers enfants, donnez-leur la lumière !" (14 mars 1985).**

Medjugorje a été donné aux hommes par Dieu pour que Marie, sa Mère, nous apprenne à donner la lumière au monde.

2ème PARTIE

Messages et réponses de la Vierge Marie

"J'aimerais beaucoup aller à Medjugorje
pour remercier la Mère de Dieu des grâces reçues...
Je remercie le Seigneur de guider notre temps par ce moyen".
(Mère Teresa)

Chapitre 1

PREMIERS MESSAGES (juin 1981-juin 1984)

ET MESSAGES DIVERS (juin 1981-juin 1990)

— 1981 —

Mercredi 24 juin 1981

La première apparition a lieu l'après-midi, les voyants sont près d'un chêne sur la route de Bijakovici et Cilici (paroisse de Medjugorje). C'est une silhouette lointaine qui apparaît, blanche et silencieuse, sur le sommet du Podbrdo qui sera appelé ultérieurement la colline des apparitions ou la montagne des apparitions.

La seconde apparition a lieu vers 18 heures. La silhouette leur fait signe de venir, mais les voyants ont peur et ne montent pas vers l'apparition.

Jeudi 25 juin 1981

C'est le premier jour où les six voyants (Mirjana, Ivanka, Vicka, Marija, Ivan et Jakov) voient Notre-Dame ou "la Gospa" sur le sommet. Les cinq adolescents (14-15 ans) et le petit Jakov (10 ans) décident de courir vers l'apparition. Selon les témoins, ils volent littéralement sur le sol et en un instant se retrouvent face à l'apparition au sommet, au lieu marqué maintenant par de nombreuses croix.

La Sainte Vierge les salue en disant :

"Loué soit Jésus !"

Ivanka demanda des nouvelles de sa maman décédée deux mois plus tôt :

"Elle est heureuse. Elle est avec moi".

Autre version : **"Elle est ton ange dans le Ciel".**

Les voyants demandent à Notre-Dame si elle reviendra le lendemain. Notre-Dame répondit affirmativement par un signe de la tête.

Mirjana demande si Notre-Dame leur donnera un signe pour que les gens les croient. Mirjana a cru recevoir un signe car elle a remarqué que sa montre avait changé d'heure durant l'apparition.

Vendredi 26 juin 1981

Alors qu'une foule de trois mille personnes environ est attirée par des signes lumineux provenant du sommet de la colline des apparitions, Vicka asperge l'apparition d'eau bénite, en lui demandant de rester si elle est vraiment la Vierge Marie, mais de partir si elle vient de Satan. Notre-Dame répond en souriant :

"N'ayez pas peur, c'est moi !"

Ivanka demande pourquoi elle était venue ici et ce qu'elle désirait d'eux. Notre-Dame répond :

"Je suis venue parce qu'il y a ici beaucoup de vrais croyants. Je désire être avec vous pour convertir et réconcilier le monde entier."

Ivanka demande si sa maman a dit quelque chose pour elle :

"Obéis à la grand-mère et aide-la parce qu'elle est âgée !"

Mirjana demande des nouvelles de son grand-père décédé récemment :

"Il est bien".

Les voyants à la demande de la foule réclament un signe pour prouver la réalité des apparitions :

"Heureux ceux qui n'ont pas vu et qui croient !"

Mirjana demande : "Qui es-tu ?"

"Je suis la bienheureuse Vierge Marie".

Autres questions des enfants :

- Pourquoi nous apparais-tu à nous ? Nous ne sommes pas meilleurs que les autres ?

"Je ne choisis pas forcément les meilleurs".

- Reviendras-tu ?

"Oui, au même endroit qu'hier".

Alors que Marija descend seule la colline, elle est mystérieusement écartée du sentier par une force invisible.

Elle voit la Sainte Vierge à nouveau.

Notre-Dame apparaît devant une grande croix en bois, sans Jésus, et elle pleure. Marie pleure et les larmes coulent sur le nuage sur lequel elle se tient.

"Paix, paix, paix, réconciliez-vous ! Seulement la paix ! Faites la paix avec Dieu et entre vous. Pour cela, il vous faut croire, prier, jeûner et vous confesser".

Samedi 27 juin 1981

Comme dans chaque apparition Notre-Dame commence par les paroles :

"Loué soit Jésus !"

Jakov demanda ce que la Sainte Vierge attendait des Franciscains de Medjugorje :

"Qu'ils soient persévérants dans la foi et qu'ils protègent la foi du peuple".

Mirjana et Jakov sont inquiets parce que les gens les traitent de menteurs. Ils demandent à Notre-Dame de laisser un signe pour ceux qui ne croient pas.

"Mes anges, n'ayez pas peur de l'injustice. Elle a toujours existé".

Les voyants demandent : "Comment devons-nous prier ?"

"Continuez à réciter sept "Pater" et sept "Ave" et sept "Gloria". Mais ajoutez-y le "Credo".

"Au revoir mes anges, allez dans la paix de Dieu".

Chaque apparition à Medjugorje se termine par les mots :

"Allez dans la paix de Dieu".

Dimanche 28 juin 1981

Les voyants demandent à Notre-Dame ce qu'elle veut.

"Que le peuple croie et persévère dans la foi".

Vicka : "Qu'attends-tu des prêtres ?"

"Qu'ils soient fermes dans la foi et qu'ils vous aident".

Ils demandent à Notre-Dame pourquoi elle n'apparaît pas à chacun dans l'église ?

"Heureux ceux qui croient sans avoir vu".

Ils veulent savoir si elle reviendra.

"Oui, au même endroit".

Les voyants demandent si elle préfère prier ou chanter.

"Les deux, prier et chanter".

Vicka demande ce que Notre-Dame attend de la foule rassemblée sur la colline. Notre-Dame répond par un sourire et un regard d'amour. Elle promène un regard intense sur la foule.

A un moment la Gospa disparaît. Les voyants prient, espèrent qu'elle va revenir parce qu'elle ne leur a pas dit au revoir ; c'est pendant leur chant "Tu es toute belle" qu'elle reparaît.

Trois fois Vicka demande : "Chère Gospa, qu'attends-tu de ce peuple ?"

"Que ceux qui ne voient pas croient comme ceux qui voient".

Une fois encore les voyants demandent un signe pour que les gens ne pensent pas qu'ils sont des menteurs. Ils recevront uniquement un sourire de Notre-Dame qui les salue et disparaît en disant :

"Allez dans la paix de Dieu".

Lundi 29 juin 1981 :

Les voyants veulent savoir si la Gospa est heureuse de voir autant de monde présent.

"Plus qu'heureuse".

- Combien de temps resteras-tu ?

"Aussi longtemps que vous le voudrez, mes anges".

Ils demandent à Notre-Dame ce qu'elle attend de ceux qui sont venus malgré la chaleur, les cailloux et les ronces.

"Il n'y a qu'un Dieu, qu'une foi. Que le peuple croie fermement et ne craigne rien".

- Qu'attends-tu de nous ?

"Que vous ayez une foi solide et que vous gardiez confiance".

Ils désirent savoir s'ils seront assez forts pour supporter les persécutions ?

"Vous le pourrez mes anges, n'ayez pas peur. Vous supporterez tout ; vous devez croire et avoir confiance en moi".

A ce moment le Docteur Glamuzina, qui travaille pour le gouvernement, demande à Vicka de poser sa question : - Puis-je toucher Notre-Dame ? Vicka montre au Dr. Glamuzina où tendre sa main, et le Docteur essaie de toucher la Gospa.

Les parents d'un enfant handicapé demandent aux voyants d'intercéder pour lui, en demandant à la Vierge de le guérir car les gens croiront en eux.

"Qu'ils croient fermement en sa guérison. Allez dans la paix de Dieu".

L'enfant fut guéri un peu plus tard dans la soirée.

Entre le 30 juin 1981 et le 31 décembre 1981, les voyants sont pourchassés par la police. Il leur faut trouver un endroit discret pour attendre l'apparition de la Vierge.

Mardi 30 juin 1981

Deux travailleurs sociaux travaillant pour les autorités emmènent les voyants en voiture afin de leur faire manquer l'apparition sur la colline. Celle-ci a lieu à Cerno, sur la route entre Ljubuski et Medjugorje.

Mirjana demande à Notre-Dame si elle est fâchée de ce rendez-vous manqué sur la colline. La Gospa répond :

"Cela ne fait rien".

Mirjana demande ensuite si elle serait contrariée s'ils n'allaient plus sur la colline et si elle pouvait apparaître à l'église de Medjugorje ? Selon Mirjana, la Vierge sembla indécise, puis elle accepta d'apparaître à l'église et ajouta :

"Toujours à la même heure. Allez dans la paix de Dieu".

Mirjana, qui a lu un récit des apparitions de Lourdes, pensa et comprit que la Vierge reviendrait encore trois jours jusqu'au vendredi. Ce n'était que son interprétation. Les autres voyants ont compris différemment.

Mercredi 1er juillet 1981

Les voyants redemandent à la Vierge un signe. Notre-Dame sembla acquiescer d'un signe de tête :

"Adieu [1], mes chers anges".

1. "Zbogom" veut dire au revoir, mais étymologiquement le sens du mot est exactement "avec Dieu" !

Mardi 21 juillet 1981

Notre-Dame arriva et dit :

"Loué soit Jésus !"

Comme d'habitude. Les enfants demandent à nouveau un signe et la Gospa répond affirmativement. Ils veulent savoir combien de temps elle viendra les voir.

"Mes doux anges, même lorsque je laisserai le signe, bien des gens ne croiront pas. Bien des personnes ne feront que venir et s'incliner. Mais le peuple doit se convertir et faire pénitence !"

Puis ils l'interrogent au sujet des malades et elle répond qu'ils peuvent espérer guérir s'ils ont une foi ferme. En partant, la Gospa dit comme d'habitude :

"Allez dans la paix de Dieu".

Mercredi 22 juillet 1981

"Loué soit Jésus ! Beaucoup de gens se sont convertis et, parmi eux, certains ne s'étaient pas confessés depuis quarante-cinq ans, et voilà qu'ils se confessent maintenant.
Allez dans la paix de Dieu".

Vendredi 24 juillet 1981

Les voyants posent encore des questions concernant les malades.

"Sans la foi, rien n'est possible ! Ceux qui croiront fermement pourront guérir".

Samedi 25 juillet 1981

Après plusieurs questions au sujet des malades, la Gospa répond :

"Que Dieu nous aide tous !"

Lundi 27 juillet 1981

Les voyants demandent à la Vierge de bénir quelques objets. Elle bénit en disant :

"Au nom du Père et du Fils et du Saint-Esprit".

A nouveau ils l'interrogent au sujet du signe.

"Attendez-le bientôt. Lorsque je laisserai le signe, je vous apparaîtrai encore. Je viendrai à 23 h 15. Allez dans la paix de Dieu".

Les voyants ont une vision de Jésus souffrant : son visage était plein de sang sous la couronne d'épines.

> **"Mes anges, je vous envoie mon Fils, Jésus, qui a été torturé pour sa foi. Pourtant il a tout supporté. Vous aussi, mes anges, vous supporterez tout !"**

La Gospa félicite les voyants car elle aime la pureté de leurs voix quand ils chantent et quand ils prient.

> **"C'est beau de vous entendre, continuez ainsi. N'ayez pas peur pour Jozo" (le curé menacé par la police).**

Mercredi 29 juillet 1981

L'apparition a lieu dans la chambre de Vicka. Ils interrogent la Vierge au sujet d'une personne malade.

> **"Elle guérira. Elle doit croire fermement".**

Les voyants lui demandent de pouvoir l'embrasser.

> **"Oui, allez dans la paix de Dieu".**

Juillet 1981

> **"Faites bien ce qui est votre devoir et ce que l'Eglise demande d'accomplir".**

Début août 1981

Ils lui demandent ce qu'elle souhaite qu'ils fassent plus tard.

> **"Il serait bon que vous deveniez prêtres et religieuses. Mais seulement si vous le voulez vous-mêmes. C'est à vous de décider".**

Dimanche 2 août 1981

Marija voit la Vierge dans sa chambre, Notre-Dame lui demande ainsi qu'à quarante autres personnes :

> **"Allez tous ensemble sur le pré de Gumno. Un grand combat va se dérouler. Un combat entre mon Fils et Satan. Les âmes humaines en sont l'enjeu".**

Dans le champ la Vierge dit :

> **"Tous ici peuvent me toucher".**

Les personnes présentes guidées par les voyants touchent la Sainte Vierge. Parfois apparaît une tache sur la robe de Marie quand une personne la touche. Quelqu'un dira : "Allons tous nous confesser pour nous purifier".

Jeudi 6 août 1981, fête de la Transfiguration

Les prêtres veulent savoir si tu as un nom spécial ?

"Je suis la Reine de la Paix et de la Réconciliation".

Vendredi 7 août 1981

La Vierge demande aux enfants de venir sur le Mont Krizevac à deux heures du matin et de prier et elle leur dit là-haut :

"Qu'on fasse pénitence pour les pécheurs !"

Samedi 8 août 1981

"Faites pénitence ! Consolidez votre foi par la prière et les sacrements".

Lundi 17 août 1981

"N'ayez pas peur. Je désire que vous soyez remplis de joie et que la joie se lise sur vos visages. Je protègerai le frère Jozo" (celui-ci vient d'être emprisonné).

Samedi 22 août 1981

"Le frère Jozo n'a rien à craindre. Tout cela passera".

Dimanche 23 août 1981

"Loué soit Jésus ! J'étais jusqu'à présent avec Ivan. Priez, mes anges, pour ce peuple.
Mes enfants, je vous donne de la force. Je vous en donnerai toujours.
Dès que vous avez besoin de moi, appelez-moi".

Mardi 25 août 1981

De nouveau les personnes présentes demandent la permission de toucher la Sainte Vierge.

"Il n'est pas nécessaire de me toucher. Nombreux sont ceux qui ne sentent rien lorsqu'ils me touchent".

Notre-Dame dit aussi qu'il y avait un espion parmi les personnes présentes.

Mercredi 26 août 1981

Beaucoup de gens cherchent auprès des voyants des conseils, aussi la Vierge dira :

"Ne donnez de conseils à personne. Je sais ce que vous ressentez, et ça passera aussi !"

Jeudi 27 août 1981

Les voyants l'interrogent à nouveau au sujet du signe :

"Bientôt, je vous l'ai promis. Soyez solides et courageux".

Vendredi 28 août 1981

Les voyants attendent l'apparition dans la chambre du frère Jozo. Elle ne viendra pas. C'est la seconde fois que cela se produit. Les voyants décident d'aller prier à l'église et là elle leur apparaît :

"J'étais chez le frère Jozo. C'est pour cela que je ne suis pas venue. Ne vous inquiétez pas au cas où je ne viendrais pas. Il vous suffit alors de prier".

Ce jour-là Ivan est entré au séminaire de Visoko. Notre-Dame lui dit :

"Tu es très fatigué. Repose-toi pour retrouver des forces. Va dans la paix de Dieu. Adieu".

Samedi 29 août 1981

Jakov pose plusieurs questions à la Gospa. Apparais-tu aussi à Ivan au séminaire ?

"Comme à vous".

Comment va Ivan Ivankovic qui est en prison ?

"Il va bien. Il supporte tout. Tout cela passera. Le frère Jozo vous salue".

Ivan au séminaire demande des nouvelles du village.

"Mes anges font bien leur pénitence".

Il lui demande si elle l'aidera lui et ses camarades dans leurs études ?

"L'aide de Dieu se manifeste partout".
"Va dans la paix de Dieu, avec la bénédiction de Jésus et la mienne. Adieu".

Ivanka demande si elle laissera bientôt le signe ?

"Encore un peu de patience".

Dimanche 30 août 1981

La Vierge apparaît et Vicka lui demande s'il est vrai que lorsque l'on verrouille le frère Jozo dans sa cellule, les portes s'ouvrent toutes seules ?

"C'est vrai, mais personne ne le croit".

Ivanka demande des nouvelles de Mirjana :

"Mirjana est triste car elle est seule. Je vous la montrerai".

Et ils virent Mirjana pleurant.
Concernant les jeunes qui trahissent la foi :

"Oui, il y en a beaucoup".

En rapport à une femme qui veut quitter son mari qui la fait souffrir.

"Qu'elle reste auprès de lui et accepte la souffrance. Jésus a souffert lui aussi".

Au sujet d'un jeune garçon malade :

"Il souffre d'une très grave maladie. Que ses parents croient fermement, qu'ils fassent pénitence, alors le petit garçon guérira".

Jakov demande le signe.

"Encore un peu de patience !"

Ivan désire savoir ce qu'il va devenir dans ce séminaire.

"Sois sans crainte. Je suis auprès de vous en tous lieux et en tout temps".

Il demande si les gens du village sont pieux.

"Votre village est devenu la paroisse la plus fervente de l'Herzégovine. Un grand nombre de personnes s'y distinguent par leur piété et leur foi".

Fin août 1981

Les voyants demandent quel est le meilleur jeûne.

"Un jeûne au pain et à l'eau".

La Sainte Vierge répète :

"Je suis la Reine de la Paix".

Mardi 1er septembre 1981

Ils demandent s'il faut célébrer la messe traditionnelle sur le Mont Krizevac pour l'exaltation de la croix.

"Oui, mes anges".

Jakov s'informe s'il est vrai qu'il y a des micros déposés par les policiers autour de l'église ?

"Il n'y a rien du tout. Que le peuple prie et reste le plus longtemps possible à l'église".

Ivan prie avec Notre-Dame pour que Jésus l'aide dans sa vocation. Elle dit :

"Allez dans la paix de Dieu. N'ayez pas peur. Je suis auprès de vous et je veille sur vous".

Mercredi 2 septembre 1981

Vicka interroge la Vierge au sujet d'un jeune homme qui s'est pendu ?

"Satan s'est emparé de lui. Ce jeune homme n'aurait pas dû faire cela. Le diable cherche à régner sur les gens. Il prend tout en main, mais la force de Dieu est plus puissante et Dieu vaincra".

Ivan veut savoir comment cela va se passer pour lui et ses amis au séminaire ?

"Vous êtes et vous serez toujours mes enfants. Vous avez suivi le chemin de Jésus. Personne ne peut vous empêcher de propager la foi de Jésus. Il faut croire fermement".

Jeudi 3 septembre 1981

Jakov demande quand viendra le signe annoncé ?

"Encore un peu de patience !"

Vendredi 4 septembre 1981

Ivanka et Marija s'inquiètent de ne pas avoir assez de temps à consacrer à la prière, car elles suivent les cours d'un lycée technique à Mostar et ne sont à Medjugorje que le samedi et le dimanche. Elles vivent chez des parents à Mostar.

"Il vous suffit de prier. Venez ici les samedis et dimanches. Je vous apparaîtrai à tous".

Ivan demande quand Notre-Dame laissera le signe ?

"Le signe sera donné à la fin des apparitions".

Ivan souhaite savoir quand ?

"Vous êtes impatients, mes anges. Va dans la paix de Dieu".

Samedi 5 septembre 1981

A Ivan :

"Que la bénédiction de Dieu t'accompagne. Amen. Adieu".

Dimanche 6 septembre 1981

A Ivan :

"Prie spécialement le dimanche pour que vienne le signe, don de Dieu. Priez avec ferveur et constance pour que Dieu ait pitié de ses grands enfants.
Va dans la paix, mon ange. Que la bénédiction de Dieu t'accompagne. Amen. Adieu".

Lundi 7 septembre 1981

A Ivan :

"Convertissez-vous, vous tous qui êtes encore là. Le signe viendra quand vous vous convertirez".

Mardi 8 septembre 1981, fête de la nativité de la Vierge :

"Je vous demande seulement de prier avec ferveur. La prière doit faire partie de la vie quotidienne, pour permettre à la vraie foi de s'enraciner".

Jakov souhaite à Notre-Dame un bon anniversaire :

"C'est pour moi un jour de bonheur. Quant à vous, persévérez dans la foi et la prière.
N'ayez pas peur ! Demeurez dans la joie, c'est mon souhait. Que la joie se lise sur vos visages.
Je continuerai à protéger le frère Jozo".

Jeudi 10 septembre 1981

Ivan raconta qu'après avoir beaucoup prié avec de belles prières, pleines d'amour et de joie du coeur, Notre-Dame dit :

"Va dans la paix de Dieu, mon ange. Amen. Adieu".

Dimanche 13 septembre 1981

La Sainte Vierge apparaît auprès de l'image de Jésus, après que quelques élèves du séminaire se soient confessés :

"C'est là votre père [1], mon ange. Allez dans la paix de Dieu, mes anges".

Lundi 14 septembre 1981

A Vicka :

"Reste ici pour que Jakov ne soit pas seul. Persévérez (tous deux) avec patience. Vous serez récompensés".

Mardi 15 septembre 1981

"Si ce peuple ne se convertit pas bientôt, cela se passera mal pour lui".

Mercredi 16 septembre 1981

"Les miliciens ne seront pas toujours les maîtres dans ce village. Je laisserai le signe. Patientez encore. Ne priez pas pour vous-mêmes. Vous avez été récompensés. Priez pour les autres".

Jeudi 17 septembre 1981

Au sujet d'une personne malade :

"Il mourra bientôt".

Aux voyants :

"Persévérez et vous serez récompensés".

Dimanche 20 septembre 1981

A Vicka et Jakov :

"Ne relâchez pas la prière. Je vous demande à tous deux de jeûner pendant une semaine au pain et à l'eau".

Mercredi 30 septembre 1981

"Ne posez pas de questions inutiles, dictées par la curiosité. Le plus important, c'est de prier, mes anges".

---

1. Le Christ est notre frère, mais dans un sens, notre père : formule déjà utilisée par de grands mystiques.

Jeudi 1er octobre 1981

Toutes les religions sont-elles bonnes ?

"Les membres de toutes les religions sont égaux devant Dieu. Dieu règne sur chaque religion comme le souverain dans son royaume. Dans le monde, toutes les religions ne sont pas les mêmes, car les gens ne se soumettent pas aux commandements de Dieu de la même façon. Ils les rejettent et les dénigrent".

Toutes les églises sont-elles les mêmes ?

"Dans certaines, on prie Dieu davantage, dans d'autres moins. Cela dépend des prêtres qui animent les prières, cela dépend aussi du pouvoir qu'ils ont".

Pourquoi nous apparais-tu si souvent ainsi qu'à d'autres qui ne suivent pas le chemin de Dieu ? (question se rapportant à d'autres apparitions ayant lieu en Yougoslavie).

"Je vous apparais souvent et en tout endroit. A d'autres j'apparais de temps à autre et brièvement ; ils ne suivent pas encore entièrement la voie de Dieu. Ils ne se rendent pas compte du don qui leur est fait. Cela, personne ne le mérite. Eux aussi viendront, avec le temps, sur la bonne voie".

Mardi 6 octobre 1981

"La messe du soir doit être maintenue pour toujours. La messe des malades doit être célébrée à un jour déterminé, au moment qui convient le mieux. Le frère Tomislav doit commencer avec le groupe de prière, c'est très nécessaire. Que le frère Tomislav prie avec ferveur !"

Mercredi 7 octobre 1981

A part Jésus, y a-t-il d'autres personnes entre Dieu et les hommes et quel est leur rôle ?

"Il n'y a qu'un seul médiateur entre Dieu et les hommes, et c'est Jésus-Christ !"

A la demande du frère Tomislav au sujet de la fondation d'une communauté comme celle de saint François d'Assise ?

"Dieu a choisi saint François comme son élu. Il serait bon d'imiter sa vie, cependant nous devons comprendre et réaliser ce que Dieu nous inspire de faire".

Jeudi 8 octobre 1981

Notre-Dame a grondé Marija au sujet de son absence à la messe.

"Tu aurais mieux fait d'assister à la messe plutôt que de satisfaire la curiosité humaine !"

Samedi 10 octobre 1981

"Il vous appartient de prier et de persévérer. Je vous ai fait des promesses, aussi soyez sans inquiétude".
"La foi ne saurait être vivante sans la prière".
"Priez davantage !"

Dimanche 11 octobre 1981

Les voyants interrogent la Gospa au sujet d'un homme qui a disparu :

"Tomo Lovric est mort".

Lundi 12 octobre 1981

Où se trouve le paradis ?

"Aux cieux".

Es-tu la Mère de Dieu, et es-tu montée aux cieux avant ou après ta mort ?

"Je suis la Mère de Dieu et la Reine de la Paix. Je suis montée aux cieux avant la mort".

Quand nous donneras-tu le signe ?

"Je ne laisserai pas encore de signe. Je continuerai à apparaître".

Samedi 17 octobre 1981

Au sujet du signe :

"C'est à moi de réaliser la promesse. Quant aux fidèles, qu'ils prient et croient fermement !"

Lundi 19 octobre 1981

"Priez pour le frère Jozo et jeûnez demain au pain et à l'eau. Ensuite vous jeûnerez une semaine entière au pain et à l'eau. Priez mes anges. Maintenant je vais vous montrer le frère Jozo".

La Gospa leur montra en vision le père Jozo en prison et leur demanda de ne pas avoir peur pour lui car tout irait finalement bien.

Au sujet de Marinko, qui protège les voyants :

"Il y a peu de fidèles semblables. Il a fait beaucoup de sacrifices pour Jozo. Il a subi beaucoup de tourments et de souffrances".

Et à Marinko personnellement :

"Continue et ne laisse personne t'enlever la foi".

Mardi 20 octobre 1981

Vicka demande à Notre-Dame de faire un signe pour sauver le père Jozo pendant son jugement ! "Frappe quelqu'un et paralyse-le", dit Vicka. La Gospa sourit à ces paroles, puis elle chanta : avec les voyants "Jésus-Christ, en ton nom..."

Quand le chant fut terminé, la Gospa dit :

"Allez dans la paix de Dieu", comme toujours.

Mercredi 21 octobre 1981

Vicka très choquée par le déroulement du procés du père Jozo et comprenant que la Gospa n'a pas l'esprit de vengeance, sollicite d'elle son intercession afin que les gens impliqués soient raisonnables et impartiaux.

Le père Jozo sera-t-il condamné ?

"La sentence ne sera pas prononcée ce soir. N'ayez pas peur. Il ne sera pas condamné à une peine très importante. Priez seulement, car Jozo ne demande de vous que la prière et la persévérance. N'ayez pas peur, car je suis avec vous".

Jeudi 22 octobre 1981

Les voyants expliquent à la Vierge combien ils sont attristés à cause du père Jozo.

La Gospa leur demande au contraire de se réjouir, car le juste condamné va offrir un beau sacrifice.

Les voyants demandent si la blancheur de la croix sur le Mont Krizevac est un phénomène surnaturel.

"Oui, je le confirme".

De nombreuses personnes ont vu la croix devenir lumineuse, puis se transformer en silhouette de la Vierge.

"Tous ces signes sont destinés à renforcer votre foi jusqu'à ce que j'envoie le signe visible et permanent".

Dimanche 25 octobre 1981

Ils interrogent la Vierge au sujet de la grande lumière que virent trois jeunes filles après la messe en rentrant chez elles. A l'intérieur de cette lumière apparaissaient une cinquantaine de silhouettes.

"C'était un phénomène surnaturel. J'étais parmi les saints".

Lundi 26 octobre 1981

La Gospa dit en souriant :

"Vous ne me posez plus de question au sujet du signe. N'ayez pas peur. Il apparaîtra sûrement. Je réaliserai mes promesses ; quant à vous, priez, persévérez dans la prière".

Mercredi 28 octobre 1981

Ils lui demandent si elle est apparue sur le Mont Krizevac la veille pendant une demi-heure ?

"Oui, ne m'avez-vous pas vue ?"

Au sujet du feu qui a brûlé sans se consumer, aperçu par des centaines de personnes ?

"Le feu vu par les fidèles était d'un caractère surnaturel. C'est un des signes avant-coureurs du grand signe".

Jeudi 29 octobre 1981

Au sujet des fausses rumeurs propagées par les communistes :

"Vous, mes anges, soyez sur vos gardes. C'en est assez des nouvelles mensongères que l'on colporte. Bien sûr, je montrerai ma miséricorde. Soyez encore patients un peu. Priez !"

Vendredi 30 octobre 1981

Jakov et Vicka interrogent la Vierge au sujet d'une enveloppe scellée qu'un membre du Parti leur a présentée pour voir s'ils étaient capables de lire ce qu'il y avait dedans, " ainsi on croirait aux apparitions", disait ce personnage représentant le pouvoir local.

"Ne répondez rien. C'est un mauvais tour que l'on vous joue. On a déjà donné tant de fausses nouvelles. Soyez sur vos gardes. Continuez à prier et à souffrir ! Je ferai apparaître la puissance de l'amour".

Les voyants demandent à Notre-Dame à quel moment doit-on célébrer la messe de Noël ?

"Qu'on la célèbre à minuit. Priez !"

A Ivanka :

"Prie davantage. Les autres prient et souffrent plus que toi".

Aux voyants :

"Dites aux jeunes de ne pas se laisser distraire de la vraie voie. Qu'ils restent fidèles à leur foi".

Non daté :

Par le diaire de Vicka nous apprenons que Mirjana a eu des apparitions quotidiennes à Sarajevo où elle est étudiante dans une école professionnelle. Notre-Dame conseille Mirjana comme une mère très attentive, et lui dit à qui se fier et de qui se méfier, et comment répondre à ceux qui lui font des reproches et qui attaquent Dieu. Notre-Dame prévient Mirjana d'éviter une camarade de classe qui veut l'entraîner dans la drogue. Elle lui suggère de répondre aux questions quand cela lui semble utile et de ne rien dire lorsque cela est préférable.

Samedi 31 octobre 1981

La Sainte Vierge montra sa joie aux cinq voyants car ils étaient réunis et leur dit que le père Jozo ne resterait pas en prison plus de quatre ans.

En réponse à la question de Dane Ljole, la Vierge dit :

"Il y a assez de duperies et d'informations mensongères".

Après avoir montré aux voyants une partie du paradis, Notre-Dame leur dit de ne pas avoir peur et ajoute :

"Tous ceux qui sont fidèles à Dieu auront cela".

Octobre 1981

Au sujet du conflit entre les Franciscains et l'Evêque de Mostar :

"Cela va se résoudre. Il faut de la patience et de la prière".

Concernant la Pologne :

"De grands conflits se préparent, mais à la fin, les justes l'emporteront".

Concernant la Russie :

"C'est le peuple où Dieu sera le plus glorifié".

Concernant l'Occident :

"L'Occident a fait progresser la civilisation, mais sans Dieu, comme s'ils étaient leurs propres créateurs".

Dimanche 1er novembre 1981

"Soyez persévérants. Priez. Bien des personnes ont commence à se convertir".

Lundi 2 novembre 1981

Les voyants demandent à la Gospa pourquoi elle leur a montré le paradis quelques jours plus tôt :

"Je l'ai fait afin que vous voyiez le bonheur qui attend ceux que Dieu aime".

Jésus leur apparaît avec des blessures sur le corps et portant une couronne d'épines.

"N'ayez pas peur. C'est mon Fils. Voyez comme il a été martyrisé. Malgré tout, il était dans la joie et il a supporté tout cela avec patience".

Puis Jésus leur dit :

"Regardez-moi, comme j'ai été blessé et martyrisé. J'ai malgré tout remporté la victoire. Vous aussi, mes anges, soyez persévérants dans votre foi et priez afin de vaincre".

Mardi 3 novembre 1981

Le chant "Viens, viens à nous Seigneur" est entonné par la Vierge. Les voyants chantent alors avec elle, comme cela arrive très régulièrement.

"Je suis souvent à Krizevac, sous la croix, pour y prier. Maintenant je prie mon Fils de pardonner au monde ses péchés. Le monde a commencé à se convertir".

Vendredi 6 novembre 1981

Pendant l'apparition, certains voyants (dont Marija) eurent une vision terrible et horrible de l'enfer.

Puis Notre-Dame réapparut et dit :

"N'ayez pas peur. Je vous ai montré l'enfer, afin que vous sachiez l'état de ceux qui y sont".

Dimanche 8 novembre 1981

Notre-Dame embrasse une image de Jean-Paul II.

"C'est votre père, le père spirituel de tous".

Les enfants ont ensuite une vision du père Jozo en prison :

"Avez-vous vu comment notre père Jozo lutte pour Dieu ?

Lundi 9 novembre 1981

Les autorités renforcent la répression contre les apparitions :

"N'ayez pas peur de la milice. Ne provoquez personne. Soyez polis avec tout le monde".

Mardi 10 novembre 1981

"Ne cédez pas. Gardez votre foi. Je vous accompagnerai à chacun de vos pas".

Vendredi 13 novembre 1981

Notre-Dame montre aux voyants des paysages magnifiques avec l'Enfant Jésus s'y promenant. Ils ne pouvaient le reconnaître. Elle reprit le cantique qu'elle chantait lors de l'apparition du 3 novembre 1981 et dit :

"C'est Jésus. A mon arrivée et au départ, chantez toujours le cantique "Viens, viens à nous Seigneur".

Dimanche 15 novembre 1981

L'apparition prévue dans la chambre du frère Jozo n'a pas lieu, mais Notre-Dame apparaît plus tard à l'église et dit que quelqu'un avait installé et caché un dispositif d'écoute dans la pièce. Elle dit concernant les difficultés venant des autorités :

"Le monde est en train de recevoir de grandes faveurs de ma part et de la part de mon Fils. Que tout le monde garde une ferme confiance".

Lundi 16 novembre 1981

Toujours concernant la répression et les fausses nouvelles :

"Le diable cherche à vous vaincre. Ne le permettez pas. Gardez la foi, jeûnez et priez. Je serai avec vous à chacun de vos pas".

A Vicka et Jakov :

> **"Persévérez avec confiance dans la prière et la foi".**

Dimanche 22 novembre 1981

La Gospa explique ce que signifie la croix, le coeur et le soleil que voient les voyants à la fin de chaque apparition.

> **"Ce sont les signes du salut : la croix est le signe de la miséricorde, de même le coeur. Le soleil est la source de la lumière qui nous éclairera".**

De nouveau une silhouette lumineuse se substitue à la croix du Mont Krizevac. Les voyants demandent à la Sainte Vierge si c'est elle ?

> **"Pourquoi me le demandez-vous, mes anges ? Vous ne m'avez donc pas vue ?"**
> **"Le monde doit trouver le salut pendant qu'il est temps. Qu'il prie avec ferveur. Qu'il ait l'esprit de foi".**

Lundi 23 novembre 1981

Notre-Dame est indescriptible de beauté avec autour d'elle une lumière merveilleuse, brillante et scintillante. Elle est d'une beauté surnaturelle :

> **"Le peuple a commencé à se convertir.**
> **Gardez une foi solide. J'ai besoin de vos prières. Adieu, mes anges".**

Jeudi 26 novembre 1981

Les voyants posent quelques questions sur des malades.

> **"Ayez une foi solide, priez et jeûnez et ils guériront. Soyez confiants et demeurez dans la joie. Allez dans la paix de Dieu. Soyez patients et priez pour la guérison. Adieu, mes anges chéris".**

Samedi 28 novembre 1981

A part Ivan, tous les voyants sont réunis. Vicka raconte :
"Nous avons tous ressenti une profonde paix autour de nous et intérieurement. Notre-Dame nous regarda avec beaucoup d'amour et de douceur et a dit :

> **"Ah, que c'est beau de vous voir tous ensemble ! Allez dans la paix de Dieu, mes anges, adieu".**

Dimanche 29 novembre 1981

"Il faut que le monde se sauve pendant qu'il en est encore temps, qu'il prie avec force et qu'il ait l'esprit de foi".

Novembre 1981

Vicka signale que ce message n'est pas seulement pour eux mais pour tout le monde.

"Le diable tente de vous imposer son pouvoir, mais vous devez rester fermes et persévérer dans votre foi. Vous devez prier et jeûner. Je serai toujours proche de vous".

Mercredi 2 décembre 1981

Les voyants questionnent la Vierge au sujet d'un jeune malade qui a perdu subitement la mémoire et ne peut plus rien apprendre :

"Il faut qu'il se fasse hospitaliser".

Ils posent d'autres questions :

"Il ne faut pas poser des questions au sujet de n'importe quoi".

Jeudi 3 décembre 1981

"Priez et persévérez dans la prière !"

Dimanche 6 décembre 1981

"Soyez fermes et persévérants".
"Mes chers anges, allez dans la paix de Dieu".

Lundi 7 décembre 1981

Notre-Dame regarde la foule des gens :

"Les gens se convertissent, il est vrai, mais pas encore tous".

Après une apparition dans la maison de Jakov, les lettres *mir ljudima*, paix aux hommes, se sont inscrites en or sur le mur.

Mardi 8 décembre 1981, fête de l'Immaculée Conception

Notre-Dame répond aux questions des enfants sur leur avenir :

"Il serait bon que vous deveniez prêtres et religieuses mais seulement si vous le désirez. Vous êtes libres. C'est à vous de choisir". "Si vous éprouvez des difficultés ou si vous avez besoin de quelque chose, venez à moi".

"Si vous n'avez pas la force de jeûner au pain et à l'eau, vous pouvez renoncer à différentes choses. Il serait très bon de renoncer à la télévision, car après en avoir vu les programmes, vous êtes distraits et incapables de prier. Vous pouvez renoncer à l'alcool, aux cigarettes et à d'autres plaisirs. Vous savez vous-mêmes ce que vous devez faire".

La Vierge est grave, elle s'agenouille, les mains étendues elle prie Jésus.

"Mon Fils bien-aimé, je te supplie de bien vouloir pardonner au monde les péchés graves par lesquels il t'offense".

Mercredi 9 décembre 1981

Pendant notre prière Notre-Dame intervint :

"Oh ! mon Fils Jésus, pardonne ces péchés, il y en a tellement !"

Nous nous arrêtâmes et devinrent silencieux :

"Continuez à prier, car c'est le salut du peuple".

Vendredi 11 décembre 1981

Vicka demande à la Gospa de veiller sur ses parents en Allemagne.

"Je te promets de les garder. Tout se passera bien".

Samedi 12 décembre 1981

Notre-Dame dit aux voyants qu'elle est heureuse parce qu'ils seront ensemble pendant les vacances.

"Bientôt vous serez tous réunis. Vous pourrez vous entretenir tous ensemble".

Mercredi 16 décembre 1981

"Agenouillez-vous mes enfants, et priez. Persévérez dans la prière".

Vendredi 18 décembre 1981

Notre-Dame chante "Jésus Christ, en ton nom" et dit :

"Allez, chantez avec plus de joie ; pourquoi êtes-vous si pensifs ?"

Ensuite elle entonna, "Reine du Saint Rosaire" avant de partir.

Lundi 21 décembre 1981

"Prenez garde, mes enfants.

Préparez-vous à des jours difficiles.
Toutes sortes de personnes viendront par ici".

Jeudi 24 décembre 1981

"Fêtez les jours qui viennent. Réjouissez-vous avec mon Fils. Aimez votre prochain. Faites régner la concorde entre vous".

Vendredi 25 décembre 1981, Noël

Les voyants voient l'Enfant Jésus dans les bras de la Sainte Vierge :

"Aimez-vous les uns les autres, mes enfants. Vous êtes frères et soeurs. Ne vous disputez pas".
"Rendez gloire à Dieu, glorifiez-le et chantez, mes anges".

Mercredi 30 décembre 1981

Notre-Dame chante "La Reine du Saint Rosaire".

Jeudi 31 décembre 1981

Ivan demande à la Gospa comment aider les prêtres qui doutent des apparitions :

"Il faut leur dire que, depuis toujours, je transmets au monde le message de Dieu. C'est bien dommage de ne pas y croire. La foi est un élément vital, mais on ne peut contraindre personne à croire. La foi est la base d'où tout découle".

Ivan demande à Notre-Dame si c'est bien elle qui apparaît au pied de la croix.

"Oui, c'est vrai. Presque tous les jours, je suis sous la croix. Mon Fils portait la croix. Il a souffert sur la croix et par elle, il a sauvé le monde. Chaque jour, je prie mon Fils de pardonner les péchés du monde".

1981

Vicka dit qu'au tout début Notre-Dame a dit :

"Vous pouvez partir mais laissez le petit Jakov avec moi".

Vicka ajoute ensuite que la Vierge trouve que Jakov est un garçon sensationnel.

— 1982 —

Janvier 1982

Les apparitions ont à partir de maintenant lieu dans une chapelle située à la droite de l'autel dans l'église de Medjugorje.

Lundi 11 janvier 1982

"Je vous invite tout spécialement à participer à la messe. Attendez-moi à l'église, c'est le lieu qui convient".

Jeudi 14 janvier 1982

Aujourd'hui vers la fin de l'apparition, deux des voyants furent réprimandés par Notre-Dame. Les autres voyants ne purent entendre les paroles de la Sainte Vierge, mais son expression leur donna une idée de ce qui se passait. Ceux qui furent blâmés dirent ensuite que Notre-Dame resta gentille et respectueuse envers eux.

Lundi 18 janvier 1982

A propos d'une personne malade du coeur :

"Il y a peu d'espoir pour elle. Je prierai pour elle".

Mercredi 20 janvier 1982

Les voyants désirent savoir s'ils doivent rencontrer les enfants d'Izbicno qui sont aussi des voyants. Ils racontent à la Sainte Vierge que ces enfants disent qu'elle leur a parlé de cette rencontre.

"Il n'est pas besoin que vous les rencontriez".

Les autorités veulent déplacer le frère Tomislav.

"Si c'est dans le dessein de Dieu, qu'il parte, comme il en a été du frère Jozo, qu'il s'abandonne à la volonté de Dieu. Il doit beaucoup réfléchir et vous, priez pour lui".

Jeudi 21 janvier 1982

De nouveau les voyants demandent le signe.

"Le signe apparaîtra en temps voulu".

Pourquoi y-a-t-il des apparitions dans différents endroits d'Herzégovine ?

"Mes enfants, ne voyez-vous pas que la foi commence à s'éteindre et qu'il est nécessaire d'éveiller la foi chez les hommes ?"

Les enfants demandent que faire pour que la paix règne parmi les prêtres.

"Le jeûne et la prière".

Vendredi 22 janvier 1982

Au sujet de l'apparition d'Izbicno :

"Elle vient de Dieu".

Cette ville est à soixante kilomètres de Medjugorje où dix-huit personnes disent avoir eu des apparitions entre 1982 et 1983.

Mardi 2 février 1982

On demande à la Vierge quand elle aimerait que soit célébrée la fête de la Reine de la Paix. Elle dit en souriant :

"Je préfèrerais qu'elle ait lieu le 25 juin. Les fidèles sont venus pour la première fois, ce jour-là, sur la colline".

Lundi 8 février 1982

Les enfants l'interrogent au sujet d'une personne malade nerveusement.

"Il doit prier. Je l'aiderai dans la mesure de mon pouvoir".

A quelques slovènes qui priaient pendant l'apparition :

"Persévérez dans la prière !"

Mardi 9 février 1982

"Priez pour tous les malades. Croyez fermement. Je viendrai en aide selon ce qui est en mon pouvoir. Je demanderai à mon Fils Jésus de les aider. Le plus important cependant, c'est une foi solide. De nombreux malades pensent qu'il suffit de venir ici pour être aussitôt guéri. Certains d'entre eux ne croient même pas en Dieu, et moins encore à des apparitions, et voilà qu'ils réclament l'aide de la Gospa !"

Mercredi 10 février 1982

Jakov et Vicka posent à Notre-Dame plusieurs questions et elle leur répond. Ils rapportent que Notre-Dame aime le Credo et le préfère aux autres prières. Ils disent qu'ils ne l'ont jamais vue plus heureuse que durant cette prière. Le message de Notre-Dame :

> **"Priez, priez. Il faut croire fermement, se confesser régulièrement et communier de même. C'est l'unique salut".**

Jeudi 11 février 1982

> **"Priez mes anges, persévérez ! Qu'en rien l'ennemi ne s'empare de vous. Soyez courageux. Allez dans la paix de Dieu, mes anges. Adieu !"**

Vendredi 12 février 1982

> **"Soyez plus calmes, plus pondérés. Ne vous mettez pas à part des autres enfants. Soyez convenables, bien élevés, pieux !"**

Quand la Vierge prie, elle a les mains croisées, et quand elle parle, elle les étend et les élève vers le Ciel.

Samedi 13 février 1982

Pour les séminaristes assistant à l'apparition :

> **"Par la prière on obtient tout".**

Dimanche 14 février 1982

Les voyants sont heureux parce que quatre d'entre eux sont réunis.

> **"Soyez ensemble comme des frères et soeurs. Ne vous disputez pas.**
> **Satan existe. Il ne cherche qu'à détruire. Quant à vous, priez et persévérez dans la prière. Personne ne peut rien contre vous".**

Mardi 16 février 1982

Vicka raconte qu'elle n'a jamais vu la Vierge triste. Son visage est toujours souriant, joyeux et serein.

> **"Satan ne dit que ce qu'il veut, il se mêle de tout. Vous, mes anges, soyez prêts à tout supporter. Ici se passeront encore bien des choses. Ne vous laissez pas surprendre par lui".**

Vendredi 19 février 1982

Quand les voyants prient le "Je vous salue Marie", la Sainte Vierge est très contente et elle sourit, mais elle ne prie pas avec eux.

"Ecoutez attentivement à la sainte messe. Soyez bien élevés. Ne bavardez pas pendant la sainte messe".

Dimanche 21 février 1982

"Restez unis, ne vous disputez pas, ne soyez pas désordonnés. Mes anges, je vous rends attentifs, je vous guide sur une voie sûre".

Mardi 23 février 1982

Les voyants demandent si untel est vivant :

"Ne posez plus de telles questions ! Je sais ce qu'il en est de chaque malade. Pour ce qui est en mon pouvoir, je l'aiderai. Je prierai mon Fils de répandre sa miséricorde sur chacun".

Jeudi 25 février 1982

"Soyez persévérants et courageux. N'ayez peur de rien. Priez et ne faites pas attention aux autres".

Au sujet du frère Jozo :

"Ne craignez pas pour lui".

Dimanche 28 février 1982

"Remerciez beaucoup Tomislav, il vous guide si bien. Allez dans la paix de Dieu mes anges !"

Lundi 1er mars 1982

"Soyez tous heureux, et que ma bénédiction vous accompagne à chaque pas !"

Les autorités communistes aggravent leur répression.

Maintenant, outre d'autres mesures, ils interdisent les réunions des groupes de prière et interrogent leurs membres. La Sainte Vierge dit alors aux voyants :

"Il vaut mieux suspendre provisoirement les réunions de prière et de méditation à cause des autorités. Reprenez-les plus tard quand ce sera possible".

Mardi 2 mars 1982

En souriant à deux grandes images du Pape apportées par une femme d'Osijek, Notre-Dame dit :

"Celui-ci est votre père, mes anges".

Puis elle récita le "Notre Père" et en partant dit :

"Ouvrez bien la porte, suivez bien la messe !"

"Allez dans la paix de Dieu, mes anges ! Si vous souffrez pour une cause juste, les bénédictions seront encore plus abondantes pour vous".

Jeudi 4 mars 1982

Regardant une femme qui n'avait pas d'enfant :

"Qu'elle croie fermement. Dieu, qui vient en aide à tous, l'aidera également. Soyez patients, mes anges, n'ayez peur de rien, je suis à vos côtés et vous garde. Si vous avez quelque problème que ce soit, appelez-moi, je viendrai aussitôt et vous aiderai en vous conseillant pour résoudre au mieux la difficulté.
Allez en paix, mes anges, adieu".

Dimanche 7 mars 1982 :

A propos d'Ivan au séminaire de Visoko :

"Il prie bien, il est obéissant, il suit mes indications".

Lundi 8 mars 1982

Au sujet d'un garçon de seize ans qui a disparu depuis une semaine :

"Il est parti à cause de nombreuses misères. Il a lui-même créé une partie de ses problèmes".

Mardi 9 mars 1982

Concernant un jeune homme d'Hadromilje disparu de chez lui :

"Il a de graves difficultés. Il faut prier beaucoup pour lui, mes anges. Le peuple commence à bien se convertir. La prière a repris dans des foyers où l'on ne priait plus".

Début avril 1982

Mirjana demande à la Sainte Vierge si elle désire la célébration d'une fête particulière en souvenir des apparitions :

"Je désire une fête de la Reine de la Paix, le 25 juin, jour anniversaire de la première apparition".

Dimanche 11 avril 1982, jour de Pâques

Sur l'importance des groupes de prière. Faut-il des groupes de prière ?

"C'est nécessaire, mais pas seulement ici. Les communautés de prière sont nécessaires dans toutes les paroisses".

Mercredi 21 avril 1982

Les voyants donnent un résumé des messages au père Vlasic :

"Soyez patients. Tout se déroule selon le plan de Dieu. Ses promesses se réaliseront. Que l'on continue à prier, à faire pénitence et à se convertir".

Jeudi 22 avril 1982

Au sujet des signes lumineux sur le Mont Krizevac :

"Ce sont des signes de Dieu, et non pas des phénomènes naturels. S et T sont des signes du salut".

Samedi 24 avril 1982

Que faut-il faire pour obtenir davantage de guérisons ?

"Priez ! Priez et croyez fermement. Dites les prières déjà demandées (sept "Pater", "Ave", "Gloria" et le "Credo"). Faites davantage pénitence".

Dimanche 2 mai 1982

"Je suis venue appeler le monde à la conversion pour la dernière fois. Ensuite je n'apparaîtrai plus sur la terre".

Jeudi 6 mai 1982

Les voyants demandent s'ils peuvent écrire la date du grand signe et sa description et la mettre sous enveloppe scellée. C'est ce que la commission leur demandait de faire.

"Non. Je n'ai confié cela qu'à vous. Vous le dévoilerez quand je vous le dirai. Beaucoup de personnes ne vous croiront pas, je le sais. Et vous en souffrirez beaucoup. Mais vous supporterez tout cela et vous serez finalement les plus heureux".

Jeudi 13 mai 1982

Concernant la tentative d'assassinat contre le Pape Jean-Paul II ce jour-là :

"Ses ennemis ont voulu le tuer, mais je l'ai protégé".

Eté 1982

Le curé d'Izbicno demande aux voyants pourquoi y-a-t-il tous ces signes en Herzégovine et pourquoi Notre-Dame apparaît-elle en tous ces lieux.

"C'est Dieu qui les donne. Mes enfants, n'avez-vous pas remarqué que la foi a commencé à s'éteindre ? Nombreux sont ceux qui ne viennent à l'église que par habitude. Il faut réveiller la foi. Elle est un don de Dieu".
"S'il le faut, j'apparaîtrai dans chaque maison"

Au sujet des voyants d'Izbicno :

"Ne vous ai-je pas dit de ne pas venir en compagnie de ces enfants ? Je suis votre mère, vous devez m'obéir".

A Jakov pleurant parce qu'il a vu Vicka malade :

"La croix reste nécessaire à cause du péché du monde".

Mercredi 23 juin 1982

Notre-Dame répond aux questions posées par le père Tomislav par l'intermédiaire de Vicka :

"Le plus important est que vous, les voyants, restiez unis. Que la paix soit parmi vous. Faites très attention à cela. Obéissez bien et faites ce que disent les prêtres et vos parents. Allez souvent à la sainte messe et communiez. Faites bien attention, ces jours-ci ; des gens malhonnêtes viendront vers vous, en nombre, afin de vous tenter. Attention aux déclarations ! J'attends de vous, pendant ces jours, une discipline particulière. Ne vous déplacez pas n'importe où, ni souvent, et ne vous séparez pas les uns des autres.
Nombre de ceux qui ont été très enthousiastes se refroidiront. Mais vous, persistez, et soyez fiers de chacune de mes paroles. Que le peuple prie beaucoup. Qu'on prie davantage pour le salut, et uniquement pour le salut, car il est dans la prière.
Et que les gens se convertissent, tant que c'est encore possible. Il y a beaucoup de péchés, de vexations, de jurons, de mensonges et de mauvaises paroles.

Qu'ils se convertissent, se confessent et communient.
Qu'on n'imprime pas de livres sur les apparitions avant que l'anniversaire ne soit passé, car cela pourrait avoir des suites indésirables.
Vous m'avez demandé de garder dans cette paroisse de bons et fidèles prêtres qui continueront l'oeuvre. Ne craignez rien. Cette grâce vous sera donnée. Des prêtres, je n'exige rien d'autre que de prier avec persévérance et de prêcher. Qu'ils soient patients et attendent les promesses de Dieu".

Sur le nombre de nature de l'Esprit Saint :

"Il n'en a qu'une : la nature divine ".

Ces apparitions seront-elles les dernières sur terre ?

"Ces apparitions sont les dernières dans le monde".

Jeudi 24 ou Vendredi 25 juin 1982

"Remerciez en mon nom le peuple pour les prières, les sacrifices et la pénitence. Qu'ils persévèrent dans la prière, le jeûne et la conversion, et qu'ils attendent avec impatience la réalisation de mes promesses. Tout se déroule selon le plan de Dieu".

Lundi 12 juillet 1982

Au sujet de la possibilité d'une troisième guerre mondiale ?

"La troisième guerre mondiale n'aura pas lieu".

Mercredi 21 juillet 1982

Au sujet du purgatoire :

"Dans le purgatoire, il y a beaucoup d'âmes. Il y a même des personnes consacrées à Dieu : des prêtres, des religieuses. Priez à leurs intentions, au moins sept "Pater", "Ave", "Gloria" et le "Credo". Je vous le recommande. Il y a beaucoup d'âmes qui sont au purgatoire depuis longtemps, car personne ne prie pour elles".

A propos du jeûne :

"Le meilleur jeûne, c'est au pain et à l'eau. Par le jeûne et les prières on peut arrêter les guerres, on peut suspendre les lois de la nature. La charité ne peut pas remplacer le jeûne. Ceux qui ne peuvent pas jeûner peuvent toutefois le remplacer par la prière, la charité et une confession ; mais tous, sauf les malades, sont appelés au jeûne".

Samedi 24 juillet 1982

"Nous allons au Ciel en pleine conscience : celle que nous avons maintenant. Au moment de la mort, nous sommes conscients de la séparation du corps et de l'âme. Il est faux d'enseigner aux gens que nous renaissons plusieurs fois, et que nous passons dans différents corps. On ne naît qu'une fois. Le corps, tiré de la terre, se décompose, après la mort. Il ne revivra jamais. L'homme reçoit un corps transfiguré. Quiconque a fait beaucoup de mal durant sa vie peut aller droit au Ciel, s'il se confesse, regrette ce qu'il a fait, et communie à la fin de sa vie".

Dimanche 25 juillet 1982

A propos de l'enfer :

"Aujourd'hui de nombreuses personnes vont en enfer. Dieu permet à ses enfants de souffrir en enfer, du fait qu'ils ont commis des fautes graves, impardonnables !" (message non confirmé à ce jour).

Notre-Dame dit que ceux qui vont en enfer sont ceux qui vivent déjà une forme d'enfer sur terre par leur péché très grave et leur séparation avec Dieu. Après leur mort ils ne font que continuer cet enfer. D'autre part, ils vont en enfer parce qu'ils veulent y aller, c'est leur désir et leur choix. Mirjana a répondu à la Sainte Vierge "Comment Dieu peut-il condamner aussi durement les gens ?"

La réponse de Marie fut :

"Regarde jusqu'où peut aller le mal chez les hommes, et alors tu ne diras pas que Dieu est dur".

Au sujet des guérisons :

"Pour la guérison des malades, il est très important de faire les prières suivantes : le "Credo", sept "Pater", "Ave" et "Gloria", et jeûner au pain et à l'eau. Il est bon d'imposer les mains sur les malades et de prier. Il est bon d'oindre les malades avec de l'huile bénite. Tous les prêtres n'ont pas le don de guérir. Afin de réveiller ce don-là, le prêtre doit prier avec persévérance et croire fermement".

Vendredi 6 août 1982, fête de la Transfiguration

Concernant la confession :

"Il faut inviter les gens à se confesser chaque mois, surtout le premier samedi. Ici, je n'en ai pas encore parlé. J'ai invité les gens à la confession fréquente. Je vous donnerai encore quelques

messages concrets pour notre temps. Patientez, car le temps n'est pas encore venu. Faites ce que je vous ai dit. Ils sont nombreux ceux qui ne l'observent pas. La confession mensuelle sera un remède pour l'Eglise d'Occident. Il faut transmettre ce message à l'Occident".

Cette nuit-là, après l'apparition, deux signes lumineux en forme de rayons éclairèrent la croix de Krizevac et l'église. Ivan et un groupe de prière ont prié sur la colline de Bijakovici. Avant que le signe n'apparaisse, Notre-Dame dit :

"Je vais maintenant vous donner un signe pour fortifier votre foi".

Plusieurs membres du groupe de prière virent ce signe.

Mardi 10 août 1982

La Sainte Vierge a dit aux voyants qu'ils pouvaient donner des informations par écrit sur certaines choses.

Mercredi 11 août 1982

Les voyants sont grondés par Notre-Dame pour leur mauvaise conduite durant la messe du soir.

Dimanche 15 août 1982

Un nouveau secret fut donné à Vicka et Ivanka. Les autres ne purent comprendre le contenu du secret.

Lundi 16 août 1982 ;

Notre-Dame demande de prier avec plus de sérénité dans l'église.
Mirjana dit voir les personnes célestes en trois dimensions (Marie, les anges) et les personnes terrestres en deux dimensions, comme dans un film. C'est ainsi qu'elle vit le père Jozo et Ivan Ivankovic, tous deux en prison, l'un à Foca, l'autre à Mostar.

Mercredi 18 août 1982

A propos des malades, Mirjana raconte :

"Qu'ils croient et prient ; je ne peux pas aider celui qui ne prie pas et ne se sacrifie pas. Les malades, comme ceux qui sont en bonne santé, doivent prier et jeûner pour les malades. Plus vous croyez fermement, plus vous priez et jeûnez, pour la même intention, plus grande est la grâce et la miséricorde de Dieu".

Au sujet d'un mariage projeté entre une catholique et un orthodoxe :

"A mes yeux et au regard de Dieu, tout est pareil. Mais pour vous ce n'est pas la même chose, car vous êtes divisés. Si c'est possible il vaut mieux qu'elle n'épouse pas cet homme, car elle souffrira, et ses enfants aussi. Elle ne pourra vivre et suivre que difficilement le chemin de sa foi".

Dimanche 29 août 1982

Au sujet des apparitions qui ont divisé les prêtres en Herzégovine :

"Je n'ai pas désiré votre division. Au contraire, je désire que vous soyez unis. Vous n'ignorez pas que je suis la Reine de la Paix. Si vous désirez un conseil pratique : je suis la Mère sortie du peuple ; je ne peux rien faire sans l'aide de Dieu. Moi aussi, je dois prier comme vous. C'est pour cela que je ne puis que vous dire : priez, jeûnez, faites pénitence et aidez les faibles. Je regrette si ma réponse précédente ne vous convenait pas. Peut-être ne voulez-vous pas la comprendre..."

Mardi 31 août 1982

"Je ne dispose pas de toutes les grâces. Je reçois de Dieu ce que j'obtiens par la prière. Dieu me fait confiance totalement. Je protège particulièrement ceux qui me sont consacrés. Le grand signe est accordé. Il apparaîtra indépendamment de la conversion des gens".

Samedi 4 septembre 1982

"Jésus préfère que vous vous adressiez directement à lui plutôt que par un intermédiaire. Cependant si vous désirez vous donner totalement à Dieu et si vous désirez que je sois votre protectrice, alors confiez-moi toutes vos intentions, vos jeûnes et vos sacrifices pour que j'en dispose selon la volonté de Dieu".

Dimanche 26 septembre 1982

Pour une religieuse de Rome :

"Qu'elle fortifie la foi de ceux qui lui sont confiés".

Pour les pères Faricy et Forrest :

"Ils sont sur la bonne voie, qu'ils persistent".

Pour le Pape :

"Qu'il se considère le père de tous les hommes, et pas seulement des chrétiens. Qu'il propage inlassablement et avec courage le message de paix et d'amour parmi tous les hommes".

Vendredi 1er octobre 1982

"Je suis contente parce que vous avez commencé à préparer la fête mensuelle du sacrement de Réconciliation. Ce sera bien pour le monde entier. Persévérez dans la prière. C'est la vraie voie qui vous mène vers mon Fils".

Jeudi 4 novembre 1982

A propos de la vision de quelqu'un de Mostar :

"Il s'agit d'une vraie vision. C'était des âmes du purgatoire de sa proche famille. Il faut prier pour eux".

Samedi 6 novembre 1982

Concernant le huitième secret, Marija est effrayée et prie Notre-Dame d'avoir pitié de l'humanité.

"J'ai prié ; le châtiment a été adouci. Les prières répétées et les jeûnes atténuent les châtiments de Dieu, mais il n'est pas possible d'éviter entièrement le châtiment. Va par les rues de la ville, compte ceux qui glorifient Dieu et ceux qui l'offensent. Dieu ne peut plus supporter cela".

A noter que les voyants n'ont pas les mêmes secrets (selon Mirjana).

Lundi 8 novembre 1982

Au sujet de la nécessité d'écrire à l'Evêque et aux prêtres pour demander aux fidèles d'intensifier leurs prières.

"Il vaut mieux attendre que de précipiter cela".

Lundi 15 novembre 1982

Jakov demande à la Vierge si Vicka, qui est malade, doit aller se faire soigner à Zagreb.

"Il faut envoyer Vicka à Zagreb".

Samedi 18 décembre 1982

A propos de la réponse de l'Evêque de Mostar à un article relatant les événements de Mejugorje :

"Oui, répondez !"

Lundi 20 décembre 1982

Toujours au sujet de cet article, les voyants souhaitent savoir s'il est nécessaire de donner une information objective aux fidèles d'Herzégovine ?

"Non !"

Faut-il cesser de poser des questions à la Sainte Vierge, pour permettre aux voyants de mieux se concentrer dans la prière avec Marie et éviter la curiosité ?

"Oui, il vaut mieux que les enfants prient avec moi et que les pèlerins questionnent les prêtres et cherchent avec eux les solutions. Cependant je continuerai à répondre aux questions qu'on me pose".

Messages reçus par Mirjana avant le 26 décembre 1982 :

Ceci est l'information que Mirjana donna au père Tomislav Vlasic le 5 novembre 1983. Il transmit cette information au Pape le 16 décembre 1983. La lettre du père Vlasic fut publiée dans *La Vierge apparaît-elle à Medjugorje ?* (Paris 1984) avec l'introduction suivante :

"Pendant l'apparition du 25 décembre 1982, selon Mirjana, la Madone lui a confié le dixième et dernier secret, et lui a révélé les dates auxquelles ces différents secrets se réaliseraient. La Sainte Vierge révéla à Mirjana quelques aspects de l'avenir jusqu'à un certain point, avec plus de détails que pour les autres voyants. Pour cette raison je rapporte ici ce que Mirjana m'a dit lors d'une réunion le 5 novembre 1983. Je résume l'essentiel de son compte-rendu sans la citer littéralement. Mirjana me dit :

- Avant que le signe visible soit donné à l'humanité il y aura trois avertissements au monde. Ils se produiront sous forme d'événements terrestres. Mirjana en sera témoin. Dix jours avant ceux ci, Mirjana avertira un prêtre de son choix. Le témoignage de Mirjana sera une confirmation des apparitions et une incitation à la conversion du monde.

- Après les avertissements, le signe visible apparaîtra à l'endroit des apparitions de Medjugorje pour que tout le monde le voie. Le signe sera donné comme preuve des apparitions et afin que les gens reviennent à la foi.

- Le neuvième et le dixième secret sont sérieux. Ils sont un châtiment pour les péchés du monde. Ce châtiment est inévitable car nous ne pouvons pas espérer que le monde entier se convertisse. Ce châtiment peut être diminué par la prière et la pénitence mais ne peut être évité. Mirjana dit que l'un des maux qui menacent le monde, celui qui est dans le septième secret, a été évité grâce aux prières et au jeûne. C'est pourquoi la Sainte Vierge continue à encourager la prière et le jeûne.

"Vous avez oublié que par la prière et le jeûne vous pouvez éviter les guerres et suspendre les lois naturelles".

- Après le premier avertissement, les autres suivront peu de temps après. Ainsi les gens auront-ils le temps de se convertir.
- Ce délai sera une période de grâce et de conversion. Après le signe visible ceux qui seront encore vivants auront un peu de temps pour se convertir. Pour cette raison la Sainte Vierge nous invite instamment à la conversion et à la réconciliation.
- L'invitation à la prière et à la pénitence a pour but d'éviter le mal et la guerre mais surtout de sauver des âmes.

Selon Mirjana, les événements prédits par la Sainte Vierge sont proches. En vertu de cette expérience, Mirjana proclame au monde :

"Convertissez-vous le plus vite possible. Ouvrez vos coeurs à Dieu".

En plus de ce message principal, Mirjana rapporte une apparition qu'elle a eue en 1982 qui à notre avis donne quelque lumière sur certains aspects de l'histoire de l'Eglise. Elle parle d'une apparition au cours de laquelle Satan lui apparut. Il lui demanda de renoncer à la Madone et de le suivre. Par ce moyen elle pourrait être heureuse en amour et dans son existence. Il dit que suivre la Vierge au contraire ne la conduirait qu'à la souffrance. Mirjana le repoussa et immédiatement la Vierge lui donna le message suivant :

"Excuse-moi pour ceci, mais tu dois savoir que Satan existe. Un jour il s'est présenté devant le trône de Dieu et a demandé la permission d'éprouver l'Eglise durant une période. Dieu lui a permis de l'éprouver durant un siècle. Ce siècle est sous le pouvoir du démon, mais quand seront réalisés les secrets qui vous ont été confiés, son pouvoir sera détruit. Déjà maintenant il commence à perdre son pouvoir et il est devenu agressif : il détruit les mariages, soulève des divisions entre les prêtres, suscite des obsessions, des meurtres. Vous devez vous en protéger par le jeûne et la prière : surtout la prière communautaire. Portez avec vous des signes bénis. Mettez-en dans vos maisons, revenez à l'usage de l'eau bénite".

Vendredi 24 décembre 1982

A Mirjana :

"A Noël je t'apparaîtrai pour la dernière fois".

Après cette apparition il fut évident pour les gens présents que Mirjana était très triste. Après quelques instants sa mère lui en demanda la raison. Cela fit sortir Mirjana de la pièce en pleurant. Après avoir retrouvé son calme elle revint dans la pièce et dit que c'était l'avant-dernière apparition. Le jour de Noël Notre-Dame lui apparaîtrait encore en cadeau mais ne lui donnerait plus d'apparitions quotidiennes. A Mirjana fut donné le dixième secret, qui serait d'importance capitale. La Sainte Vierge lui promit de lui apparaître pour son anniversaire le 18 mars, pendant toute sa vie.

Samedi 25 décembre 1982 :

L'apparition de Notre-Dame à Mirjana dura quarante-cinq minutes. Mirjana dit qu'elle se souviendra toujours de ces mots de Notre-Dame :

"Maintenant tu devras te tourner vers Dieu dans la foi, comme n'importe quelle autre personne. Je t'apparaîtrai le jour de ton anniversaire et lorsque tu éprouveras des difficultés dans la vie. Mirjana, je t'ai choisie, je t'ai confié tout l'essentiel. Je t'ai aussi montré bien des choses terribles. Tu dois le porter maintenant avec courage. Pense à moi et pense aux larmes que je dois verser pour cela. Tu dois rester courageuse. Tu as vite saisi les messages. Aussi dois-tu comprendre maintenant que je dois m'en aller. Sois courageuse".

Mirjana vécut difficilement les premiers mois sans apparitions quotidiennes. Au début elle suppliait même la Sainte Vierge de lui apparaître, elle priait, priait pour que Marie vienne... Mirjana dit à son entourage qu'elle avait perdu la chose la plus belle de sa vie. Parfois elle ressentait profondément la présence de la Sainte Vierge dans ses prières quotidiennes, ce qui l'aida à vivre sans l'apparition.

Lundi 27 décembre 1982

A propos de la nouvelle statue, de style naïf, la Reine de la Paix, les voyants demandent si on peut la mettre dans l'église :

"Oui, vous le pouvez".

Cette statue fut sculptée par Vipotnik et peinte par Luka Stojanac et Florijan Mickovic. Luka est orthodoxe, et travailler à cette statue a été pour lui une bénédiction.

Vendredi 31 décembre 1982

Pour la nouvelle année la Vierge donne ce message :

"Priez autant que possible et jeûnez ! Vous devez persévérer dans la prière et le jeûne".
"Je désire que la nouvelle année se passe dans la prière et la pénitence. Persévérez dans la prière et les sacrifices. Et moi, je vous protègerai et j'exaucerai vos prières".

— 1983 —

Samedi 1er janvier 1983, fête de sainte Marie, Mère de Dieu

Ivanka demande si la Vierge apparaît toujours à Mirjana ?

"Depuis Noël, je ne lui apparais plus pour le moment".

Mercredi 5 janvier 1983

Le père Tomislav reçoit les informations suivantes d'Ivan, Jakov, Marija et Vicka : Marija a reçu sept secrets, Vicka, huit, Jakov, Ivanka et Ivan, neuf, Mirjana, dix. Ils ne savent pas combien de temps dureront les apparitions, ni pourquoi Mirjana n'a plus d'apparitions. La Vierge les invite sans cesse à la prière, au jeûne, à la conversion et elle confirme ses promesses. Ivan pense que les apparitions ont cessé pour Mirjana car elle ne priait pas assez en dehors des apparitions. La Gospa souhaite que Mirjana apprenne à prier dans la foi. (Autre interprétation : la fin des apparitions pour elle serait signe de maturité au contraire).

Au sujet du mois et de l'année du signe, Ivan a répondu : "C'est prévu".

Vendredi 7 janvier 1983

La Vierge raconte sa vie aux voyants qui peuvent la noter par écrit, mais ne pourront la publier qu'avec son autorisation ; ce récit dura pour Jakov jusqu'en avril ; pour Ivanka jusqu'au 22 mai ; pour Marija jusqu'au 17 juillet. Marija étant à l'école à Mostar n'eut le récit qu'en abrégé quand elle venait à Medjugorje. Pour Vicka, le récit dura jusqu'au 10 avril 1985 et elle en remplit trois cahiers de notes.

Lundi 10 janvier 1983

Mirjana rencontra le frère Tomislav : "Durant un an et demi où j'ai vu la Sainte Vierge, une grande intimité s'est créée entre nous. Je sentais son amour maternel et je pouvais lui poser les questions les plus diverses". Ainsi elle lui demanda pourquoi Dieu était impitoyable avec les pécheurs en les mettant en enfer ?

> **"Les hommes qui vont en enfer ne veulent plus recevoir aucun bienfait de Dieu, ils ne se repentent pas, ils ne cessent de jurer et de blasphémer ; ils prennent le parti de vivre en enfer et n'envisagent pas du tout de le quitter".**

Au sujet du purgatoire, la Gospa répondit :

"Il y a là différents niveaux, dont les plus bas sont proches de l'enfer et les plus élevés se rapprochent graduellement du Ciel. Ce n'est pas le Jour des Morts, mais à Noël que le plus grand nombre d'âmes quittent le purgatoire. Il y a au purgatoire des âmes qui prient ardemment Dieu, mais pour qui plus aucun parent ou ami ne prie sur terre. Dieu les fait bénéficier des prières d'autres personnes. Il arrive que Dieu leur permette de se manifester de diverses manières auprès des leurs sur la terre pour rappeler aux hommes l'existence du purgatoire et solliciter leurs prières auprès de Dieu qui est juste mais bon. La plupart des hommes vont au purgatoire, beaucoup vont en enfer ; un petit nombre va directement au Ciel".

Mercredi 12 Janvier 1983

Une équipe de télévision américaine était présente et filmait les événements de Mejugorje. Le père John Bertolucci en était le commentateur. Le nom de l'émission était "La Gloire de Dieu". A cause de la police et de la répression à l'époque, ils étaient inquiets sur la possibilité de faire sortir leur film du pays. Ils furent enchantés et rassurés car Notre-Dame utilisa leur intitulé dans sa réponse :

"Il y aura des difficultés, mais ce sera pour la gloire de Dieu ".

En effet le film ne put sortir du pays.

Jeudi 21 avril 1983

Aux voyants et spécialement à Jakov au sujet de sa conduite durant la messe et de son attitude avec les autres :

"Vous (les voyants) devez bien vous conduire, être pieux et donner un bon exemple aux fidèles".

Dimanche 24 avril 1983

Message à un médecin italien :

"Je le bénis, ainsi que ceux qui travaillent avec lui à l'hôpital de Milan, pour tout ce qu'ils font. Qu'ils continuent et qu'ils prient. Je bénis les malades de cet hôpital ainsi que les malades pour lesquels vous avez prié ce soir et ceux pour lesquels vous prierez".

Mercredi 1er juin 1983

"Chers enfants, j'ai espéré que le monde commencerait à se

convertir de lui-même. Faites maintenant tout ce que vous pouvez pour que le monde puisse se convertir".

Jeudi 2 juin 1983

"Lisez ce qui est écrit sur Jésus. Méditez-le et transmettez-le aux autres".

Vendredi 3 juin 1983

Au sujet de la formation d'un groupe de prière par le père Vlasic. A-t-il bien commencé ?

"Oui, c'est bien, qu'il continue".

Que doit-on faire pour que les autorités ne chassent pas les prêtres de la paroisse qui travaillent avec foi et amour ?

"Priez et jeûnez dans cette intention. Je vous dirai, le moment venu, ce qu'il faudra faire".

Le père Tomislav doit-il demander à la paroisse de jeûner et de prier pour que l'Eglise reconnaisse les événements surnaturels de Medjugorje ?

"Oui, c'est la bonne voie. Que la paroisse prie pour ce don. Qu'elle prie aussi pour le don de l'Esprit Saint afin que tous ceux qui viennent ici ressentent la présence de Dieu".

Dimanche 12 juin 1983

Les Franciscains peuvent-ils commencer les travaux autour de l'église ou doivent-ils demander l'autorisation aux pouvoirs publics ?

"Qu'ils ne commencent pas sans avoir pris contact avec les autorités. Sinon on mettrait celles-ci au courant et les travaux seraient interdits. Allez et demandez aimablement l'autorisation, elle vous sera accordée".

Mardi 14 juin 1983

Que souhaites-tu que les prêtres prêchent durant ces dix jours avant l'anniversaire des premières apparitions ?

"Qu'ils fassent ce qu'ils estiment le mieux. Il serait bon de rappeler aux fidèles les événements qui se sont déroulés ici en relation avec ma venue. Qu'ils leur rappellent les raisons de ma venue ici".

Printemps 1983

"Hâtez votre conversion. N'attendez pas le signe annoncé pour ceux qui ne croient pas. Il sera déjà trop tard. Vous qui croyez, convertissez-vous et approfondissez votre foi".

Vendredi 24 juin 1983

"Le signe viendra, vous ne devez pas vous en préoccuper. La seule chose que je voudrais vous dire, c'est convertissez-vous ! Faites savoir cela le plus vite possible à tous mes enfants. Aucune peine, aucune souffrance ne m'est de trop pour vous sauver. Je prierai mon Fils de ne pas punir le monde, mais je vous en supplie, convertissez-vous ! Vous ne pouvez vous imaginer ce qui va se passer, ni ce que le Père Eternel enverra sur la terre. C'est pourquoi convertissez-vous ! Renoncez à tout, faites pénitence. Dites ma reconnaissance à tous mes enfants qui ont prié et jeûné. Je porte tout cela à mon divin Fils pour obtenir un adoucissement de sa justice contre les péchés de l'humanité".
"Je remercie les personnes qui ont prié et jeûné. Persévérez et aidez-moi à convertir le monde".

Dimanche 26 juin 1983

"Aimez vos ennemis. Priez pour eux et bénissez-les".

Vendredi 1er juillet 1983, sur le Mont Krizevac vers 23 h :

"Je remercie ceux qui ont répondu à mon appel. Je vous bénis tous. Je bénis chacun de vous. En ces jours, je vous demande de prier à mes intentions. Allez dans la paix de Dieu".

Début juillet 1983

Concernant les problèmes avec l'Evêque de Mostar :

"Jeûnez deux jours par semaine, à l'intention de l'Evêque qui porte une lourde charge. S'il en est besoin, je demanderai un troisième jour. Priez chaque jour pour l'Evêque".

Mardi 26 juillet 1983

A Marija :

"Chers enfants, je voudrais, aujourd'hui, vous convier à la prière et à la pénitence constantes. Tout particulièrement, que les jeunes de cette paroisse soient plus actifs dans leur prière".

Samedi 6 août 1983

Jakov interroge la Gospa au sujet de l'ordre de l'Evêque de ne pas laisser commencer les prières du Rosaire par les voyants :

"S'il en est ainsi, alors n'y allez pas pour ne pas provoquer de querelles. Si c'est possible parlez-en demain entre vous. Mettez-vous tous d'accord auparavant".

Vendredi 12 août 1983

Cette apparition dura environ trente-huit minutes.

"Priez davantage pour votre vie spirituelle. Faites davantage d'efforts en ce sens. Priez pour votre Evêque".

Mardi 23 août 1983

Concernant le père Emiliano Tardif, prêtre canadien qui a un important ministère de prière pour les malades, le père Pierre Rancourt, prêtre canadien et le Dr Philippe Madre, diacre de la Communauté du Lion de Juda et de l'Agneau Immolé :

"J'ai moi-même invité chacun de vous en ce lieu, car j'ai besoin de vous pour transmettre mes messages au monde entier".

Jeudi 25 août 1983

Au sujet de l'arrestation du père Tardif, du père Rancourt et du docteur Philippe Madre par les autorités yougoslaves :

"Ne vous tracassez pas pour eux. Tout cela est dans le plan de Dieu".

Lundi 29 août 1983

Concernant un groupe de jeunes avant leur départ pour le pèlerinage de Siroki Brijeg :

"Je souhaite que vous priiez tout au long du chemin et que vous glorifiiez Dieu. Là-bas, vous rencontrerez d'autres jeunes. Transmettez-leur les messages que je vous ai donnés. Ne vous gênez pas pour leur en parler. Certains commencent à prier et à jeûner comme il leur a été indiqué, mais ils se lassent très rapidement et perdent ainsi les grâces déjà acquises".

Lundi 5 septembre 1983

Lors de la mort de la mère de Jakov :

"Ta mère est avec moi au Ciel".

Lundi 12 septembre 1983

"Priez. Quand je vous donne ce message, ne vous contentez pas de l'entendre. Approfondissez votre prière et voyez combien cela vous rend heureux. Toutes les grâces sont à votre disposition ; il ne tient qu'à vous de les conquérir. Pour cela, je vous répète : priez !"

Lundi 26 septembre 1983

A Jakov :

"Mon Fils souffre beaucoup, car le monde ne se convertit pas. Que le monde se convertisse et qu'on fasse la paix.

Samedi 15 octobre 1983

"Mon Fils souffre beaucoup parce que les hommes ne veulent pas se réconcilier. Ils ne m'ont pas écoutée. Convertissez-vous. Réconciliez-vous".

Vendredi 21 octobre 1983

"L'important, c'est de prier l'Esprit Saint pour qu'il descende sur vous. Quand on l'a, on a tout. Les gens se trompent lorsqu'ils se tournent uniquement vers les saints pour demander quelque chose.

Avent :

"Commencez à invoquer l'Esprit Saint chaque jour. La chose la plus importante est de prier l'Esprit Saint. Quand l'Esprit Saint descend sur la terre alors tout devient clair et tout se transforme".

Samedi 26 Novembre 1983

En réponse à une question, Notre-Dame dit :

"Prière et jeûne".

Mercredi 30 novembre 1983

A Marija pour un prêtre :

"Tu dois aviser aussitôt l'Evêque et le Pape sur l'urgence et la grande importance du message pour toute l'humanité".
"J'ai déjà dit bien des fois que la paix du monde est en crise. Devenez frères entre vous, augmentez prière et jeûne pour être sauvés".

Lundi 26 décembre 1983

Ivan à propos d'une question du père Laurentin :

"Notre-Dame prie pour cela. Que celui qui l'entreprend le fasse dans la prière. C'est là qu'il trouvera son inspiration".

1983

"Je sais que beaucoup ne vous croiront pas et que beaucoup qui ont une foi passionnée se refroidiront. Vous, demeurez fermes et poussez les gens à une prière instante, à la pénitence et à la conversion. A la fin, vous serez les plus heureux".

Aux voyants :

"Quand vous éprouverez des difficultés et que vous aurez besoin de quelque chose, venez à moi".

Concernant des guérisons :

"Moi je ne peux pas guérir. Dieu seul guérit. Priez. Je prierai avec vous. Croyez fermement. Jeûnez, faites pénitence. Je vous aiderai autant qu'il est en mon pouvoir de le faire. Dieu vient en aide à tous. Je ne suis pas Dieu. J'ai besoin de vos sacrifices et de vos prières pour m'aider".

Au sujet de la foi :

"La foi ne peut pas être vivante sans la prière".

A propos de la messe :

"La messe est la plus grande prière de Dieu. Vous ne pourrez jamais en comprendre la grandeur. C'est pourquoi vous devez être parfaits et humbles à la messe et vous devez vous y préparer".

A un prêtre qui demande s'il est préférable de prier Marie ou de prier Jésus ?

"Je vous en supplie, priez Jésus. Je suis sa mère et j'intercède pour vous, avec lui. Mais toutes les prières vont à Jésus. J'aiderai, je prierai, mais tout ne dépend pas uniquement de moi, mais aussi de votre force, de la force de ceux qui prient".

Au sujet des âmes du purgatoire :

"Ces personnes attendent vos prières et vos sacrifices".

Sur d'autres sujets :

"La plus belle des prières, c'est le "Credo".
"Le plus important, c'est de croire".
"Toutes les prières sont bonnes, si elles sont dites avec foi".
"Mon Fils veut gagner toutes les âmes à lui, mais le diable s'efforce d'obtenir quelque chose. Le diable se démène pour s'infiltrer à tout prix parmi vous".

— 1984 —

Janvier 1984

Aux pèlerins :

"Quand vous êtes dans la pièce des apparitions ou à l'église, vous ne devriez pas vous préoccuper de prendre des photographies ; vous devriez plutôt employer ce temps pour prier Jésus, spécialement dans ces instants de grâce particulière, durant les apparitions.

Dimanche 8 janvier 1984

"Mes enfants, priez ! Je le répète, priez ! Je vous le redis encore. Ne pensez pas que Jésus va se manifester encore dans la crèche ; amis, il renaît dans vos coeurs".

Carême 1984

"Ne craignez pas pour vous-mêmes, vous qui êtes déjà sauvés. Priez plutôt pour ceux qui sont dans le péché et qui ne croient pas".

Le 1er mars 1984, Notre-Dame commença à donner chaque semaine des messages à Marija Pavlovic pour la paroisse et pour toute personne voulant marcher sur le chemin de la sainteté (voir le chapitre sur les messages hebdomadaires).

Jeudi 1er mars 1984

"Le jeudi (jour de l'Eucharistie), que chacun trouve sa manière de jeûner : celui qui fume, qu'il s'abstienne de fumer ; celui qui

boit de l'alcool, qu'il n'en boive pas. Que chacun renonce à quelque chose qui lui est cher. Que ces recommandations soient transmises à la paroisse" .

Mercredi 14 mars 1984

"Priez et jeûnez pour que le règne de Dieu vienne parmi vous. Que mon Fils vous embrase de son feu".

Lundi 19 mars 1984

"Chers enfants, compatissez avec moi ! Priez, priez, priez !"

Dimanche 25 mars 1984, Fête de l'Annonciation

"Réjouissez-vous avec moi et avec mes anges parce qu'une partie de mes plans est déjà réalisée. Beaucoup se sont convertis, mais beaucoup ne veulent pas se convertir. Priez !"

C'était la millième apparition à Medjugorje et après les mots ci-dessus, la Sainte Vierge regarda les voyants présents et pleura.

Mercredi 28 mars 1984

"Beaucoup de personnes viennent ici en curieux et non pas en pèlerins".

Vendredi 30 mars 1984

"Je désire que vos coeurs s'unissent au mien, comme mon coeur est uni à celui de mon Fils".

Jeudi 5 avril 1984

"Si vous étiez forts dans la foi, Satan ne pourrait rien contre vous. Commencez à marcher sur la voie de mes messages. Convertissez-vous, convertissez-vous ! Convertissez-vous !"

Dimanche 8 avril 1984

"Je vous demande de prier pour la conversion de tous les hommes. Pour cela, j'ai besoin de prières".

Dimanche 22 avril 1984, Pâques

"Nous nous réjouissons tous au Ciel. Réjouissez-vous avec nous.

Lundi 23 avril 1984

Aux prêtres de Medjugorje :

"Il n'y a pas besoin de donner des informations aux gens, ils savent ce qu'ils doivent faire".

Mardi 24 avril 1984

Notre-Dame était très triste. En larmes, elle dit :

"Trop de personnes, après avoir commencé ici à prier, à se convertir, jeûner et faire pénitence, oublient vite, de retour chez elles, et reviennent à leurs mauvaises habitudes".

Aux prêtres de Medjugorje

"Les informations, ça suffit. Les gens en savent assez. Dites-leur : ce lieu est un lieu de prière.
Priez tant que vous pouvez. Priez comme vous pouvez, mais priez toujours davantage. Chacun de vous pourrait prier même quatre heures par jour. Mais je sais que beaucoup ne comprennent pas parce qu'ils ne pensent qu'à vivre de leur travail".

Le père Vlasic demande à Notre-Dame si le fait de demander aux gens de prier quatre heures par jour ne va pas les décourager ? Notre-Dame répondit alors :

"Même toi tu ne comprends pas ! C'est à peine un sixième de votre journée".

Mercredi 13 juin 1984

"Chers enfants, je vous invite à prier davantage, vous et toute la paroisse, jusqu'au jour de l'anniversaire. Que votre prière devienne signe d'offrande à Dieu. Chers enfants, je sais que vous êtes tous fatigués. Vous ne savez pas vous offrir à moi. Offrez-vous totalement à moi ces jours-ci".

Dimanche 24 juin 1984, Fête-Dieu, troisième anniversaire des apparitions :

"Mes enfants, je vous remercie pour chaque sacrifice que vous avez fait durant ces jours. Convertissez-vous, pardonnez-vous, jeûnez, priez, priez, priez !".

Lundi 25 juin 1984

"Merci pour tous vos sacrifices".

Mardi 26 juin 1984

"Quand je dis : priez, priez, priez, je ne veux pas seulement dire d'augmenter le nombre d'heures de prière, mais aussi de renforcer le désir de prier et d'être en contact avec Dieu, et de se placer en permanence dans un état d'esprit baigné de prière".

Lundi 16 Juillet 1984

"Je prie pour les frères et paroissiens, que personne ne s'inquiète. Je connais les changements qui vont survenir bientôt (dans le clergé paroissial). Au moment des changements, je serai là, aussi ne craignez rien. Il y aura, dans l'avenir, des signes concernant des pécheurs, des incroyants, des alcooliques et des jeunes ; ils m'accepteront à nouveau".

Mardi 20 juillet 1984

Notre-Dame apparaît sur la colline des apparitions à une heure avancée :

"Ouvrez-moi vos coeurs, approchez-vous. Dites à haute voix vos intentions et vos prières".

La Gospa était très attentive à la prière des voyants. Quand ils prièrent pour l'Evêque de Mostar, ils virent ses yeux se remplir de larmes et en pleurant elle dit :

"Vous êtes mes petites fleurs. Continuez à prier, ma tâche en est allégée".

Puis elle bénit les voyants et les pèlerins avec un crucifix et disparut dans le Ciel en pleurant.

Dimanche 5 août 1984 - Deux millième anniversaire de la naissance de la Sainte Vierge :

Notre-Dame a dit à Vicka, Marija et Jelena que le vrai jour de sa naissance était le 5 août.

En prévision de ce jour, la Vierge avait dit :

"Les prêtres qui confesseront auront de grandes joies, ce jour-là".

Pendant trois jours avant la célébration du deux millième anniversaire de la naissance de Marie il y eut jeûne et prière continuelle ; soixante-dix prêtres ont confessé sans arrêt ; un grand nombre de gens furent convertis.

"Jamais dans ma vie je n'ai pleuré de douleur, comme ce soir je pleure de joie. Merci !".

Les voyants dirent que Notre-Dame était très joyeuse pendant ces trois jours de jeûne et de prière continuelle, et elle répéta :

"Je suis très heureuse ; continuez. Continuez à prier et à jeûner".

Plus tard, les prêtres présents dirent qu'ils n'avaient jamais été de leur vie aussi joyeux dans leurs coeurs.

Lundi 6 août 1984

"Continuez et rendez-moi heureuse chaque jour".

Samedi 11 août 1984

"Chers enfants, priez parce que Satan tente sans cesse de brouiller mes plans. Priez du fond du coeur. Dans la prière, abandonnez-vous à Jésus !"

Samedi 25 août 1984

A Mirjana :

"Attends-moi le 13 septembre, je te parlerai de l'avenir".

Vendredi 31 août 1984

"J'aime tout particulièrement la croix que vous avez providentiellement érigée sur le mont Krizevac. Allez plus souvent y prier".

Lundi 8 octobre 1984

Parce que Jakov était malade Notre-Dame lui apparut chez lui :

"Cher Fils, toutes les prières que vous récitez le soir dans votre maison, dédiez-les à la conversion des pécheurs parce que le monde est immergé dans une grande faute. Récitez le Rosaire chaque soir".

Samedi 13 octobre 1984

Au mouvement Sacerdotal Marial :

"Un message à vous et à tous ceux qui m'aiment. Chers Fils, priez sans cesse et demandez à l'Esprit Saint qu'il vous inspire toujours. En tout ce que vous demandez, en tout ce que vous faites, cherchez seulement la volonté de Dieu".
"Vivez selon vos convictions et respectez les autres".

Samedi 20 octobre 1984

"Quand vous priez, vous devez prier davantage. La prière est colloque avec Dieu. Prier veut dire écouter Dieu. La prière m'est utile, parce que, après la prière, tout est clair. La prière fait connaître le bonheur. La prière peut vous apprendre à pleurer. La prière peut vous apprendre à fleurir. La prière n'est pas une plaisanterie. La prière c'est parler avec Dieu.

Mercredi 24 octobre 1984, à 22 h sur le Mont Krizevac

"Mes chers enfants, je suis si heureuse de vous voir prier. Priez avec moi pour que le plan de Dieu se réalise grâce à vos prières et aux miennes. Priez davantage et plus intensément".

Octobre 1984

"Je voudrais vous guider spirituellement, mais je ne saurais vous aider si vous n'êtes pas ouverts. Il vous suffit de songer, par exemple, où vous étiez avec vos pensées hier, au cours de la messe. Quand vous vous rendez à la messe, votre chemin, depuis la maison, devrait être un temps de préparation pour la messe. Vous devez aussi recevoir la communion avec un coeur ouvert et pur... Pureté de coeur et ouverture ! Ne quittez pas l'église sans action de grâces convenable. Je ne puis vous aider que si vous êtes accessibles à mes suggestions ; je ne puis vous aider si vous n'êtes pas ouverts".
"Le plus important dans la vie spirituelle, c'est de demander le don du Saint-Esprit. Quand vient l'Esprit Saint, alors s'établit le calme. Quand cela se produit, tout change autour de vous. Les choses changeront".

Lundi 17 décembre 1984

A Monseigneur Franic, Archevêque de Split :

"Vous aurez à souffrir davantage".

Vendredi 21 décembre 1984

"Chers enfants, j'aimerais que vous soyez tous comme une fleur qui va s'ouvrir à Noël pour Jésus. Une fleur qui ne cessera pas de fleurir après Noël. Soyez les bons bergers de Jésus".

Mardi 25 décembre 1984

Bien que Notre-Dame n'ait pas donné de messages, elle apparut portant l'Enfant-Jésus dans ses bras.

1984 :

En réponse à une question sur les méditations orientales telle que la méditation transcendantale :

"Pourquoi les appelez-vous "méditations", alors qu'il s'agit d'oeuvres humaines ? La méditation vraie est une rencontre avec Jésus, quand vous découvrez la joie, la paix intérieure. Vous devez savoir qu'il n'y a qu'un Dieu et un unique médiateur, Jésus-Christ".

Au sujet de la prière :

"Vos journées ne seront pas les mêmes selon que vous priez ou que vous ne priez pas".

1984 -1985

Mirjana rapporte :

"Dites bien aux fidèles que j'ai besoin de leurs prières et des prières du peuple tout entier. Il faut prier le plus possible et faire pénitence, parce que trop peu de gens se sont jusqu'ici convertis. Il y a beaucoup de chrétiens qui vivent comme des païens. Il y a toujours trop peu de vrais croyants".

A des prêtres qui demandent ce qu'ils doivent faire ?

"Accomplissez votre devoir et faites ce que l'Eglise vous demande de faire".

Marie reprocha à Jakov sa conduite à l'égard de ses amis à l'école :

"Tu dois les aimer tous".

"Je les aime tous mais ils sont tellement ennuyeux".

"Alors accepte-le comme un sacrifice et offre-le".

Marija partage le message de Notre-Dame avec un groupe de séminaristes de Zagreb et de Djakovo qui ont assisté à une apparition :

"Dites-leur qu'avec la prière on obtient tout".

Mirjana demande à la Vierge pourquoi elle a accueilli une jeune religieuse les bras ouverts alors qu'elle garde les mains jointes devant d'autres ?

"Je prendrai bientôt avec moi ceux auxquels j'ouvre les bras".

A une religieuse dont le frère est mort d'un accident :

"J'ai compris la question. Il est mort en état de grâce. Il a besoin de messes et de prières".

Mirjana rapporta ce message à une amie proche, une religieuse :

> **"L'heure est venue où le démon est autorisé à agir avec toute sa force et sa puissance. L'heure présente est l'heure de Satan".**
> **"Beaucoup prétendent voir Jésus et la Mère de Dieu et entendre leurs paroles, mais ce sont, en fait, des menteurs. C'est un très grand péché, il faut beaucoup prier pour eux".**
> **"Je tiens à ce qu'on sache ce qui se passe à Medjugorje. Parlez-en afin que tous se convertissent".**

La Gospa est interrogée par Mirjana sur son insistance à employer souvent l'expression : "Il me presse de..." :

> **"Lorsque tu seras au Ciel, tu comprendras pourquoi je suis si pressée".**

Aux voyants l'interrogeant sur les apparitions et sur leur but :

> **"Est-ce qu'en fin de compte je vous ennuie ? Tout se passe exactement selon les desseins de Dieu. Ayez la patience, persévérez dans la prière et dans la pénitence. Tout vient à son heure".**

A un prêtre catholique, perplexe devant la guérison d'un enfant orthodoxe :

> **"Dis à ce prêtre, dis à tous que c'est vous qui êtes divisés sur terre. Les musulmans et les orthodoxes, au même titre que les catholiques, sont égaux devant mon Fils et devant moi ; vous êtes tous mes enfants. Certes, toutes les religions ne sont pas égales, mais tous les hommes sont égaux devant Dieu, comme le dit saint Paul. Il ne suffit pas d'appartenir à l'Eglise catholique pour être sauvé, il faut respecter les commandements de Dieu et suivre sa conscience. Ceux qui ne sont pas catholiques n'en demeurent pas moins des créatures faites à l'image de Dieu et destinées à rejoindre un jour la maison du Père. Le salut est offert à tous, sans exception. Ne sont damnés que ceux qui refusent Dieu délibérément. A qui il a été peu donné, il sera peu demandé. A qui il a été beaucoup donné (aux catholiques), il sera beaucoup demandé. C'est Dieu seul, dans son infinie justice, qui détermine le degré de responsabilité et prononce le jugement".**

— 1985 —

Mercredi 2 janvier 1985

Cette apparition de Notre-Dame entourée d'anges, a lieu à 23h 30 sur le Mont Krizevac :

"Je suis très heureuse d'avoir pu venir ici depuis plus de trois ans, grâce aux prières des croyants. Continuez à prier ainsi. Une partie de mon plan s'est réalisée. Dieu bénit spécialement tous ceux qui sont ici. Vous pouvez rentrer heureux chez vous. Vous n'en comprendrez pas immédiatement les raisons ; offrez des prières d'action de grâces pour la semaine prochaine".

Mercredi 9 janvier 1985

"Je remercie les fidèles d'être venus à l'église par un temps si mauvais et froid".

Lundi 14 janvier 1985

A Vicka :

"Mes chers enfants, Satan est puissant. Il souhaite de toute sa force détruire mes plans. Priez sans arrêt. Je prierai aussi mon Fils, pour que tous les projets que j'ai commencés soient réalisés. Sois patiente et persévérante dans la prière. Ne permets pas à Satan de te décourager. Son action est très nocive dans le monde. Sois sur tes gardes".

Dimanche 3 février 1985

"Je désire que le frère Slavko reste ici, qu'il guide la vie et rassemble les nouvelles, afin qu'à mon départ il reste une image complète de tout ce qui est arrivé. Je prie également à présent pour Slavko et pour tous ceux qui travaillent dans cette paroisse".

Dimanche 17 février 1985

"Priez, chers enfants, afin que le plan de Dieu s'accomplisse, et que toutes les oeuvres de Satan soient changées en faveur de la gloire de Dieu".

Lundi 25 février 1985

"Pour la semaine qui vient, je vous invite à dire ces paroles : "J'aime Dieu en tout. Avec l'amour on obtient tout". Vous pouvez recevoir beaucoup de choses, même les plus impossibles. Le Seigneur désire que toutes les paroisses s'abandonnent à lui et à moi aussi, en lui. Je le veux. Chaque soir, faites votre examen de conscience, mais seulement pour rendre grâces, en reconnaissance pour tout ce que son amour nous offre à Medjugorje".

Fin février - Début mars 1985

On interrogea Notre-Dame sur ce qui devait être fait au milieu de tant de discussions et de publications sur Medjugorje :

"Voyez : maintenant je suis là, dans chaque famille, dans chaque maison, je suis partout parce que j'aime. Faites de même. Le monde vit d'amour".

Après avoir fait répéter un chant trois fois :

"Excusez-moi de vous faire répéter, mais je veux que vous chantiez avec le coeur. Vraiment vous devez tout faire avec le coeur".

Concernant le début de la prière :

"Au début de la prière, il faut s'être déjà préparé. S'il y a des péchés, il faut les arracher, autrement on ne peut entrer dans la prière. Si on a des préoccupations, il faut les remettre à Dieu".

Février - Mars 1985

"Chers enfants, vous avez toujours prié que je ne vous abandonne pas. Maintenant je vous prie, à mon tour, de ne pas m'abandonner. Satan veut spécialement en ces jours vous dissiper tous. Pour cela priez beaucoup ces jours-ci. Chers enfants, je suis venue de nouveau pour vous dire merci. Vous n'avez pas encore compris ce que signifie : donner la joie à mon coeur. C'est une très grande chose. Je vous prie seulement de persévérer dans la prière. Tant que vous prierez, j'aurai des paroles pour vous. Adieu, je vous remercie, chers enfants. Mon amour pour vous est sans borne. Soyez heureux avec moi, car je suis heureuse avec vous".

Samedi 9 mars 1985

"Vous pouvez recevoir une grâce immédiatement, ou dans un mois ou dans dix ans. Je n'ai pas besoin de cent ou deux cents

"Pater". Il vaut mieux en prier un seul, mais avec le désir de rencontrer Dieu. Il faut tout faire par amour, accepter toutes les contrariétés, toutes les difficultés, tout avec amour. Dédiez-vous à l'amour".

Mercredi 13 mars 1985

Ce message fut donné à Vicka comme un avertissement pour ne pas faire la même erreur qu'Ivan. Ivan avait été persuadé d'écrire une information sur le signe, de la mettre dans une enveloppe cachetée qui ne devait pas être ouverte ; elle le fut et cela causa des remous.

"Priez, priez, priez ! C'est seulement avec la prière que vous éviterez l'erreur d'Ivan. Il n'aurait pas dû écrire. Et il aurait dû, après cela, l'avouer clairement pour ne pas semer le doute".

Lundi 18 mars 1985

A Mirjana :

"Le Rosaire n'est pas un ornement pour la maison, comme on se borne à l'utiliser souvent. Dis à tous de le prier".
"Maintenant beaucoup recherchent trop l'argent, non seulement dans la paroisse, mais dans le monde entier".
"Malheur à ceux qui cherchent à tout prendre, à ceux qui viennent, et bienheureux ceux à qui l'on prend".
"Puissent les prêtres vous aider, car je vous ai chargés d'un lourd fardeau et je souffre de vos difficultés. Ivan n'a pas commis de faute grave. Je l'ai suffisamment réprimandé de son erreur ; il ne faut plus le gronder".

Dimanche 24 mars 1985, veille de l'Annonciation

"Aujourd'hui, je vous invite tous à la confession, même si vous vous êtes confessés ces derniers jours. Je désire que vous viviez ma fête en vos coeurs. Vous ne le pouvez pas si vous ne vous abandonnez pas totalement au Seigneur. C'est pour cette raison que je vous appelle tous à la réconciliation avec le Seigneur".

Lundi 25 Mars 1985, Vendredi Saint

A Ivanka :

"Vous, les paroissiens, vous avez eu une grande et lourde croix, mais vous n'avez pas peur de la porter. Mon Fils est ici. Il vous aide".

Jeudi 11 avril à septembre 1987

L'Evêque de Mostar interdit les apparitions dans la chapelle de l'église, à partir de maintenant elles ont lieu dans une pièce du presbytère.

Lundi 15 avril 1985

"Vous devez commencer à travailler en vos coeurs comme vous travaillez dans les champs. Travaillez et changez vos coeurs afin qu'un esprit nouveau de Dieu puisse y habiter".

Mardi 7 mai 1985

Pendant au moins une heure, la Vierge et deux anges apparurent à Ivanka chez elle. Plus belle que jamais, Marie demande à Ivanka ce qu'elle souhaitait. Celle-ci désirait voir sa mère. La mère d'Ivanka apparut. En souriant elle embrassa Ivanka, lui dit qu'elle était fière d'elle et après l'avoir embrassée à nouveau, disparut. Pendant cette apparition la Gospa dit :

"Ma chère enfant, aujourd'hui, c'est notre dernière rencontre. Ne sois pas triste, je reviendrai te voir à chaque anniversaire de la première apparition "le 25 juin", à partir de l'an prochain. Chère enfant, ne crois pas avoir fait quelque chose de mal, et que ce serait la raison pour laquelle je ne reviendrai pas près de toi. Non, ce n'est pas cela. De tout coeur tu as accepté les plans que mon Fils et moi avions formés, et tu as tout accompli.
Personne au monde n'a eu la grâce que toi, tes frères et tes soeurs avez reçue. Sois heureuse car je suis ta Mère et je t'aime de tout coeur.
Ivanka, merci de ta réponse à l'appel de mon Fils, merci de persévérer et de rester toujours avec lui, tant qu'il te le demandera.
Chère enfant, dis à tous tes amis que mon Fils et moi-même nous sommes toujours avec eux, quand ils font appel à nous.
Ce que je t'ai dit durant ces années sur les secrets, n'en parle à personne".
"Va dans la paix de Dieu".

Mardi 25 juin 1985, quatrième anniversaire des apparitions

Marija demande à la Gospa ce qu'elle désire des prêtres :

"Je vous invite tous à la prière du Rosaire. Invitez à cette prière. Avec le Rosaire, vous vaincrez toutes les difficultés que Satan veut imposer à l'Eglise catholique. Prêtres, priez le Rosaire ! Prenez le temps nécessaire au Rosaire !"

Lundi 1er juillet 1985

Notre-Dame apparaît sur la colline des apparitions :

**"Je remercie ceux qui ont répondu à mon appel.
Je vous bénis tous, je bénis chacun d'entre vous.
En ces jours, je vous demande de prier à mes intentions.
Allez dans la paix de Dieu".**

Lundi 5 août 1985

Notre-Dame apparaît sur le Mont Krizevac, avec des vêtements d'or et était d'une beauté indescriptible.

Elle dit à Ivan :

"Mes enfants, je suis contente d'être avec vous ce soir, et de vous voir si nombreux. Je vous bénis d'une bénédiction particulière (voir page 114). Progressez en sainteté par les messages, je vous aiderai. Donnez votre maximum et nous irons ensemble, sensibles à la douceur de la vie, la lumière et la joie".

Jeudi 15 août 1985, fête de l'Assomption

A Mirjana :

**"Mon ange, prie pour les incroyants. Ces êtres s'arracheront les cheveux, le frère suppliera son frère, il maudira sa vie passée, vécue sans Dieu. Ils se repentiront, mais il sera trop tard.
C'est maintenant le temps de la conversion, depuis plus de quatre ans que je vous exhorte.
Priez pour eux !"**

Mardi 10 septembre 1985

Au sujet des tentations de Satan :

**"Sur le péché il suffit d'un regard sérieux, et aussitôt, va de l'avant et corrige le péché".
"Votre humilité doit être fière. Votre fierté doit être humble".
"Si tu as reçu un don de Dieu, tu dois être fier, mais ne dis pas que c'est à toi, dis bien que c'est de Dieu".**

Septembre 1985

A Marija :

"Oui, je te donne mon amour pour que tu le donnes aux autres".

Mardi 8 octobre 1985

"Ceux qui disent : "je ne crois pas en Dieu", comme ce sera dur pour eux quand ils s'approcheront du trône de Dieu d'entendre la voix : "Allez en enfer".

Vendredi 25 octobre 1985

A Mirjana à propos des incroyants :

"Ils sont mes enfants. Je souffre à cause d'eux. Ils ne savent pas ce qui les attend. Vous devriez prier davantage pour eux".

Notre-Dame montra le premier secret. La terre était désolée.

"C'est le bouleversement d'une région du monde. Dans le monde il y a trop de péchés. Que faire si tu ne m'aides pas ? Rappelez-vous que je vous aime. Dieu n'a pas le coeur dur. Regarde autour de toi et vois ce que font les hommes, alors tu ne diras plus que Dieu a le coeur dur. Combien de personnes viennent à l'église comme à la maison de Dieu, avec respect, une foi solide et l'amour de Dieu ? Très peu. Voici un temps de grâce et de conversion. Il faut bien l'utiliser".

Mirjana a choisi le père Pero pour révéler les trois premiers avertissements au monde, trois jours avant l'événement.

"Priez beaucoup pour le père Pero à qui j'envoie une bénédiction spéciale. Je suis mère, c'est pour cela que je viens ; vous ne devez pas craindre, puisque je suis là".

Samedi 16 novembre 1985

Après une heure de prière de demande :

"Avez-vous oublié que vous êtes dans ma maison ?"

Mercredi 4 décembre 1985

Marija questionne Notre-Dame sur le projet de Gianni Sgreva un passioniste italien, souhaitant fonder une communauté de consacrés vivant le message de Medjugorje :

"Je préfère lui répondre personnellement".

Cette communauté s'est ouverte le 18 mai 1987 (voir message du 7 juin 1986).

1985

Au sujet du Christ :

"Je suis sa Mère, et j'intercède pour vous auprès de lui". "Que les fidèles méditent chaque jour la vie de Jésus en priant le Rosaire". "Vous ne célébrez pas l'Eucharistie comme vous le devriez. Si vous saviez quelle grâce et quels dons vous recevez, vous vous prépareriez à la messe chaque jour pendant une heure au moins. Vous devriez consacrer trois jours à la réconciliation chaque mois : le premier vendredi du mois, suivi du samedi et du dimanche".

A Medjugorje on a établi la chose suivante : une heure d'adoration devant le très Saint-Sacrement chaque jeudi, une heure de dévotion devant le crucifix chaque vendredi, et deux soirées d'adoration à 22h30 le mercredi et le samedi.

Non daté :

On demanda à un sculpteur de faire une statue de la Sainte Mère et il dit : "Seulement si Notre-Dame le veut". Quand les voyants posèrent la question à la Vierge, elle dit :

"Faites-en plutôt une de Jésus inspirée par les mots : Venez à moi vous tous qui peinez !"

— 1986 —

Lundi 6 janvier 1986

A Vicka :

"Si tu le veux bien, je ne t'apparaîtrai plus pendant cinquante jours".

Vicka accepte.

Lundi 24 mars 1986

Au groupe de prière :

"Chers enfants, accueillez tout ce que le Seigneur vous offre. N'ayez pas les mains paralysées et ne répétez pas Jésus, donne-

moi ! Mais ouvrez vos mains et prenez tout ce que le Seigneur vous offre".

Mardi 25 mars 1986, fête de l'Annonciation

Au groupe de prière :

"Aujourd'hui, devant Dieu, je dis mon "oui" pour vous tous. Je le répète : je dis mon "oui" pour vous tous".
"Chers enfants, priez pour que, dans le monde entier, vienne le règne de l'amour. Comme les hommes seraient heureux, si l'amour régnait".

Jeudi 17 avril 1985

Au groupe de prière concernant la télévision et les journaux :

"Si vous regardez les programmes, si vous lisez les journaux, vos têtes sont pleines de nouvelles, alors il n'y a plus de place pour moi dans vos coeurs".
"Priez, jeûnez, laissez faire Dieu !"
"Priez pour le don de l'amour, pour le don de la foi, pour le don de la prière, pour le don du jeûne".

La semaine précédant le 3 mai 1986

Au groupe de prière :

"Je vous donne le mieux que je puisse donner à quelqu'un : je me donne moi-même et je donne mon Fils".

Samedi 3 mai 1986

Au groupe de prière d'Ivan et Marija :

"Chers enfants, cherchez à rendre heureux vos coeurs par le moyen de la prière. Chers enfants, soyez la joie de tous les hommes, soyez l'espérance pour tout homme. Cela vous l'obtiendrez seulement par le moyen de la prière. Priez, priez !"

Vers le 12 mai 1986

Au groupe de prière :

"Heureux êtes-vous si vous ne vous jugez pas en vos fautes, mais si vous comprenez qu'en vos fautes même vous sont offertes des grâces".

Vendredi 6 juin 1986

"Aimez. Si vous n'aimez pas, vous ne pouvez transmettre le témoignage, vous ne pouvez témoigner, ni pour moi ni pour Jésus".

Samedi 7 juin 1986 :

Par Marija, à propos du père Gianni Sgreva, qui désirait fonder une nouvelle communauté vivant le message de Medjugorje :

"Oui, il faut prier. Ce que vous faites me plaît. Gardez pour le moment une prière active, et Dieu illuminera ensuite les autres projets".

Vendredi 20 juin 1986

"Priez devant la croix. De la croix viennent de grandes grâces, consacrez-vous à la croix. Ne blasphémez ni Jésus ni la croix".

Mardi 24 juin 1986 : bénédiction spéciale (voir page 114)

Il y avait trente à cinquante mille personnes sur le Mont Krizevac. C'est la première fois que Notre-Dame donne une bénédiction spéciale par laquelle ceux qui la reçoivent peuvent bénir les autres en son nom.

Message pour les personnes présentes :

"Vous êtes sur un Thabor. Vous recevez bénédiction, force et amour. Portez-les dans vos familles et dans vos maisons. A chacun de vous, j'accorde une bénédiction particulière. Continuez dans la joie, la prière et la réconciliation".

1986

Sur la reconnaissance des apparitions par l'Eglise :

"Il faut suivre l'autorité de l'Eglise, bien sûr. Cependant, avant qu'elle ne se prononce, il faut avancer spirituellement, car elle ne pourra se prononcer dans le vide, mais dans une confirmation qui suppose la croissance de l'enfant. En premier, vient la naissance, suivie du baptême, puis de la confirmation. L'Eglise viendra confirmer ce qui est né de Dieu. Nous devons marcher et avancer dans la vie spirituelle, inspirés par ces messages".

Jeudi 26 juin 1986

"Les grâces, vous en aurez tant que vous le voulez. Cela dépend de vous. L'amour, vous l'aurez quand vous le voudrez, autant que vous le voudrez. Cela dépend de vous".

Lundi 4 août 1986

"Je désire seulement que pour vous le Rosaire devienne la vie".

Mercredi 5 août 1986

"Lisez chaque jeudi l'Evangile de Matthieu, où il est dit : 'Nul ne peut servir deux maîtres... Vous ne pouvez servir Dieu et Mammon" (Mt 6, 24-34).

Vendredi 12 septembre 1986

"Beaucoup ont commencé à prier pour la guérison, ici, à Medjugorje. Mais retournés à leur maison, ils abandonnent la prière, oublient et perdent ainsi beaucoup de grâces".

Lundi 29 décembre 1986

Réponse au père Tomislav confronté à des problèmes et se demandant s'il doit répondre à des injustices et des mensonges :

"Ne perds pas ton temps. Prie et aime. Tu ne peux même pas imaginer combien Dieu est puissant".

Non daté :

A Vicka :

"Veux-tu t'offrir pour le salut du monde ? J'ai besoin de vos sacrifices".

— 1987 —

Mercredi 28 janvier 1987

A Mirjana, à Sarajevo :

"Mes chers enfants, je suis venue vers vous pour vous amener à la pureté de l'âme, et donc à Dieu.
Comment m'avez-vous accueillie ? Au début, vous étiez incrédules, craintifs, méfiants à l'égard d'enfants que j'ai choisis. Par la suite, la plupart m'ont reçue dans leur coeur ; ils ont commencé à mettre mes recommandations maternelles en pratique.

Malheureusement cela ne dura pas longtemps. Quel que soit le lieu où je me manifeste, et avec moi mon Fils, Satan survient lui aussi. Vous avez permis qu'il vous subjugue sans vous rendre compte que vous étiez dirigés par lui. Il vous arrive de vous rendre compte que votre comportement n'est pas permis par Dieu, mais vous étouffez rapidement cette pensée. Ne vous rendez pas, mes enfants. Essuyez sur mon visage les larmes que je verse en vous voyant agir ainsi.
Regardez autour de vous. Prenez le temps de vous approcher de Dieu à l'église. Venez à la maison de votre Père. Prenez le temps de vous réunir en famille pour obtenir par la prière la grâce de Dieu. Souvenez-vous de vos défunts. Réjouissez-les par l'offrande de la messe.
Ne regardez pas avec mépris le pauvre qui mendie un morceau de pain. Ne le repoussez pas de votre table où règne l'abondance. Aidez-le et Dieu vous aidera aussi. Peut-être la bénédiction qu'il vous laisse en signe de gratitude s'accomplira-t-elle pour vous ? Peut-être Dieu l'exaucera-t-il ? Vous avez oublié tout cela, mes enfants. Satan vous a influencés en cela.
Ne vous rendez pas ! Priez avec moi ! Ne vous abusez pas en pensant : Je suis bon, mais mon frère qui vit auprès de moi ne l'est pas. Ce ne serait pas juste pour vous. Je vous aime parce que je suis votre Mère et c'est pourquoi je vous préviens. Il y a les secrets, mes enfants. On ignore ce qu'ils sont. Quand on l'apprendra, il sera bien tard !
Revenez à la prière ! Rien n'est plus nécessaire. J'aurais voulu que le Seigneur me permette de vous renseigner juste un peu concernant les secrets, mais il vous accorde déjà assez de grâces. Réfléchissez : que lui offrez-vous, en retour ? Quand avez-vous renoncé la dernière fois à quelque chose pour le Seigneur ?
Je ne veux pas vous admonester davantage, mais vous appeler encore une fois à la prière, au jeûne et à la pénitence. Si vous désirez obtenir du Seigneur une grâce par le jeûne, que personne ne sache que vous jeûnez ! Si vous désirez obtenir la grâce de Dieu par un don au pauvre, que personne ne le sache, à part vous et le Seigneur.
Ecoutez-moi, mes enfants, méditez dans la prière mes messages".

Samedi 21 mars 1987

A Vicka à Zagreb :

"Je vous bénis avec la bénédiction d'une mère. Priez chaque jour et confiez vous à mon Fils Jésus. De cette manière vous comprendrez ce que Dieu demande à chacun d'entre vous".

Dimanche 22 mars 1987

Vicka relate l'apparition :

"Elle tenait ses mains droit devant elle au-dessus de nous en priant avec le coeur dans une langue que je ne comprends pas. Elle vint entourée par cinq petits anges. Puis elle me confia quelque chose et partit".

Souvent Marija nous dit que la Sainte Vierge prie dans "sa langue maternelle".

Mercredi 24 juin 1987 : bénédiction spéciale

La Sainte Vierge nous dit par Marija Pavlovic que la bénédiction spéciale est une bénédiction que l'on peut transmettre à d'autres, de personne à personne. La personne qui a reçu cette bénédiction de la Sainte Vierge sur le lieu de l'apparition peut transmettre la bénédiction à quelqu'un d'autre ; cette autre personne pouvant en bénir une troisième, et la troisième personne pouvant en bénir une quatrième. Cela sans fin de personne à personne. La Gospa dit que nous pouvons bénir autant de personnes que nous voulons, mais toujours une par une. Nous ne pouvons pas bénir de cette bénédiction spéciale les groupes.

Il est possible de bénir les incroyants en silence. Plus cette bénédiction spéciale est transmise, plus elle s'enrichit nous dit Marie. C'est une force de conversion et de guérison intérieure que transmet la bénédiction spéciale. De guérison physique aussi. C'est une grâce maternelle, venant de notre mère du Ciel. C'est une "bénédiction spéciale de Mère". Voilà ce que la Gospa a expliqué à Marija.

Paroles d'Ivan après l'apparition ; elle dit :

"Loué soit Jésus !"

Elle était heureuse et elle pria immédiatement sur nous tous pendant un certain temps. Nous lui demandâmes de nous bénir. Puis elle nous parla et nous donna le message suivant :

> **"Chers enfants, je veux vous conduire sur le chemin de la conversion. Je désire que vous convertissiez le monde et que votre vie soit conversion pour les autres. Ne tombez pas dans l'infidélité. Que chacun de vous soit entièrement soumis à ma volonté et à la volonté de Dieu. A partir de ce jour, je vous donne des grâces spéciales, et en particulier le don de conversion ; que chacun de vous porte chez lui ma bénédiction, et incite les autres à une réelle conversion".**

Puis Notre-Dame ajouta que Dieu nous donnait ce don cette nuit par son intermédiaire. Puis elle pria sur nous pendant quelque temps. Nous priâmes avec elle pour les intentions de chacun de ceux qui étaient présent ce soir-là.

Notre-Dame dit :

"Allez dans la paix de Dieu" et elle partit.

1987

En réponse à une question demandant si elle voulait créer un nouvel ordre ou une communauté spéciale à Medjugorje, la Vierge dit :

"Mes chers enfants, vous ne savez pas ce que vous demandez, vous ne savez pas ce qui vous attend. Vous ne pouvez pas comprendre les plans de Dieu, je vous prie de faire ce que je vous demande".

1987

"Aimez vos frères, les serbes-orthodoxes et les musulmans, ainsi que les athées qui vous persécutent".
"Toutes vos prières me touchent beaucoup, surtout votre Rosaire quotidien".

— 1988 —

Vendredi 18 mars 1988 :

Mirjana a eu une apparition le jour de son anniversaire, qui dura seulement quatre ou cinq minutes. Notre-Dame lui demanda :

"Prie pour les incroyants".

25 juin 1988

Pour l'apparition annuelle d'Ivanka, en ce jour anniversaire des apparitions, s'étaient rassemblés quelques parents et amis et pèlerins autour de la voyante dans la maison de ses beaux parents. Au milieu de l'apparition, Ivanka s'est soudain tournée vers les personnes présentes autour d'elles et a dit : "La Gospa demande que tout le monde s'agenouille !" Ivanka est restée en extase et l'apparition a continué. Marie a béni tous les parents amis et pèlerins présents autour de la voyante et a donné ce message :

"Les personnes présentes ici seront les témoins de l'amour de Dieu".

La Gospa parla à Ivanka au cours de cette apparition des troisième et quatrième secrets.

— 1989 —

Au cours du 1er trimestre 1989

Dans un message récent à Vicka Ivankovic, quand la voyante visitait Bologne en Italie, Notre-Dame lui redemanda de prier pour les jeunes.

> **"Chers enfants, je vous demande à nouveau de prier pour tous les jeunes du monde parce qu'ils se trouvent dans une situation difficile. Vous pouvez les aider par votre amour et vos prières avec le coeur".**

26 janvier 1989

Jakov dit : "Notre-Dame est très triste à cause des pécheurs de ce monde. Elle est aussi très triste parce qu'ils ne vivent pas ses messages. Notre-Dame demande de prier spécialement dans les familles pour ces deux intentions.

18 mars 1989

C'est l'apparition du jour de l'anniversaire de Mirjana. Notre-Dame apparut triste, très triste.

C'est rare, puis elle dit :

> **"Une fois de plus je vous implore de prier pour aider par vos prières les incroyants, ceux qui n'ont pas la grâce de connaître Dieu dans leur coeur avec une foi vivante.**
> **Je ne veux pas vous menacer à nouveau, mon souhait est seulement de vous avertir tous comme une mère.**
> **Je vous supplie pour les gens qui ne connaissent pas les secrets.**
> **Je désire vous dire combien je souffre pour tous car je suis la mère de tous".**

Avril 1989

Cette date est approximative. En avril Mirjana fit une déclaration :

"J'aimerais retransmettre aux jeunes une prière (supplique) de Notre-Dame qui est la suivante" :

> **"S'ils ne peuvent croire en Dieu qu'ils passent au moins cinq minutes par jour dans une méditation silencieuse. Pendant ce temps ils penseront à Dieu qui n'existe pas selon leurs dires".**

25 juin 1989

C'est l'apparition annuelle à Ivanka qui dura environ huit minutes.

En 1988, la Gospa lui parla des troisième et quatrième secrets et en 1989, comme si elle continuait cette conversation, elle parla du cinquième secret. Après l'apparition Ivanka écrivit immédiatement un message important que Notre-Dame lui donna.

Le message est le suivant :

> **"Priez parce que vous êtes en grande tentation et en grand danger à cause des biens terrestres et matériels qui vous mènent à l'esclavage. Satan est actif dans ce sens. Je souhaite vous aider, chacun de vous, dans la prière. J'intercède auprès de mon Fils pour vous".**

A Noël 1982, la Vierge Marie avait dit à Mirjana qu'elle ne lui apparaîtrait plus tous les jours, mais une seule fois par an, le jour de son anniversaire (18 mars), et davantage si elle avait des difficultés.

— 1990 —

En septembre 1990, Mirjana nous a confié que le deuxième jour de chaque mois la Sainte Vierge venait prier avec elle, surtout pour les incroyants. Et cela depuis trois ans. Certaines fois, Mirjana entend seulement la voix de la Vierge, durant plusieurs heures, le soir. D'autres fois, elle a une véritable apparition au cours de laquelle elle reçoit de la Sainte Vierge un message destiné au monde ; Mirjana confie ensuite le message au père Slavko Barbaric. Ces messages ne sont pas encore rendus publics, si ce n'est celui que Mirjana reçut lors d'une apparition le 2 février 1990, alors qu'elle effectuait un voyage avec son mari aux Etats-Unis. En effet, un prêtre ami, le père Milan Mikulich, américain d'origine croate, qui avait béni son mariage en septembre 1989 à Medjugorje, se trouvait aux côtés de Mirjana ce jour-là durant l'apparition, et put recueillir de la bouche de Mirjana le message suivant :

2 février 1990

> **"Je suis avec vous depuis neuf ans, et depuis neuf ans je veux vous dire que Dieu, votre Père, est l'unique chemin, l'unique vérité et la vraie vie. Je désire vous montrer le chemin vers la vie éternelle. Je désire être votre lien pour une foi profonde.**
> **Prenez votre chapelet et rassemblez vos enfants, votre famille à vos côtés. Tel est le chemin pour arriver au salut. Donnez le bon**

exemple à vos enfants ; donnez le bon exemple à ceux qui ne croient pas. Vous ne connaîtrez pas le bonheur sur cette terre, et vous n'irez pas non plus au Ciel si vos coeurs ne sont pas purs et humbles, et si vous n'accomplissez pas la loi de Dieu. Je viens vous demander votre aide : unissez-vous à moi pour prier pour ceux qui ne croient pas. Vous m'aidez très peu. Vous avez peu de charité ou d'amour pour vos proches ; et Dieu vous a donné l'amour, il vous a montré comment vous devez pardonner aux autres et les aimer. Pour cette raison, réconciliez-vous et purifiez vos âmes. Prenez votre chapelet et priez-le. Acceptez avec patience toutes vos souffrances. Souvenez-vous bien que Jésus a souffert avec patience pour vous.

Laissez-moi être votre mère, votre lien avec Dieu et avec la vie éternelle. N'imposez pas votre foi aux incroyants. Montrez-la leur par votre exemple et priez pour eux. Mes enfants, priez !"

Durant cette apparition, Mirjana pleurait.

Elle précisa au père Milan que la Vierge faisait allusion au sacrement de Réconciliation, pour les catholiques, lorsqu'elle nous demandait de nous réconcilier et de purifier nos âmes.

25 juin 1990

Ivanka eut son apparition annuelle. La Vierge lui parla du cinquième secret, puis lui donna ce message personnel, alors qu'elle venait de mettre au monde son deuxième enfant, le petit Yossip (Joseph) quelques jours auparavant :

"Je vous remercie de donner votre vie pour permettre d'autres vies".

Chapitre 2

MESSAGES À LA PAROISSE

ET À TOUS CEUX QUI VEULENT MARCHER SUR LE CHEMIN DE LA SAINTETÉ

1- Les messages du jeudi : 1er mars 1984 au 8 janvier 1987

Ces messages (hebdomadaires puis mensuels) sont donnés à la paroisse de Medjugorje et à tous ceux qui dans le monde veulent "marcher sur le chemin de la sainteté" avec la Reine de la Paix et de la Réconciliation. Sauf exception les messages de cette partie du livre sont reçus par Marija Pavlovic.

En avril 1991, nous continuons à recevoir les messages mensuels.

"Chers enfants, j'ai choisi spécialement cette paroisse car je voudrais la guider ; je veille sur elle avec amour, je voudrais que vous soyez tous miens. Je vous remercie d'avoir répondu ce soir à mon appel. Je voudrais que vous soyez toujours très nombreux avec moi et mon Fils. Je donnerai chaque jeudi un message particulier pour vous".

8 mars 1984

"Chers enfants, merci d'avoir répondu à mon appel. Vous qui êtes dans la paroisse convertissez-vous ! C'est mon second souhait. Ainsi pourront se convertir ceux qui viennent ici".

15 mars 1984

"Chers enfants, ce soir aussi, je vous suis particulièrement reconnaissante d'être présents.

Adorez le Saint-Sacrement continuellement. Je suis toujours présente pendant l'adoration des fidèles, alors s'obtiennent des grâces particulières".

22 mars 1984

"Chers enfants, ce soir, je vous appelle tout particulièrement : pendant le carême, honorez les plaies de mon Fils. Plaies qu'il a reçues à cause des péchés de cette paroisse. Unissez-vous à mes prières pour la paroisse, pour que ses souffrances soient supportables.
Merci d'avoir répondu à mon appel.
Continuez toujours à venir en plus grand nombre".

30 avril 1984

La voyante Marija a demandé à la Gospa : "Chère Gospa, pourquoi n'as-tu pas donné de message pour la paroisse, jeudi dernier ?"

La réponse de la Gospa fut la suivante :

"Je ne veux forcer personne à quelque chose qu'il ne ressent pas et ne veut pas. Cependant, j'avais des messages particuliers par lesquels je voulais réveiller la foi de chaque fidèle. Mais un nombre très faible a accepté les messages de jeudi. Au début, ils étaient assez nombreux, mais c'est devenu pour eux comme une habitude. Et ces derniers temps, les gens demandent le message par curiosité et non par foi et par dévotion pour mon Fils et pour moi-même".

10 mai 1984

Beaucoup de fidèles ont été touchés par le dernier message de la Gospa. Certains pensaient que la Gospa ne donnerait plus de message pour la paroisse. Pourtant ce soir elle dit :

"Je vous parle et veux continuer à vous parler. Ecoutez seulement mes recommandations".

17 mai 1984

"Chers enfants, aujourd'hui, je suis très heureuse car un très grand nombre veut se consacrer à moi. Merci, vous ne vous êtes pas trompés ! Mon Fils Jésus-Christ veut vous donner par moi des grâces toutes spéciales. Mon Fils se réjouit de votre abandon. Merci d'avoir répondu à mon appel".

24 mars 1984

"Chers enfants, je vous ai déjà dit que je vous ai choisis de façon particulière, comme vous êtes. Je suis votre Mère et je vous aime tous. Dans chaque moment difficile n'ayez pas peur, car je vous aime même lorsque vous êtes loin de moi et de mon Fils. Je vous en prie, ne permettez pas que je pleure des larmes de sang à cause des âmes qui se perdent dans le péché. C'est pourquoi, chers enfants, priez, priez, priez.
Merci d'avoir répondu à mon appel".

29 mars 1984

"Chers enfants, je vous ai appelés tout spécialement ce soir à la persévérance dans les épreuves.
Pensez combien le Tout-Puissant, aujourd'hui encore, souffre à cause de vos péchés.
Ainsi quand viennent les souffrances, présentez-les en sacrifice à Dieu.
Merci d'avoir répondu à mon appel".

5 avril 1984

"Chers enfants, ce soir je vous prie de vénérer le coeur de mon Fils Jésus. Apportez des réparations pour la blessure infligée au coeur de mon Fils. Ce coeur est blessé par toutes sortes de péchés.
Merci d'avoir répondu à mon appel".

12 avril 1984

"Chers enfants, aujourd'hui, je vous prie de cesser les médisances et de prier pour l'unité de la paroisse.
Car moi et mon Fils[1] avons un plan particulier pour cette paroisse.
Merci d'avoir répondu à mon appel".

19 avril 1984

"Chers enfants, compatissez avec moi.
Priez, priez, priez".

26 avril 1984

La Gospa n'a pas donné de message.

---

1 En croate l'usage est de dire : "moi et toi".

31 mai 1984

C'était la fête de l'Ascension. De nombreuses personnes de l'extérieur sont venues. La Gospa n'a pas donné de message pour la paroisse. Elle a dit à Marija qu'elle donnerait samedi un message à annoncer à la messe du dimanche.

Samedi 2 juin 1984

Voilà le message donné lors de la neuvaine à l'Esprit Saint, avant la Pentecôte :

> **"Chers enfants, ce soir, je veux vous dire : en cette neuvaine, priez pour l'effusion du Saint-Esprit sur vos familles et sur vos paroisses. Priez, vous ne le regretterez pas ! Dieu vous donnera des dons pour lesquels vous le glorifierez jusqu'à la fin de votre vie terrestre.**
> **Merci d'avoir répondu à mon appel".**

7 juin 1984, pas de message ; Notre Dame promit de le donner le samedi.

9 juin 1984

> **"Chers enfants, demain soir, priez pour l'Esprit de Vérité. Surtout, vous qui êtes de la paroisse. L'Esprit de Vérité vous est nécessaire pour transmettre les messages tels qu'ils sont, sans y ajouter ni retrancher quoique ce soit, tels que je les ai dits. Priez pour que l'Esprit Saint vous inspire l'esprit de prière, pour prier davantage. Moi qui suis votre Mère, je vous dis : vous priez peu.**
> **Merci d'avoir répondu à mon appel".**

14 juin 1984

Aucun message particulier n'a été donné.

21 juin 1984

> **"Priez, priez, priez.**
> **Merci d'avoir répondu à mon appel".**

28 juin 1984

Il n'y a pas eu de message particulier pour la paroisse.

5 juillet 1984

> **"Chers enfants, aujourd'hui, je veux vous dire de prier avant chaque travail et de le terminer en prière. Si vous faites ainsi,**

**Dieu vous bénira, vous et votre travail. En ces jours, vous priez peu et vous travaillez beaucoup. C'est pourquoi priez, dans la prière vous vous reposerez.
Merci d'avoir répondu à mon appel".**

12 juillet 1984

**"Chers enfants, en ces jours Satan veut empêcher mes plans. Priez pour que son plan ne se réalise pas. Je prierai Jésus mon Fils, pour qu'il vous donne la grâce de percevoir dans les tentations de Satan la victoire de Jésus.
Merci d'avoir répondu à mon appel".**

19 juillet 1984

**"Chers enfants, en ces jours, vous avez ressenti comment Satan agit. Je suis toujours avec vous et n'ayez pas peur des épreuves, car Dieu veille toujours sur vous, et je me suis donnée à vous et je compatis avec vous, même dans les tentations les plus petites.
Merci d'avoir répondu à mon appel".**

26 juillet 1984

**"Chers enfants, aujourd'hui encore, je veux vous appeler à la prière persévérante et au sacrifice. En particulier, que la jeunesse de cette paroisse soit active dans ses prières.
Merci d'avoir répondu à mon appel".**

2 août 1984

**"Chers enfants, aujourd'hui, je suis dans la joie et je vous remercie pour vos prières. Priez encore plus en ces jours pour la conversion des pécheurs.
Merci d'avoir répondu à mon appel".**

11 août 1984

"Chers enfants, priez car Satan veut encore embrouiller mes plans. Priez avec le coeur et dans la prière, offrez-vous à Jésus".

14 août 1984

Cette apparition est inattendue. Ivan prie chez lui, puis il se prépare à aller à l'église pour l'office du soir. La Gospa lui apparaît alors de façon imprévue et elle demande qu'il transmette ce message au monde :

"Je voudrais qu'en ces jours le monde prie à mes côtés le plus possible. Que les gens jeûnent sévèrement mercredi et vendredi. Enfin que tous prient chaque jour au moins le Rosaire : les mystères joyeux, douloureux et glorieux".

La Gospa a demandé que nous acceptions ce message avec une volonté ferme. Elle demande cela particulièrement aux paroissiens et aux fidèles des environs.

16 août 1984

"Chers enfants, je vous prie, en particulier vous qui êtes de cette paroisse, vivez mes messages et transmettez-les à tous ceux que vous rencontrez.
Merci d'avoir répondu à mon appel".

23 août 1984

"Priez, priez, priez".

Marija dit que la Sainte Vierge invite encore les gens, en particulier les jeunes, à maintenir l'ordre durant la messe.

30 août 1984

Ce message concerne la croix du mont Krizevac érigée en 1933 pour le mille neuf centième anniversaire de la mort et de la résurrection de Jésus.

"Chers enfants, la croix aussi était dans le plan de Dieu lorsque vous l'avez construite. En ces jours tout spécialement, allez sur la colline et priez devant la croix.
J'ai besoin de vos prières.
Merci d'avoir répondu à mon appel".

6 septembre 1984

"Chers enfants, sans la prière il n'y a pas de paix.
C'est pourquoi, chers enfants, je vous dis : priez devant la croix pour la paix.
Merci d'avoir répondu à mon appel".

13 septembre 1984

"Chers enfants, j'ai besoin encore maintenant de vos prières.
Vous vous demandez pourquoi tant de prières ?
Regardez autour de vous, chers enfants, et vous verrez combien le péché a pris de l'emprise sur cette terre.

C'est pourquoi priez, pour que Jésus soit vainqueur !
Merci d'avoir répondu à mon appel"

20 septembre 1984

"Chers enfants, aujourd'hui, je vous appelle à commencer à jeûner avec le coeur. Il y a un certain nombre de gens qui jeûnent, mais ils le font parce que tout le monde le fait. C'est devenu une habitude que personne ne veut rompre. Je prie la paroisse de jeûner en remerciement, car Dieu m'a permis de rester si longtemps parmi vous. Chers enfants, priez et jeûnez avec coeur.
Merci d'avoir répondu à mon appel".

27 septembre 1984 :

"Chers enfants, vous m'avez aidée par vos prières pour la réalisation de mes plans. Continuez à prier pour que les plans se réalisent en entier. Je demande aux familles de la paroisse de prier le Rosaire en famille.
Merci d'avoir répondu à mon appel".

4 octobre 1984

"Chers enfants, aujourd'hui, je veux vous dire que bien souvent vous me réjouissez par vos prières. Mais dans la paroisse même il y a un certain nombre de gens qui ne prient pas et mon coeur en est triste. C'est pourquoi : priez, pour que je puisse présenter tous vos sacrifices et toutes vos prières au Seigneur.
Merci d'avoir répondu à mon appel".

8 octobre 1984

Jakov a été malade, c'est pourquoi ce message fut donné lors de l'apparition qu'il a eue dans sa maison :

"Chers enfants, toutes les prières que vous priez le soir à la maison, priez-les pour la conversion des pécheurs, car le monde se trouve en grand péché. Priez tous les soirs le Rosaire !"

11 octobre 1984

Notre Dame évoque une épreuve : les pluies torrentielles en pleine saison qui causèrent de grands dommages aux cultures :

"Chers enfants, merci d'offrir tout votre travail à Dieu, même maintenant alors qu'il vous met à l'épreuve dans les fruits que vous récoltez. Sachez, chers enfants, que Dieu vous met à

l'épreuve parce qu'il vous aime. Abandonnez toujours vos fardeaux à Dieu et ne vous inquiétez pas.
Merci d'avoir répondu à mon appel".

18 octobre 1984

"Chers enfants, aujourd'hui je vous demande de lire la Bible chaque jour dans vos maisons et de la placer en évidence dans un endroit, pour toujours vous inciter à la lire et à prier.
Merci d'avoir répondu à mon appel".

25 octobre 1984

"Chers enfants, priez au cours de ce mois. Dieu m'a permis chaque jour de vous aider par des grâces, pour vous défendre contre le mal. Ceci est mon mois. Je veux vous le donner. Il suffit de prier et Dieu vous donnera les grâces que vous recherchez. Je vous aiderai aussi en cela.
Merci d'avoir répondu à mon appel".

1er novembre 1984

"Chers enfants, aujourd'hui, je vous appelle au renouveau de la prière dans vos maisons. Les travaux sont terminés. Maintenant consacrez-vous à la prière. Qu'elle soit à la première place dans vos familles.
Merci d'avoir répondu à mon appel".

8 novembre 1984

"Chers enfants, vous n'êtes pas conscients de la valeur du message que Dieu vous envoie à travers moi. Il vous donne de grandes grâces et vous ne saisissez pas. Priez l'Esprit Saint pour qu'il vous éclaire. Si vous saviez la valeur des grâces que Dieu vous donne, vous prieriez sans arrêt.
Merci d'avoir répondu à mon appel".

15 novembre 1984

'Chers enfants, vous êtes un peuple élu et Dieu vous a donné de grandes grâces. Vous n'êtes pas conscients de chaque message que je vous donne. Maintenant je peux seulement dire : priez, priez, priez ! Je ne sais quoi vous dire d'autre, car je vous aime et je souhaite que dans la prière vous connaissiez mon amour et l'amour de Dieu.
Merci d'avoir répondu à mon appel".

22 novembre 1984

**"Chers enfants, en ces jours, vivez les messages principaux et enracinez-les dans vos coeurs jusqu'au jeudi suivant.
Merci d'avoir répondu à mon appel".**

29 novembre 1984

**"Chers enfants, non, vous ne savez pas aimer et vous ne savez pas écouter avec amour les paroles que je vous donne. Soyez conscients mes biens-aimés que je suis votre Mère et je suis venue sur terre pour vous apprendre à être obéissants par amour, à prier par amour, et non obligés de force à cause de la croix que vous portez. Par la croix, Dieu se glorifie en chaque homme.
Merci d'avoir répondu à mon appel".**

6 décembre 1984

**"Chers enfants, je vous appelle en ces jours à la prière en famille. Au nom de Dieu, je vous ai donné de nombreux messages, mais vous ne m'avez pas écoutée. Ce Noël sera pour vous inoubliable seulement si vous acceptez les messages que je vous donne. Chers enfants, ne permettez pas que le jour de la joie soit pour moi le jour le plus triste.
Merci d'avoir répondu à mon appel".**

13 décembre 1984

**"Chers enfants, vous savez que le temps de la joie approche. Mais sans amour vous n'arriverez à rien. Commencez donc d'abord à aimer votre famille, vous tous de la paroisse, et alors vous pourrez aimer et accepter tous ceux qui viennent ici. Que cette semaine soit celle où vous allez apprendre à aimer.
Merci d'avoir répondu à mon appel".**

20 décembre 1984

**"Chers enfants, aujourd'hui, je vous demande de faire quelque chose de concret pour Jésus-Christ. Je souhaite que, jusqu'au jour de la joie, chaque famille de la paroisse apporte une fleur. Ce sera un signe d'abandon à Jésus. Je voudrais, en effet, que chaque membre des familles dépose une fleur au pied de la crèche. Ainsi, Jésus viendra et verra votre abandon à lui.
Merci d'avoir répondu à mon appel".**

27 décembre 1984

"Chers enfants, pour ce Noël, Satan voulait de façon particulière déranger les plans de Dieu. Vous avez, chers enfants, reconnu Satan le jour-même de Noël. Mais Dieu est vainqueur dans tous vos coeurs. Que vos coeurs continuent à être dans la joie.
Merci d'avoir répondu à mon appel".

3 janvier 1985

"Chers enfants, en ces jours le Seigneur vous a accordé de grandes grâces. Que cette semaine soit pour vous un temps de remerciements pour toutes les grâces que Dieu vous a accordées.
Merci d'avoir répondu à mon appel".

10 janvier 1985

"Chers enfants, aujourd'hui, je voudrais vous remercier pour tous les sacrifices. En particulier, merci à ceux qui sont devenus chers à mon coeur et qui viennent ici volontiers. Il y a un assez grand nombre de paroissiens qui n'écoute pas les messages. Mais en raison de ceux qui sont spécialement proches de mon coeur, à cause d'eux, je donne des messages à la paroisse ; et je continuerai à les donner, car je vous aime. Je souhaite que vous fassiez connaître mes messages avec le coeur.
Merci d'avoir répondu à mon appel".

14 janvier 1985

Message de la Sainte Vierge transmis par Vicka :

"Mes chers enfants, Satan est si puissant ! Et de toutes ses forces, il veut déranger les plans que j'ai commencés avec vous. Vous priez ! Il vous suffit de prier, et n'arrêtez pas un instant. Je prierai mon Fils pour la réalisation de tous les plans que j'ai commencés. Soyez patients et persévérants dans la prière. Ne permettez pas à Satan de vous décourager. Il agit avec force dans le monde. Faites attention !"

17 janvier 1985

"Chers enfants, en ces jours Satan lutte sournoisement contre cette paroisse, et vous, chers enfants, vous vous êtes endormis dans la prière. Peu nombreux sont ceux qui vont à la messe. Soyez forts dans les jours de tentation.
Merci d'avoir répondu à mon appel".

24 janvier 1985

"Chers enfants, en ces jours vous avez pu ressentir la suavité de Dieu dans le renouveau de cette paroisse. Satan veut travailler encore plus fort pour vous ravir chacune de vos joies. Par la prière vous pouvez le désarmer complètement et mettre votre bonheur en sécurité.
Merci d'avoir répondu à mon appel".

31 janvier 1985

"Chers enfants, aujourd'hui, je veux vous dire d'ouvrir vos coeurs à Dieu, comme les fleurs du printemps qui désirent tellement le soleil. Je suis votre Mère et je veux que vous soyez toujours plus proches du Père et qu'il donne à vos coeurs de riches cadeaux.
Merci d'avoir répondu à mon appel".

7 février 1985

"Chers enfants, en ces jours Satan se manifeste de façon particulière dans cette paroisse. Priez, chers enfants, pour que se réalise le plan de Dieu et que toute action de Satan finisse à la gloire de Dieu.
Je suis restée aussi longtemps pour vous aider dans les tentations.
Merci d'avoir répondu à mon appel".

14 février 1985

"Chers enfants, aujourd'hui est le jour où je vous donne le message pour la paroisse, mais toute la paroisse n'accepte pas les messages et ne les vit pas. Je suis triste. Je souhaite, chers enfants, que vous m'écoutiez et que vous viviez mes messages. Chaque famille doit prier en famille et lire la Bible.
Merci d'avoir répondu à mon appel".

21 février 1985

"Chers enfants, de jour en jour, je vous ai appelés au renouveau et à la prière dans la paroisse. Mais vous ne l'acceptez pas. Aujourd'hui, je vous appelle pour la dernière fois. C'est le temps du Carême. En tant que paroisse vivant le Carême, vous pouvez vous mettre en mouvement pour l'amour de mon appel. Si vous ne le faites pas, je ne veux plus vous donner de message.
Dieu m'a permis cela.
Merci d'avoir répondu à mon appel".

28 février 1985

"Chers enfants, cette semaine je vous demande de vivre ces paroles : J'aime Dieu ! Chers enfants, par l'amour vous pouvez tout obtenir, même ce que vous croyez impossible. Dieu veut que cette paroisse lui appartienne entièrement, et cela, je le souhaite également.
Merci d'avoir répondu à mon appel".

7 mars 1985

"Chers enfants, je vous invite au renouveau de la prière dans vos familles. Chers enfants, encouragez les plus jeunes à prier et à aller à la sainte messe.
Merci d'avoir répondu à mon appel".

14 mars 1985

"Chers enfants, dans votre vie, vous avez tous fait l'expérience de la lumière et des ténèbres. Dieu donne à chacun la connaissance du bien et du mal. Je vous appelle à la lumière, que vous devez apporter à tous les gens qui sont dans les ténèbres. De jour en jour, des gens qui sont dans les ténèbres viennent dans vos maisons. Donnez-leur, chers enfants, la lumière !
Merci d'avoir répondu à mon appel".

21 mars 1985

"Chers enfants, je veux vous donner des messages... Par conséquent, aujourd'hui, je vous demande de vivre et d'accepter mes messages. Chers enfants, je vous aime ! J'ai choisi cette paroisse de façon particulière. Elle m'est plus chère que les autres où j'ai été heureuse de séjourner quand le Tout-Puissant m'envoya. C'est pourquoi je vous demande de m'accepter, chers enfants. Pour votre bien, écoutez les messages.
Merci d'avoir répondu à mon appel".

24 mars 1985

"Aujourd'hui, je veux tous vous appeler à la confession. Même si vous vous êtes confessés il y a quelques jours. Je souhaite que vous viviez tous ma fête au profond de vous. Vous ne pouvez vivre ce jour saint si vous ne vous abandonnez pas complètement à Dieu ; c'est pourquoi, je vous appelle à la réconciliation avec Dieu.
Merci d'avoir répondu à mon appel".

28 mars 1985

"Chers enfants, aujourd'hui, je vous demande : priez, priez, priez. Vous connaîtrez dans la prière la joie la plus grande. Par la prière vous trouverez une issue aux situations impossibles. Merci de vous être mis en mouvement dans la prière. Chacun d'entre vous est cher à mon coeur. Je remercie tous ceux qui ont fait revivre la prière dans leur famille.
Merci d'avoir répondu à mon appel".

Jeudi saint 4 avril 1985

"Chers enfants, merci d'avoir commencé à penser davantage dans vos coeurs à la Gloire de Dieu. Aujourd'hui est le jour où je voulais cesser de donner des messages, car certains ne les acceptent pas. Mais la paroisse s'est mise en mouvement et je souhaite donner des messages comme jamais auparavant dans l'histoire depuis le commencement du monde.
Merci d'avoir répondu à mon appel".

Vendredi saint 5 avril 1985

Message transmis par Ivanka :

"Vous les paroissiens avez une grande et lourde croix, mais n'ayez pas peur de la porter. Mon Fils est là pour vous aider".

11 avril 1985

"Chers enfants, aujourd'hui, je veux dire à tous dans cette paroisse : priez tout particulièrement pour l'illumination du Saint-Esprit. A partir d'aujourd'hui, Dieu veut mettre la paroisse spécialement à l'épreuve, pour pouvoir la renforcer dans la foi.
Merci d'avoir répondu à mon appel".

18 avril 1985

"Chers enfants, aujourd'hui, je vous remercie pour l'ouverture de chacun de vos coeurs. La joie m'envahit pour chaque coeur qui s'ouvre à Dieu. Surtout parmi les membres de cette paroisse. Réjouissez-vous avec moi ! Priez toutes les prières pour que le coeur des pécheurs s'ouvrent à Dieu. C'est mon désir, c'est le désir de Dieu à travers moi.
Merci d'avoir répondu à mon appel".

25 avril 1985

"Chers enfants, je veux vous dire de commencer à travailler sur vos coeurs, comme vous travaillez dans les champs. Travaillez et transformez vos coeurs pour qu'ils soient habités par un esprit nouveau qui vient de Dieu.
Merci d'avoir répondu à mon appel".

2 mai 1985

"Chers enfants, aujourd'hui, je vous appelle à la prière avec le coeur, non pas par habitude. Certains viennent, mais ils ne veulent pas se mettre en mouvement dans la prière. C'est pourquoi, je veux vous mettre en garde en tant que Mère : priez pour que la prière prévale dans vos coeurs à chaque instant.
Merci d'avoir répondu à mon appel".

9 mai 1985

"Chers enfants, non, vous ne savez pas combien Dieu vous donne de grâces ! Vous ne voulez pas aller de l'avant en ces jours où l'Esprit Saint agit de façon particulière. Vos coeurs sont tournés vers les choses terrestres et elles absorbent votre attention. Tournez vos coeurs vers la prière et recherchez l'effusion du Saint-Esprit sur vous.
Merci d'avoir répondu à mon appel".

16 mai 1985

"Chers enfants, je vous demande une prière plus active. De même assistez à la messe. Je veux que votre messe soit une expérience de Dieu. Je souhaite dire surtout aux jeunes : soyez ouverts à l'Esprit Saint, car Dieu veut vous attirer à lui en ces jours où Satan agit.
Merci d'avoir répondu à mon appel".

23 mai 1985

"Chers enfants, ces jours-ci en particulier, je vous demande d'ouvrir vos coeurs à l'Esprit Saint. L'Esprit Saint, surtout maintenant, agit à travers vous. Ouvrez vos coeurs et abandonnez-vous à Jésus pour qu'il soit à l'oeuvre par vos coeurs et qu'il renforce votre foi.
Merci d'avoir répondu à mon appel".

30 mai 1985

"Chers enfants, de nouveau je vous demande la prière avec le coeur. Que la prière, chers enfants, soit votre nourriture quotidienne. Surtout maintenant que le travail des champs vous épuise tant que vous ne pouvez prier avec le coeur. Priez, ainsi vous pourrez surmonter toute fatigue. La prière sera pour vous joie et repos.
Merci d'avoir répondu à mon appel".

6 juin 1985

"Chers enfants, en ces jours viendront dans la paroisse des gens de toutes les nations. C'est pourquoi, maintenant, je vous appelle à l'amour. Aimez d'abord ceux de votre maison et alors vous pourrez accepter et aimer tous ceux qui viennent.
Merci d'avoir répondu à mon appel".

13 juin 1985

"Chers enfants, je vous demande cela avant l'anniversaire : que la paroisse prie davantage et que votre prière soit un signe d'abandon à Dieu. Chers enfants, je sais bien que vous êtes fatigués. Non, vous ne savez pas vous abandonner à moi ! Abandonnez-vous en ces jours entièrement à moi.
Merci d'avoir répondu à mon appel".

20 juin 1985

"Chers enfants, pour ce jour saint qui vient, je vous demande d'ouvrir vos coeurs au Seigneur de tous les coeurs. Donnez-moi vos sentiments et vos problèmes. Je veux vous consoler dans vos épreuves. Je veux vous combler de paix, de joie et d'amour divin.
Merci d'avoir répondu à mon appel".

25 juin 1985

Marija a posé aujourd'hui la question suivante à Notre-Dame : "Chère Gospa, que veux-tu recommander aux prêtres ?"

"Je vous demande d'appeler tous les prêtres à la prière du Rosaire. Par le Rosaire vous allez vaincre tous les malheurs que Satan veut infliger à l'Eglise catholique.
Priez le Rosaire, vous tous les prêtres.
Consacrez du temps au Rosaire".

28 juin 1985

"Chers enfants, aujourd'hui, je vous donne un message pour vous appeler à l'humilité. En ces jours, vous avez ressenti une grande joie à cause des gens qui sont venus ici. Vous avez parlé de votre expérience avec amour.
Maintenant, je vous appelle à continuer à parler avec humilité et le coeur ouvert, à tous ceux qui viennent.
Merci d'avoir répondu à mon appel".

4 juillet 1985

"Chers enfants, merci pour tout sacrifice que vous avez présenté. Je vous demande de présenter chaque sacrifice avec amour. Je souhaite que vous qui êtes sans force, commenciez à aider avec confiance. Le Seigneur vous donnera si vous avez confiance.
Merci d'avoir répondu à mon appel".

11 juillet 1985

"Chers enfants, j'aime la paroisse et je la protège avec mon manteau de toute entreprise de Satan. Priez pour que Satan s'éloigne de cette paroisse et de chaque personne qui y vient. Ainsi vous pourrez entendre chaque appel de Dieu et y répondre par votre vie.
Merci d'avoir répondu à mon appel".

18 juillet 1985

"Chers enfants, aujourd'hui, je vous demande de mettre dans vos maisons le plus possible d'objets bénis. Que chaque personne porte sur soi un objet béni. Bénissez tous les objets, ainsi Satan vous mettra moins à l'épreuve, car vous aurez une armure contre lui.
Merci d'avoir répondu à mon appel".

25 juillet 1985

"Chers enfants, je désire vous guider, mais vous ne voulez pas écouter mes messages. Aujourd'hui, je vous appelle à écouter mes messages et vous pourrez ainsi vivre tout ce que Dieu veut vous communiquer par moi. Ouvrez-vous à Dieu et il agira à travers vous et vous donnera tout ce dont vous avez besoin.
Merci d'avoir répondu à mon appel".

1er août 1985

"Chers enfants, je désire vous dire que j'ai choisi cette paroisse et que je la garde dans mes mains comme une petite fleur qui ne peut pas mourir. Je vous demande de vous offrir à moi, afin que je puisse vous offrir à Dieu, purs et sans péché. Satan a pris une partie du plan et veut le posséder. Priez pour qu'il ne réussisse pas, car je vous veux à moi pour vous offrir à Dieu.
Merci d'avoir répondu à mon appel".

8 août 1985

"Chers enfants, aujourd'hui, je vous invite à commencer, particulièrement maintenant, le combat contre Satan par la prière. Satan veut agir davantage maintenant que vous êtes conscients de son activité.
Chers enfants, revêtez l'équipement du combat et soyez victorieux, le chapelet à la main.
Merci d'avoir répondu à mon appel".

15 août 1985

"Chers enfants, aujourd'hui, je vous bénis et je veux vous dire que je vous aime. Je vous invite à vivre les messages.
En ce jour, je vous bénis avec la bénédiction solennelle que le Tout-Puissant m'accorde.
Merci d'avoir répondu à mon appel".

22 août 1985

"Chers enfants, aujourd'hui, je désire vous dire que le Seigneur veut vous mettre à l'épreuve. Par la prière vous pouvez vaincre cela. Dieu vous met à l'épreuve dans les travaux de tous les jours. Maintenant priez pour surmonter tranquillement chacune de ces épreuves. De toute mise à l'épreuve voulue par Dieu, sortez ouverts à lui et venez à lui avec amour.
Merci d'avoir répondu à mon appel".

29 août 1985

"Chers enfants, je vous appelle à la prière. Surtout maintenant alors que Satan cherche à tirer profit des raisins de vos vignes. Priez pour qu'il ne réussisse pas dans son projet.
Merci d'avoir répondu à mon appel".

5 septembre 1985

"Chers enfants, aujourd'hui, je vous remercie pour toutes les prières. Continuez à prier toujours plus, ainsi Satan sera loin de ce lieu. Chers enfants, le plan de Satan est tombé. Priez pour que se réalise ce que Dieu a prévu en cette paroisse. Merci spécialement aux jeunes pour les sacrifices qu'ils ont offerts.
Merci d'avoir répondu à mon appel".

12 septembre 1985

Ce message a été donné à Marija avant la célébration de la fête de la Sainte Croix qui fut le jour de l'année où furent rassemblés le plus grand nombre de pèlerins. Une messe est célébrée traditionnellement sur le Mont Krizevac à une date autour du 14 septembre.

"Chers enfants, je veux vous dire qu'en ces jours, la croix doit être au centre de vos vies. Priez de façon spéciale devant la croix d'où viennent de grandes grâces. Maintenant, faites dans vos maisons une consécration particulière à la croix. Promettez de ne pas offenser Jésus ni la croix, et de ne pas blasphémer.
Merci d'avoir répondu à mon appel".

20 septembre 1985 :

"Chers enfants, aujourd'hui, je vous invite à vivre dans l'humilité tous les messages que je vous donne.
Chers enfants, ne vous vantez pas avec orgueil de vivre les messages en disant aux autres : "Je vis les messages". Si vous portez les messages dans vos coeurs et si vous les vivez, tout le monde s'en apercevra.
Ainsi, il n'y aura pas besoin de paroles, dont se servent ceux qui ne veulent rien entendre.
Pour vous, il ne faut pas parler avec des mots. Ce qu'il faut, chers enfants, c'est vivre et témoigner par votre vie.
Merci d'avoir répondu à mon appel".

26 septembre 1985

"Chers enfants, merci pour toutes les prières. Merci pour tous les sacrifices. Je veux vous dire, chers enfants vivez les messages que je vous donne. En particulier, vivez le jeûne, car par lui vous pourrez me faire la joie de voir se réaliser tout le plan que Dieu a prévu ici à Medjugorje.
Merci d'avoir répondu à mon appel".

3 octobre 1985

**"Chers enfants, je veux vous dire soyez reconnaissants envers Dieu pour toutes les grâces qu'il vous a données. Remerciez le Seigneur pour tous les fruits et louez-le.
Chers enfants, apprenez à le remercier pour les petites choses, ensuite vous pourrez le remercier pour les grandes.
Merci d'avoir répondu à mon appel".**

10 octobre 1985

**"Chers enfants, aujourd'hui, je voudrais vous demander de vivre les messages dans la paroisse. Je veux surtout appeler les jeunes de cette paroisse qui m'est chère.
Chers enfants, si vous vivez les messages, vous vivez les germes de la sainteté. Comme Mère je voudrais vous appeler tous à la sainteté pour que vous puissiez la transmettre aux autres. Vous êtes un miroir pour les autres.
Merci d'avoir répondu à mon appel".**

17 octobre 1985

**"Chers enfants, il est un temps pour chaque chose.
Aujourd'hui, je vous invite à travailler sur vos coeurs. Tous les travaux des champs sont terminés. Vous avez trouvé le temps de nettoyer même les endroits les plus délaissés. Mais vous avez laissé de côté vos coeurs.
Travaillez davantage et nettoyez chaque recoin de vos coeurs avec amour.
Merci d'avoir répondu à mon appel".**

24 octobre 1985

**"Chers enfants, je voudrais de jour en jour vous revêtir de sainteté et de bonté, d'obéissance et d'amour de Dieu. Ainsi de jour en jour, vous serez plus beaux et plus préparés pour votre Seigneur. Chers enfants, écoutez et vivez mes messages. Je désire vous guider.
Merci d'avoir répondu à mon appel".**

31 octobre 1985

"Chers enfants, aujourd'hui, je voudrais vous inviter à travailler dans l'Eglise. Je vous aime tous d'un même amour. De chacun, je souhaite qu'il fasse autant qu'il peut. Je sais, chers enfants, que vous pouvez. Mais vous ne le voulez pas, car vous vous sentez petits et humbles en ces choses. Vous devez être

résolus et offrir à l'Eglise et à Jésus de petites fleurs afin que tous puissent être contents.
Merci d'avoir répondu à mon appel".

7 novembre 1985

"Chers enfants, je vous appelle à l'amour envers le prochain. A l'amour envers celui dont vous vient du mal. Ainsi vous pourrez avec amour juger les intentions des coeurs. Priez et aimez, chers enfants. Avec l'amour vous pourrez faire même ce qui est impossible.
Merci d'avoir répondu à mon appel".

14 novembre 1985

"Chers enfants, moi, qui suis votre Mère, je vous aime. Je désire vous inciter à la prière. Chers enfants, je ne me lasse pas, et je vous appelle même si vous êtes loin de mon coeur. Je suis Mère et ressens une vive douleur pour chacun de ceux qui se sont égarés. Je pardonne facilement et je me réjouis pour chaque enfant qui revient à moi.
Merci d'avoir répondu à mon appel".

21 novembre 1985

"Chers enfants, je voudrais vous dire que ce temps est là spécialement pour vous dans cette paroisse. Pendant l'été, vous dites que vous avez beaucoup de travail. Maintenant, il n'y a plus de travaux dans les champs. Travaillez sur vous-mêmes. Venez à la messe, car ce temps vous est donné. Chers enfants, il y a un certain nombre qui vient régulièrement malgré le mauvais temps, car ils m'aiment et ils veulent me montrer leur amour tout spécialement. Je vous demande à tous de me montrer votre amour en venant à la messe. Le Seigneur vous récompensera généreusement.
Merci d'avoir répondu à mon appel".

28 novembre 1985

"Chers enfants, je veux dire merci à tous pour ce qu'ils ont fait pour moi. Spécialement les jeunes. Je vous prie, chers enfants, de vous engager dans la prière de manière consciente. Dans la prière, vous connaîtrez la grandeur de Dieu.
Merci d'avoir répondu à mon appel".

5 décembre 1985

"Chers enfants, je vous demande de vous préparer à Noël par la pénitence, la prière, les oeuvres d'amour. N'attachez pas d'importance aux choses matérielles, car alors vous ne pourriez pas vivre Noël.
Merci d'avoir répondu à mon appel".

12 décembre 1985

"Chers enfants, pour Noël, je vous demande de célébrer Jésus, ensemble avec moi. En ce jour, je vous le donnerai de façon toute spéciale. Je vous appelle à glorifier Jésus et sa naissance en cette journée. Chers enfants, le jour de Noël, priez plus et pensez davantage à Jésus.
Merci d'avoir répondu à mon appel".

19 décembre 1985

"Chers enfants, aujourd'hui, je veux vous inviter à l'amour du prochain. Si vous aimez votre prochain, vous sentirez mieux Jésus, en particulier à Noël. Dieu vous donnera de grands cadeaux si vous vous abandonnez à lui. A Noël, tout particulièrement, je veux donner ma bénédiction maternelle aux mères. Jésus bénira les autres de sa bénédiction.
Merci d'avoir répondu à mon appel".

26 décembre 1985

"Chers enfants, je remercie tous ceux qui ont écouté mes messages et qui ont fait, en ce jour de Noël, ce que j'ai demandé. Je voudrais à partir d'aujourd'hui vous guider dans l'amour, purs de tout péché. Abandonnez-moi vos coeurs.
Merci d'avoir répondu à mon appel".

2 janvier 1986

"Chers enfants, je vous invite à vous décider tout à fait pour Dieu. Je vous prie de vous abandonner complètement à lui, vous pourrez ainsi vivre tout ce que je dis. Il ne vous sera pas difficile de vous abandonner entièrement à Dieu.
Merci d'avoir répondu à mon appel".

9 janvier 1986

"Chers enfants, je vous demande d'aider Jésus par vos prières pour la réalisation de tous les plans qu'il accomplit ici. Offrez

aussi des sacrifices à Jésus pour qu'il puisse réaliser ce qu'il a prévu, et que Satan ne puisse rien faire.
Merci d'avoir répondu à mon appel".

16 janvier 1986

"Chers enfants, aujourd'hui, je vous invite à la prière. J'ai besoin de vos prières pour que Dieu puisse être glorifié à travers vous.
Chers enfants, je vous en prie, écoutez et vivez mon appel maternel. Car je vous invite, poussée par l'amour, pour pouvoir vous aider.
Merci d'avoir répondu à mon appel".

23 janvier 1986

"Chers enfants, je vous invite de nouveau à la prière avec le coeur. Si vous priez ainsi, chers enfants, la glace qui est en vos frères fondra. Toute barrière disparaîtra. La conversion sera facile pour tous ceux qui voudront l'accueillir. C'est un don que vous devez implorer pour votre prochain.
Merci d'avoir répondu à mon appel".

30 janvier 1986

"Chers enfants, aujourd'hui, je vous invite tous à prier pour que se réalisent tous les projets que Dieu a pour vous, et tout ce que Dieu veut réaliser à travers vous. Aidez les autres à se convertir. En particulier ceux qui viennent à Medjugorje.
Chers enfants, ne permettez pas que Satan devienne le maître de vos coeurs. Vous deviendriez l'image de Satan et non pas mon image. Je vous demande de prier pour devenir les témoins de ma présence. Sans vous, Dieu ne peut réaliser ce qu'il veut. Dieu vous a tous donné le libre-arbitre, faites-en un bon usage.
Merci d'avoir répondu à mon appel".

6 février 1986

"Chers enfants, cette paroisse que j'ai choisie est particulière. Elle se différencie de toutes les autres. Je donne de grandes grâces à ceux qui prient avec le coeur.
Chers enfants, je donne des messages d'abord aux habitants de la paroisse. Ils sont destinés ensuite à tous les autres.
Acceptez les messages, les autres les accepteront ensuite.

Vous devrez en répondre devant moi et devant mon Fils Jésus. Merci d'avoir répondu à mon appel".

13 février 1986

"Chers enfants, ce carême doit être pour vous un encouragement particulier pour vous inciter à changer. Commencez dès cet instant... Eteignez la télévision et laissez de côté toutes les choses qui ne sont pas bénéfiques pour vous.
Chers enfants, je vous appelle à la conversion individuelle. Ce temps est pour vous.
Merci d'avoir répondu à mon appel".

20 février 1986

"Chers enfants, le deuxième message de Carême est le suivant : il faut prier à nouveau devant la croix.
Chers enfants, je vous donne des grâces particulières et Jésus vous donne des cadeaux qui viennent de la croix. Accueillez-les et vivez-les ! Méditez la Passion de Jésus. Dans vos vies unissez-vous à Jésus.
Merci d'avoir répondu à mon appel".

27 février 1986

"Chers enfants, vivez dans l'humilité les messages que je vous donne.
Merci d'avoir répondu à mon appel".

6 mars 1986

"Chers enfants, aujourd'hui encore, je vous demande de vous ouvrir davantage à Dieu, pour qu'il puisse agir à travers vous. Autant vous vous ouvrirez, autant vous recevrez de fruits. Je désire vous appeler de nouveau à la prière.
Merci d'avoir répondu à mon appel".

13 mars 1986

"Chers enfants, je vous invite à vivre ce Carême par de petits sacrifices. Merci pour tout sacrifice que vous m'avez présenté. Chers enfants, vivez ainsi sans cesse, et aidez-moi par votre amour à présenter le sacrifice. Dieu vous récompensera pour cela.
Merci d'avoir répondu à mon appel".

20 mars 1986

"Chers enfants, aujourd'hui, je vous invite à rentrer activement dans la prière. Vous voulez vivre tout ce que je dis, mais vous n'y arrivez pas parce que vous ne priez pas. Chers enfants, je vous en prie, ouvrez-vous et commencez à prier. La prière sera joie pour vous. Si vous commencez, vous ne ressentirez pas d'ennui dans la prière, vous prierez dans la joie.
Merci d'avoir répondu à mon appel".

27 mars 1986

"Chers enfants, je voudrais vous remercier pour tous les sacrifices. Je vous invite au plus grand des sacrifices : le sacrifice de l'amour. Sans l'amour vous ne pouvez accepter ni moi, ni mon Fils. Sans l'amour vous ne pouvez expliquer votre expérience aux autres. C'est pourquoi, chers enfants, je vous demande de commencer à vivre l'amour en vous.
Merci d'avoir répondu à mon appel".

3 avril 1986

"Chers enfants, je vous demande de vivre la sainte messe. Beaucoup ont ressenti la beauté de la sainte messe. Mais il y en a d'autres qui n'y viennent pas volontiers. Je vous ai choisis, chers enfants, et Jésus vous donne ses grâces pendant la messe. C'est pourquoi, vivez lucidement la sainte messe. Que chaque venue à la messe soit une joie. Venez-y avec amour. Acceptez la sainte messe.
Merci d'avoir répondu à mon appel".

10 avril 1986

"Chers enfants, je vous demande de croître dans l'amour. Une fleur ne peut croître normalement sans eau. De même vous, chers enfants, vous ne pouvez croître sans la bénédiction de Dieu. Vous devez rechercher, de jour en jour, la bénédiction pour pouvoir grandir normalement et pour pouvoir accomplir tout travail avec Dieu.
Merci d'avoir répondu à mon appel".

17 avril 1986

"Chers enfants, vous êtes occupés par les choses matérielles et dans la matière vous perdez tout ce que Dieu veut vous donner. Je vous demande, chers enfants, de prier pour les dons du Saint-Esprit qui vous sont nécessaires pour pouvoir témoigner

de ma présence ici et de tout ce que je vous donne. Chers enfants, abandonnez-vous à moi pour que je puisse vous guider entièrement. Ne soyez pas occupés par les choses matérielles.
Merci d'avoir répondu à mon appel".

24 avril 1986

"Chers enfants, aujourd'hui, je vous invite à prier. Chers enfants, vous oubliez que vous êtes tous importants.
Surtout sont importants les anciens dans les familles. Incitez-les à prier. Que tous les jeunes soient un exemple pour les autres par leur vie, qu'ils témoignent pour Jésus. Chers enfants, commencez à vous transformer par la prière et vous saurez ce qu'il faut faire.
Merci d'avoir répondu à mon appel".

1er mai 1986

"Chers enfants, je vous en prie, commencez à transformer votre vie dans les familles. Que chaque famille soit une fleur harmonieuse que je souhaite donner à Jésus. Chers enfants, que chaque famille soit active dans la prière. Je voudrais qu'un jour apparaissent des fruits dans les familles. Seulement ainsi pourrai-je vous offrir comme des pétales à Jésus pour l'accomplissement des plans de Dieu.
Merci d'avoir répondu à mon appel".

8 mai 1986

"Chers enfants, vous êtes responsables des messages. Ici se trouve la source des grâces. Vous êtes les réceptacles qui transmettent les dons. C'est pourquoi, je vous appelle, chers enfants, à faire votre tâche avec responsabilité. Chacun en répondra selon sa mesure. Chers enfants, je vous demande de donner les dons aux autres avec amour. Ne les gardez pas pour vous.
Merci d'avoir répondu à mon appel".

15 mai 1986

"Chers enfants, aujourd'hui, je vous demande de me donner votre coeur pour que je puisse le transformer, pour qu'il soit semblable à mon coeur. Vous vous demandez, chers enfants, pour quelle raison vous ne pouvez répondre à ce que je demande de vous. Vous n'y arrivez pas, car vous ne m'avez pas donné vos coeurs pour que je les transforme. Vous parlez, mais vous n'agissez pas ! Je vous appelle à faire tout ce que je vous dis.

**Ainsi je serai avec vous.
Merci d'avoir répondu à mon appel".**

22 mai 1986

"Chers enfants, aujourd'hui, je désire vous donner mon amour. Vous ne savez pas, chers enfants, combien mon amour est grand. Et vous ne savez pas l'accueillir.

**Je veux vous le prouver de multiples façons, mais vous, chers enfants, vous ne vous en rendez pas compte. Vous ne comprenez pas mes paroles avec le coeur, c'est pourquoi vous ne pouvez pas comprendre mon amour. Chers enfants, accueillez-moi dans vos vies. Ainsi vous accueillerez tout ce que je vous dis et ce à quoi je vous appelle.
Merci d'avoir répondu à mon appel".**

29 mai 1986

**"Chers enfants, aujourd'hui, je vous demande de vivre l'amour envers Dieu et envers le prochain dans votre vie. Sans amour, chers enfants, vous ne pouvez rien. C'est pourquoi, je vous demande de vivre l'amour entre vous. Seulement ainsi pourrez-vous aimer et accueillir aussi bien moi que chaque personne qui vient auprès de vous dans la paroisse. Tous vous ressentirez mon amour en vous. Ainsi, s'il vous plaît, chers enfants, commencez dès aujourd'hui à aimer d'un amour ardent. De ce même amour dont je vous aime.
Merci d'avoir répondu à mon appel".**

5 juin 1986

**"Chers enfants, aujourd'hui, je vous demande de vous décider : voulez-vous vraiment vivre les messages que je vous donne ? Je souhaite que vous soyez actifs en vivant et en transmettant les messages. En particulier, chers enfants, je voudrais que vous soyez tous le reflet de Jésus, qui va luire dans ce monde infidèle qui marche dans les ténèbres. Je désire que vous soyez lumière pour tous. Témoignez dans la lumière. Chers enfants, vous n'êtes pas appelés aux ténèbres, mais à la lumière. C'est pourquoi, vivez votre vie dans la lumière.
Merci d'avoir répondu à mon appel".**

12 juin 1986

"Chers enfants, aujourd'hui, je vous demande de commencer à prier le Rosaire avec une foi vive. Ainsi, je pourrai vous aider.

Vous voulez, chers enfants, obtenir des grâces mais vous ne priez pas. Je ne peux donc pas vous aider, car vous ne vous êtes pas mis en mouvement.
Chers enfants, je vous demande de prier le Rosaire. Qu'il soit pour vous une obligation que vous accomplirez avec joie. Ainsi, vous comprendrez pourquoi je suis restée si longtemps avec vous. Je veux vous apprendre à prier.
Merci d'avoir répondu à mon appel".

19 juin 1986

"Chers enfants, en ces jours mon Seigneur m'a permis de vous obtenir plus de grâces. C'est pourquoi, je veux vous inciter de nouveau à prier, chers enfants ! Priez sans arrêt. Ainsi je vous donnerai cette joie qui m'est offerte par le Seigneur. Par ces grâces, chers enfants, je souhaite que vos souffrances soient joie. Je suis votre Mère et je veux vous aider.
Merci d'avoir répondu à mon appel".

26 juin 1986

"Chers enfants, Dieu me permet de créer avec lui cette oasis de paix. Je vous demande de la protéger. Que cette oasis soit toujours pure. Certains, par leur indolence, détruisent la paix et la prière. Je vous appelle à témoigner, et par votre vie aidez à protéger la paix.
Merci d'avoir répondu à mon appel".

3 juillet 1986

"Chers enfants, aujourd'hui, je vous appelle tous à la prière. Sans la prière, chers enfants, vous ne pouvez ressentir ni Dieu, ni moi, ni les grâces que je vous donne. C'est pourquoi je vous demande de commencer et de finir toujours votre journée par la prière.
Chers enfants, je veux vous guider, de jour en jour, toujours plus dans la prière. Mais vous ne pouvez pas grandir, car vous ne le voulez pas. Je vous invite, chers enfants, à mettre la prière à la première place.
Merci d'avoir répondu à mon appel".

10 juillet 1986

"Chers enfants, aujourd'hui, je vous appelle à la sainteté. Sans la sainteté, vous ne pouvez pas vivre. C'est pourquoi par l'amour, soyez victorieux de tout péché. Par l'amour surmontez

toutes les difficultés qui vous viennent. Chers enfants, je vous en prie, vivez l'amour en vous.
Merci d'avoir répondu à mon appel".

17 juillet 1986

"Chers enfants, aujourd'hui, je vous demande de réfléchir à cela : pourquoi suis-je restée si longtemps avec vous ? Je suis l'intermédiaire entre vous et Dieu. Voilà pourquoi, chers enfants, je veux vous demander de toujours vivre avec amour tout ce que Dieu désire de vous. Ainsi, chers enfants, vivez dans l'humilité tous les messages que je vous donne.
Merci d'avoir répondu à mon appel".

24 juillet 1986

"Chers enfants, je me réjouis pour tous ceux qui sont sur le chemin de la sainteté. Je vous prie d'aider par votre témoignage ceux qui ne savent pas vivre saintement. Ainsi, chers enfants, que votre famille soit le lieu où naisse la sainteté. Aidez tout le monde à vivre saintement, en particulier les membres de votre propre famille.
Merci d'avoir répondu à mon appel".

31 juillet 1986

"Chers enfants, de la haine naît la discorde. La haine ne voit rien ni personne. Je vous demande de toujours porter la concorde et la paix. Surtout, chers enfants, à l'endroit où vous vivez, agissez avec amour. Que votre unique moyen soit toujours l'amour. Par l'amour, tournez en bien tout ce que Satan veut détruire et s'approprier. Seulement ainsi vous serez tout à fait à moi et je pourrai vous aider.
Merci d'avoir répondu à mon appel".

7 août 1986

"Chers enfants, vous savez que je vous ai promis une oasis de paix. Mais vous ne savez pas qu'autour de l'oasis existe un désert, où Satan est aux aguets et veut mettre à l'épreuve chacun d'entre vous. Chers enfants, ce n'est que par la prière que vous pourrez vaincre toute influence de Satan, là où vous êtes. Je suis avec vous, mais je ne peux vous priver de votre liberté.
Merci d'avoir répondu à mon appel".

14 août 1986

"Chers enfants, je demande que votre prière soit la joie de la rencontre avec le Seigneur. Je ne peux vous guider tant que vous ne ressentez pas de la joie dans la prière. Je veux vous mener, de jour en jour, toujours plus dans la prière. Mais je ne veux pas le faire de force.
Merci d'avoir répondu à mon appel".

21 août 1986

"Chers enfants, merci pour l'amour que vous me montrez. Sachez, chers enfants, que je vous aime sans mesure. De jour en jour, je prie le Seigneur, pour qu'il vous aide à comprendre l'amour que j'ai pour vous. C'est pourquoi, chers enfants, priez, priez, priez.
Merci d'avoir répondu à mon appel".

28 août 1986

"Chers enfants, je vous demande d'être en tout une image pour les autres. En particulier dans la prière et dans le témoignage. Chers enfants, sans vous je ne peux pas aider le monde. Je veux que vous coopériez avec moi en tout, même dans les choses les plus petites. C'est pourquoi, chers enfants, aidez-moi. Que votre prière vienne du coeur, et abandonnez-vous complètement à moi. Ainsi pourrai-je vous enseigner et vous guider sur cette route que nous avons commencée ensemble.
Merci d'avoir répondu à mon appel".

4 septembre 1986

"Chers enfants, aujourd'hui encore, je vous appelle à la prière et au jeûne. Sachez, chers enfants, qu'avec votre aide, je peux tout faire, et empêcher Satan de vous attirer au mal et l'éloigner de cet endroit. Satan, chers enfants, guette chacun d'entre vous. C'est en particulier dans les choses de tous les jours qu'il veut semer le trouble en chacun. C'est pourquoi, chers enfants, je demande que votre journée soit uniquement prière et abandon total à Dieu.
Merci d'avoir répondu à mon appel".

11 septembre 1986

"Chers enfants, en ces jours où vous célébrez joyeusement la croix, je souhaite que pour vous aussi la croix soit une joie. En particulier priez, chers enfants, pour pouvoir accepter la mala-

die et les souffrances avec amour, comme Jésus lui-même l'a fait. Seulement ainsi pourrai-je avec joie vous distribuer les grâces et la guérison que Jésus me permet de vous donner.
Merci d'avoir répondu à mon appel".

18 septembre 1986

"Chers enfants, aujourd'hui encore, je vous remercie pour tout ce que vous avez fait en ces jours pour moi. En particulier, chers enfants, je vous remercie au nom de Jésus pour les sacrifices que vous avez présentés en cette semaine passée. Chers enfants, vous oubliez que je vous demande des sacrifices pour vous aider et pour chasser Satan de vous. C'est pourquoi, je vous appelle de nouveau à apporter des sacrifices avec un respect particulier de Dieu.
Merci d'avoir répondu à mon appel".

25 septembre 1986

"Chers enfants, je vous demande de faire voir aux autres ce qu'est la paix, par votre propre paix ; pour qu'eux aussi commencent à la rechercher vraiment. Vous êtes dans la paix, chers enfants, et vous ne pouvez pas comprendre ce qu'est le manque de paix. Ainsi, par la prière et par votre vie, aidez à détruire ce qui est mauvais dans l'être humain. Démasquez la tromperie dont Satan se sert. Priez pour que la vérité triomphe dans tous les coeurs.
Merci d'avoir répondu à mon appel".

2 octobre 1986

"Chers enfants, aujourd'hui encore, je vous demande de prier. Vous ne pouvez pas, chers enfants, comprendre toute la valeur de la prière, tant que vous ne dites pas vous-mêmes : c'est le moment de la prière, rien n'a maintenant d'importance, ni personne, seul Dieu.

Chers enfants, consacrez-vous à la prière, avec un amour particulier, ainsi Dieu pourra vous récompenser par des grâces.
Merci d'avoir répondu à mon appel".

9 octobre 1986

"Chers enfants, vous savez que je veux vous mener sur le chemin de la sainteté. Mais je ne veux pas le faire de force. Je souhaite que chacun d'entre vous, par ses petits renoncements s'aide

lui-même, et m'aide pour pouvoir vous conduire ; et que vous soyez de jour en jour plus proches de la sainteté.
Chers enfants, je ne veux pas vous forcer à accomplir les messages. Mais je suis avec vous depuis si longtemps ! Cela doit être pour vous un signe de mon amour sans mesure et du souhait que j'ai pour vous de devenir saints.
Merci d'avoir répondu à mon appel".

16 octobre 1986

"Chers enfants, aujourd'hui encore, je vous appelle à prier. En particulier, je vous demande, chers enfants, de prier pour la paix. Sans vos prières, chers enfants, je ne peux pas vous aider à ce que se réalisent les messages que le Seigneur m'a donnés pour que je vous les transmette. C'est pourquoi, chers enfants, priez pour comprendre dans la prière ce que Dieu vous donne.
Merci d'avoir répondu à mon appel".

Jeudi 23 octobre 1986

"Chers enfants, aujourd'hui encore, je vous appelle à la prière. Plus spécialement, chers enfants, je vous invite à prier pour la paix. Sans votre prière, chers enfants, je ne puis vous aider à accomplir les messages que le Seigneur m'a permis de vous donner. C'est pourquoi, chers enfants, priez pour comprendre dans la prière ce que Dieu vous donne.
Merci d'avoir répondu à mon appel".

30 octobre 1986

"Chers enfants, aujourd'hui, je vous demande de prendre au sérieux et d'accomplir les messages que je vous donne. Chers enfants, c'est à cause de vous que je suis restée si longtemps. Cela pour vous aider à accomplir les messages que je vous donne. C'est pourquoi, chers enfants, par amour pour moi, vivez tous les messages que je vous transmets.
Merci d'avoir répondu à mon appel".

6 novembre 1986

"Chers enfants, aujourd'hui, je vous demande de prier, de jour en jour, pour les âmes du purgatoire. Chaque âme a besoin de la prière et de la grâce pour arriver jusqu'à Dieu et à son amour. Par cela, vous aussi, chers enfants, vous obtenez des intercesseurs qui vont vous aider dans la vie. Comprenez que toutes les choses terrestres ne sont pas importantes pour vous. Vous ne

devez aspirer qu'au Ciel. C'est pourquoi, chers enfants, priez sans arrêt pour vous aider vous-mêmes et aider les autres : vos prières leur apporteront la joie.
Merci d'avoir répondu à mon appel".

13 novembre 1986

"Chers enfants, aujourd'hui encore, je vous demande de prier avec tout votre coeur et de changer de jour en jour votre vie. En particulier, chers enfants, par vos prières et par vos sacrifices commencez à vivre saintement. Je souhaite que tous ceux qui ont vécu à cette source de grâces, arrivent au Paradis avec un cadeau qu'ils me donneront, qui sera la sainteté. C'est pourquoi, chers enfants, priez et de jour en jour, transformez votre vie pour devenir saints. Je serai toujours proche de vous.
Merci d'avoir répondu à mon appel".

20 novembre 1986

"Chers enfants, aujourd'hui, je vous appelle à vivre et à suivre avec un amour particulier tous les messages que je vous donne. Chers enfants, Dieu ne vous veut pas tièdes et indécis. Au contraire, il veut que vous vous abandonniez à lui en tout.
Vous savez que je vous aime, que je brûle d'amour pour vous. C'est pourquoi, chers enfants, décidez-vous pour l'aimer, brûlez d'amour. Apprenez à connaître de jour en jour l'amour de Dieu. Chers enfants, décidez-vous pour l'amour. Que l'amour prédomine en chacun d'entre vous, non pas un amour humain, mais un amour divin.
Merci d'avoir répondu à mon appel".

27 novembre 1986

"Chers enfants, aujourd'hui encore, je vous demande de me consacrer avec amour votre vie. Ainsi pourrai-je vous guider avec amour. Je vous aime, chers enfants, d'un amour particulier, et je veux tous vous emmener au Ciel vers Dieu. Je souhaite que vous compreniez que cette vie dure peu de temps par rapport à la vie céleste. C'est pourquoi, chers enfants, aujourd'hui décidez-vous de nouveau pour Dieu.
Seulement ainsi pourrai-je vous montrer combien vous m'êtes chers et combien je désire que vous vous aimiez tous et soyez avec moi au Ciel.
Merci d'avoir répondu à mon appel".

4 décembre 1986

"Chers enfants, aujourd'hui encore, je vous demande de préparer vos coeurs pour ces jours durant lesquels le Seigneur veut particulièrement vous purifier de tous les péchés de votre passé. Chers enfants, vous ne pouvez pas y arriver seuls. Je suis donc là pour vous aider à prier, chers enfants ; seulement ainsi pourrez-vous reconnaître tout le mal qui est en vous et le donner au Seigneur pour qu'il purifie entièrement vos coeurs.
C'est pourquoi, chers enfants, priez sans arrêt et préparez vos coeurs par le sacrifice et le jeûne.
Merci d'avoir répondu à mon appel".

11 décembre 1986

"Chers enfants, je vous appelle en cette période à prier, particulièrement pour vivre la joie de la rencontre avec Jésus qui naît. Je souhaite, chers enfants, que vous viviez ces jours comme moi-même je les ai vécus. Je veux vous guider dans la vie. Je veux vous montrer la joie à laquelle je vous appelle tous. Ainsi, chers enfants, priez et abandonnez-vous complètement à moi.
Merci d'avoir répondu à mon appel".

18 décembre 1986

"Chers enfants, de nouveau, aujourd'hui, je veux vous appeler à la prière. Quand vous priez vous êtes tellement plus beaux. Comme les fleurs qui après les neiges montrent toute leur beauté, et dont les couleurs sont si merveilleuses qu'on ne peut les décrire.
Ainsi, vous, chers enfants, après la prière, montrez à Dieu ce qui est beau en vous pour lui plaire.
Chers enfants, priez et ouvrez votre intérieur au Seigneur, pour qu'il fasse de vous une belle et harmonieuse fleur pour le paradis.
Merci d'avoir répondu à mon appel".

25 décembre 1986

"Chers enfants, je remercie, aujourd'hui encore, le Seigneur pour tout ce qu'il a fait pour moi. Surtout de m'avoir permis d'être encore aujourd'hui avec vous.
Chers enfants, ce sont des jours où le Père donne des grâces particulières à tous ceux qui ouvrent leur coeur.
Je vous bénis.
Je souhaite, chers enfants, que vous aussi connaissiez les grâces,

que vous mettiez tout à la disposition de Dieu pour qu'il puisse se glorifier à travers vous. Mon coeur suit votre pas avec sollicitude.
Merci d'avoir répondu à mon appel".

1er janvier 1987

"Chers enfants, aujourd'hui, je veux tous vous demander de vivre au cours de l'année nouvelle les messages que je vous donne.
Vous savez, chers enfants, que je suis restée si longtemps à cause de vous, pour vous apprendre à marcher sur le chemin de la sainteté. C'est pourquoi, chers enfants, priez sans arrêt et vivez les messages que je vous donne, car je fais cela avec un grand amour envers vous et envers Dieu.
Merci d'avoir répondu à mon appel".

8 janvier 1987

"Chers enfants, je veux vous remercier pour toutes les réponses aux messages. En particulier, chers enfants, merci pour tous les sacrifices et les prières que vous m'avez présentés.
Chers enfants, je souhaite vous donner encore des messages. Mais à partir de maintenant, chers enfants, ce ne sera plus tous les jeudis, mais tous les 25 du mois. Le temps est venu où s'est accompli ce que voulait mon Maître.
Maintenant, je vous donne moins de messages, mais je suis encore avec vous. C'est pourquoi, chers enfants, écoutez mes messages et vivez-les, pour que je puisse vous guider.
Chers enfants, merci d'avoir répondu à mon appel".

2- Les messages du mois (25 janvier 1987 au 25 décembre 1990)

Le 8 janvier 1987, Notre Dame annonce son désir de continuer à donner des messages, cependant, ils ne seront plus hebdomadaires mais mensuels, le 25 de chaque mois, Marija reçoit tous ces messages.

— 1987 —

25 janvier 1987

"Chers enfants, voilà, à partir d'aujourd'hui vivez tous une nouvelle vie.
Chers enfants, comprenez que Dieu a choisi chacun d'entre vous pour l'utiliser dans un grand plan de salut de l'humanité. Vous ne pouvez comprendre l'importance de votre rôle dans les desseins de Dieu. C'est pourquoi, chers enfants, priez pour pouvoir comprendre le plan que Dieu a à travers vous.
Je suis avec vous pour vous permettre de le réaliser dans sa plénitude.
Merci d'avoir répondu à mon appel".

25 février 1987

"Chers enfants, aujourd'hui, je veux vous recouvrir de mon manteau et vous conduire tous sur la route de la conversion.
Chers enfants, je vous en prie, donnez au Seigneur tout votre passé, tout le mal qui s'est accumulé dans vos coeurs.
Je souhaite que chacun soit heureux, mais avec le péché personne ne peut l'être. Ainsi, chers enfants, priez, et dans la prière vous connaîtrez le nouveau chemin de la joie.
La joie se sentira en vos coeurs. Vous serez ainsi les joyeux témoins des choses que mon Fils et moi accomplissons. Je vous bénis.
Merci d'avoir répondu à mon appel".

25 mars 1987

"Chers enfants, aujourd'hui, je vous remercie pour votre présence en ce lieu où je vous donne des grâces particulières.

J'appelle chacun de vous à commencer dès aujourd'hui à vivre la vie que Dieu veut de vous. Faites de bonnes actions d'amour et de miséricorde. Je ne veux pas, chers enfants, que vous viviez les messages tout en faisant le péché qui me déplaît.
Ainsi, chers enfants, que chacun vive une vie nouvelle, sans le meurtre de tout ce que Dieu crée en vous et de tout ce qu'il vous donne.
Je vous bénis tout spécialement et je reste avec vous sur votre route de conversion.
Merci d'avoir répondu à mon appel".

25 avril 1987

"Chers enfants, aujourd'hui, je vous appelle tous à la prière. Vous savez, chers enfants, que Dieu donne des grâces particulières dans la prière.
Ainsi, recherchez Dieu et priez pour pouvoir comprendre tout ce que je vous donne ici.
Je vous appelle, chers enfants, à la prière du coeur. Sachez que sans prière, vous ne pouvez comprendre ce que Dieu accomplit à travers vous.
C'est pourquoi, priez ! Je souhaite qu'en chacun d'entre vous s'accomplisse le dessein de Dieu, que croisse tout ce que Dieu vous a donné dans le coeur.
Ainsi, priez, pour que la bénédiction divine puisse vous préserver tous du mal qui vous menace. Je vous bénis, chers enfants.
Merci d'avoir répondu à mon appel".

25 mai 1987

"Chers enfants, j'appelle chacun à commencer à vivre dans l'amour de Dieu. Chers enfants, vous êtes prêts à pécher et à vous mettre entre les mains de Satan sans réfléchir. Je vous appelle : que chacun se décide en toute conscience pour Dieu et contre Satan ! Je suis votre Mère, c'est pourquoi je veux vous mener à l'entière sainteté.
Je veux que chacun soit heureux ici sur la terre et qu'il soit ensuite avec moi au Ciel. C'est cela, chers enfants, le but de ma venue ici et c'est mon désir.
Merci d'avoir répondu à mon appel".

25 juin 1987

"Chers enfants, aujourd'hui, je vous remercie et désire vous appeler tous à la paix de Dieu.
Je souhaite que chacun vive dans son coeur cette paix que Dieu

La rotonde de l'église de Medjugorje à l'heure de la messe du soir (photo Nicky Eltz)

Groupe de pélerins en prière sur la colline des apparitions. Au fond, le village et l'église de Medjugorje (photo Nicky Eltz)

La croix du mont Krizevac dominant la vallée de Medjugorje (photo Nicky Eltz)

Les femmes du pays (photo Nicky Eltz)

Confessions le long de l'église (photo Nicky Eltz)

Vicka (photo Nicky Eltz)

Marija (photo Henry Fernier)

Mirjana (photo Terry Colafianfrancesco)

Ivan (photo Nicky Eltz)

Jacov (photo Nicky Eltz)

Jelena, une voyante du coeur
(photo Henri Fernier)

Ivanka (photo Henri Fernier)

Le père Jozo (photo Nicky Eltz)

donne. Je veux aujourd'hui tous vous bénir. Je vous bénis de la bénédiction de Dieu, et vous prie, chers enfants, suivez et vivez ma voie !
Je vous aime, chers enfants, voilà pourquoi je vous ai appelés je ne sais combien de fois. Je vous remercie pour tout ce que vous faites pour mes intentions. Je vous en prie, aidez-moi à vous présenter à Dieu. Aidez-moi à vous sauver et à vous conduire sur le chemin du salut.
Merci d'avoir répondu à mon appel".

25 juillet 1987

"Chers enfants, je vous en prie, à partir d'aujourd'hui acceptez le chemin de sainteté. Je vous aime, c'est pourquoi je désire que vous soyez saints. Je ne veux pas que Satan vous entrave sur ce chemin. Chers enfants, priez et recevez tout ce que Dieu vous tend sur cette route amère. Cependant, à celui qui prend cette route, Dieu révèle une profonde douceur et ainsi il répondra avec joie à tous les appels de Dieu.
Ne donnez pas d'importance aux petites choses, aspirez au Ciel.
Merci d'avoir répondu à mon appel".

25 août 1987

"Chers enfants, aujourd'hui encore, je vous appelle : que chacun se décide à vivre les messages ! Dieu m'a permis, encore en cette année que l'Eglise m'a consacrée, de vous parler et de vous inciter à la sainteté.
Chers enfants, recherchez auprès de Dieu les grâces qu'il donne par moi. Je suis prête à demander à Dieu tout ce que vous recherchez pour que votre sainteté soit complète. C'est pourquoi, chers enfants, n'oubliez pas de rechercher ce que vous désirez, car Dieu m'a permis de vous obtenir les grâces.
Merci d'avoir répondu à mon appel".

25 septembre 1987

"Chers enfants, aujourd'hui encore, je veux tous vous inviter à la prière. Que pour vous la prière soit vie. Chers enfants, consacrez du temps à Jésus seul et il vous donnera tout ce que vous cherchez. Il se révèlera à vous en plénitude. Chers enfants, Satan est fort et attend chacun pour le tenter.
Priez pour qu'il ne puisse pas vous faire du mal, ni vous entraver sur le chemin de la sainteté.

**Chers enfants, grandissez de jour en jour par la prière toujours plus vers Dieu.
Merci d'avoir répondu à mon appel".**

25 octobre 1987

**"Chers enfants, aujourd'hui, je veux tous vous appeler : que chacun se décide pour le Paradis ! Le chemin est difficile pour ceux qui ne se sont pas décidés pour Dieu.
Chers enfants, décidez-vous ! Croyez que Dieu s'offre à vous dans toute sa plénitude. Vous êtes invités, il vous faut répondre à l'appel du Père qui vous invite par mon intermédiaire. Priez, car dans la prière chacun pourra atteindre l'amour parfait.
Je vous bénis et je veux aider chacun à être sous mon manteau maternel.
Merci d'avoir répondu à mon appel".**

25 novembre 1987

**"Chers enfants, aujourd'hui encore, je demande à chacun d'entre vous de se décider à nouveau et de s'abandonner complètement à moi. Seulement ainsi pourrai-je moi-même présenter chacun à Dieu.
Chers enfants, vous savez que je vous aime sans mesure, et que je désire chacun pour moi. Mais Dieu a donné à tous la liberté et je la respecte avec amour. Je me soumets dans mon humilité à votre liberté. Je souhaite, chers enfants, que vous m'aidiez pour que tout ce que Dieu a pensé pour cette paroisse se réalise. Si vous ne priez pas, vous ne pouvez découvrir mon amour et les plans que Dieu a pour cette paroisse et avec chaque individu. Priez pour que Satan ne vous attire pas dans son orgueil et sa force mensongère. Je suis avec vous et je désire que vous croyiez que je vous aime.
Merci d'avoir répondu à mon appel".**

25 décembre 1987

**"Chers enfants, réjouissez-vous avec moi ! Mon coeur est dans la joie à cause de Jésus, et aujourd'hui je veux vous le donner. Je souhaite, chers enfants, que chacun ouvre son coeur à Jésus et je vous le donne avec amour. Je souhaite, chers enfants, que Jésus vous transforme, vous enseigne et qu'il vous protège.
Aujourd'hui, je prie pour chacun de façon particulière, et je vous présente à Dieu pour qu'il se manifeste en vous. Je vous demande une prière sincère avec le coeur. Que chacune de vos prières soit une rencontre avec Dieu.**

Dans le travail et dans votre vie de tous les jours, placez Dieu à la première place.
Aujourd'hui, je vous appelle avec gravité : écoutez-moi et faites ce que je vous demande.
Merci d'avoir répondu à mon appel".

— 1988 —

25 janvier 1988

"Chers enfants, aujourd'hui encore, je vous appelle à la conversion complète qui est difficile pour ceux qui n'ont pas choisi Dieu. Je vous demande, chers enfants, une complète conversion à Dieu. Dieu peut vous donner tout ce que vous recherchez auprès de lui. Mais vous le recherchez seulement en cas de maladie, de problèmes ou dans les moments difficiles. Vous pensez que Dieu est loin de vous et qu'il ne vous exauce pas et qu'il n'entend pas vos prières. Non, chers enfants, cela n'est pas la vérité ! Lorsque vous êtes loin de Dieu, vous ne pouvez recevoir les grâces, car vous ne les recherchez pas avec une foi ferme. Je prie de jour en jour pour vous et je souhaite vous rapprocher de plus en plus de Dieu. Mais je ne le peux pas si vous ne le voulez pas. C'est pourquoi, chers enfants, mettez votre vie dans les mains de Dieu. Je vous bénis tous.
Merci d'avoir répondu à mon appel".

25 février 1988

"Chers enfants, aujourd'hui encore, je voudrais vous appeler à la prière et à l'abandon total à Dieu. Sachez que je vous aime et que c'est par amour que je viens ici pour vous montrer le chemin de la paix et du salut de vos âmes. Je veux que vous m'écoutiez et que vous ne permettiez pas à Satan de vous séduire.
Chers enfants, Satan est assez puissant et c'est pour cela que je recherche vos prières pour que vous les présentiez pour ceux qui sont sous son influence, pour qu'ils se sauvent. Témoignez par votre vie. Sacrifiez vos vies pour le salut du monde ! Je suis avec vous et je vous remercie. Au Ciel, vous recevrez du Père la récompense qu'il vous a promise. C'est pourquoi, petits enfants, n'ayez pas peur. Si vous priez, Satan ne peut vous faire aucun mal, car vous êtes les enfants de Dieu et je veille sur vous.

Priez ! Que le chapelet soit toujours en vos mains le signe pour Satan que vous m'appartenez.
Merci d'avoir répondu à mon appel".

25 mars 1988

"Chers enfants, aujourd'hui encore, je vous appelle à l'abandon complet à Dieu. Chers enfants, vous n'êtes pas conscients de quel amour Dieu vous aime. C'est pour cela qu'il me permet d'être avec vous, pour vous enseigner et vous aider à trouver le chemin de la paix. Mais vous ne pouvez pas découvrir ce chemin si vous ne priez pas. C'est pourquoi, chers enfants, laissez tout et consacrez du temps à Dieu. Il vous donnera alors des dons et il vous bénira.
Petits enfants, n'oubliez pas que votre vie est passagère comme la fleur du printemps qui aujourd'hui est merveilleuse, mais dont demain plus personne ne sait qu'elle a existé. C'est pourquoi, priez afin que votre prière et votre abandon à Dieu soient comme un signe sur la route. Ainsi votre témoignage aura une valeur non seulement pour vous, mais pour toute l'éternité.
Merci d'avoir répondu à mon appel".

25 avril 1988

"Chers enfants, Dieu veut faire de vous des saints. C'est pourquoi, il vous appelle par moi à l'abandon complet. Que la sainte messe soit vie pour vous. Comprenez bien que l'église est le palais de Dieu. C'est le lieu où je vous rassemble et où je veux vous montrer le chemin vers Dieu.
Venez et priez ! Ne regardez pas les autres, ne parlez pas d'eux de façon malveillante, mais que votre vie soit un témoignage sur la voie de la sainteté.
Les églises sont dignes de respect. Elles sont sanctifiées, car Dieu qui s'est fait homme y habite jour et nuit. Ainsi donc, petits enfants croyez et priez pour que le Père augmente votre foi et ensuite, recherchez ce qui vous est nécessaire. Je suis avec vous. Je me réjouis de votre conversion et je vous protège de mon manteau maternel.
Merci d'avoir répondu à mon appel".

25 mai 1988

"Chers enfants, je vous appelle à l'abandon complet à Dieu. Priez, petits enfants, pour que Satan ne vous agite pas comme les branches dans le vent. Soyez forts en Dieu. Je veux que par vous le monde entier connaisse le Dieu de la joie. Soyez par votre

vie, les témoins de la joie de Dieu. Ne soyez ni anxieux, ni inquiets. Dieu vous aidera et vous montrera la voie. Je veux que vous aimiez tous les hommes de mon amour, les bons comme les méchants. Seulement ainsi l'amour pourra conquérir le monde. Petits enfants, vous êtes à moi. Je vous aime et je souhaite que vous vous abandonniez à moi, afin que je puisse vous conduire à Dieu. Priez sans cesse pour que Satan ne puisse pas profiter de vous. Priez pour pouvoir comprendre que vous êtes à moi. Je vous bénis d'une bénédiction de joie.
Merci d'avoir répondu à mon appel".

25 juin 1988 - Septième anniversaire des apparitions

"Chers enfants, aujourd'hui je vous invite à l'amour qui est soumis à Dieu et qui lui plaît. Petits enfants, l'amour accepte tout ce qui est amer et difficile, à cause de Jésus qui est amour. Pour cela priez Dieu, chers enfants, pour qu'il vienne vous aider, mais pas selon vos désirs, mais selon son amour.
Abandonnez-vous à Dieu, afin qu'il puisse vous guérir, vous consoler et pardonner en vous tout ce qui est un blocage sur le chemin de l'amour. De cette manière, Dieu peut former votre vie et vous grandirez dans l'amour.
Louez Dieu, petits enfants, avec le chant de louange de l'amour, afin que l'amour de Dieu puisse grandir en vous de jour en jour jusqu'à sa plénitude.
Merci d'avoir répondu à mon appel".

25 juillet 1988

"Chers enfants, aujourd'hui je vous invite à l'abandon total à Dieu. Tout ce que vous faites et tout ce que vous possédez, donnez-le à Dieu afin qu'il règne sur votre vie comme un roi sur tout ce que vous possédez. De cette manière, à travers moi, Dieu peut vous conduire à la profondeur de la vie spirituelle. Petits enfants, n'ayez pas peur, car je suis avec vous même quand vous pensez qu'il n'y a pas d'issue et que Satan règne. Je vous apporte la paix. Je suis votre Mère et la Reine de la Paix. Je suis votre Mère et la Reine de la Paix. Je vous bénis avec la bénédiction de la joie afin que Dieu soit tout pour vous dans la vie.
Merci d'avoir répondu à mon appel".

25 août 1988

"Chers enfants, aujourd'hui, je vous appelle tous à vous réjouir de la vie que Dieu vous a donnée.

Petits enfants, réjouissez-vous en Dieu le créateur car il vous a créés de façon si merveilleuse. Priez pour que votre vie soit un joyeux remerciement qui coule de vos coeurs comme un fleuve de joie.
Petits enfants, remerciez sans cesse pour tout ce que vous possédez, pour tout petit don que Dieu vous fait. Ainsi une bénédiction de joie venant de Dieu descendra toujours sur votre vie.
Merci d'avoir répondu à mon appel".

25 septembre 1988

"Chers enfants, je vous invite tous sans différence au chemin de la sainteté dans vos vies. Dieu vous a fait don de la sainteté. Priez pour mieux connaître ce don, et ainsi vous pourrez témoigner par votre vie pour Dieu.
Chers enfants, je vous bénis et intercède pour vous auprès de Dieu pour que votre chemin et votre témoignage soient complets et donnent de la joie à Dieu.
Merci d'avoir répondu à mon appel".

25 octobre 1988

"Chers enfants, mon invitation à vivre les messages que je donne est un appel de tous les jours. C'est surtout, petits enfants, que je veux vous rapprocher du Coeur de Jésus !
Petits enfants, voilà pourquoi je vous invite aujourd'hui à la prière de consécration à Jésus, mon Fils bien-aimé. Ainsi chacun de vos coeurs lui appartiendra.
Ensuite, je vous invite à la consécration à mon Coeur Immaculé. Je souhaite que vous vous consacriez personnellement, mais aussi en tant que familles et que paroisses. Ainsi tout appartiendra à Dieu par mes mains.
Mais priez, petits enfants, pour saisir la grandeur du message que je vous donne là !
Je ne veux rien pour moi, mais tout pour le salut de vos âmes.
Satan est puissant, c'est pourquoi, petits enfants, par la prière persévérante, blottissez-vous contre mon coeur de Mère.
Merci d'avoir répondu à mon appel".

25 novembre 1988 (reçu aux U.S.A.)

"Chers enfants, je vous invite à la prière, pour que dans la prière vous ayez une rencontre avec Dieu.
Dieu s'offre à vous. Mais il attend de vous que dans votre liberté vous acceptiez son appel. C'est pourquoi, petits enfants, réservez un temps de la journée pour prier dans la paix et l'humilité, pour

rencontrer le Dieu créateur. Je suis avec vous et j'intercède pour vous auprès de Dieu. Ainsi, soyez en éveil pour que chaque rendez-vous dans la prière soit joie de votre rencontre avec Dieu. Merci d'avoir répondu à mon appel".

25 décembre 1988 (reçu aux U.S.A.)

**"Chers enfants, je vous invite à la paix, pour que vous la viviez dans vos coeurs et autour de vous, pour que tous connaissent cette paix qui vient, non pas de vous, mais de Dieu.
Petits enfants, aujourd'hui est un grand jour !
Réjouissez-vous avec moi ! Célébrez la nativité de Jésus avec ma paix. C'est pour cette paix que je suis venue en tant que Mère et Reine de la Paix.
Aujourd'hui, je vous donne ma bénédiction spéciale, pour que vous la portiez à toute créature, pour qu'elle reçoive la paix.
Merci d'avoir répondu à mon appel".**

— 1989 —

25 janvier 1989 (reçu aux U.S.A.)

**"Chers enfants, aujourd'hui encore je vous invite au chemin de la sainteté. Priez pour saisir la beauté et la grandeur de ce chemin, sur lequel Dieu se manifeste à vous de façon particulière. Priez pour être ouvert à tout ce que Dieu fait à travers vous. Et aussi pour remercier Dieu dans vos vies et vous réjouir pour tout ce qu'il réalise par chacun en particulier. Je vous bénis.
Merci d'avoir répondu à mon appel".**

25 février 1989

**"Chers enfants, aujourd'hui, je vous invite à la prière avec le coeur. Durant ce temps de grâces je voudrais que chacun d'entre vous s'unisse à Jésus. Mais sans des prières perpétuelles vous ne pouvez ressentir la beauté et la grandeur des grâces que Dieu vous offre. Ainsi, petits enfants, emplissez vos coeurs, en tout temps, même par de toutes petites prières. Je suis avec vous et je veille sans cesse sur chaque coeur qui se donne à moi.
Merci d'avoir répondu à mon appel".**

25 mars 1989

"Chers enfants, je vous appelle à l'abandon complet à Dieu. Je vous invite à une grande joie, et à cette paix que Dieu seul peut donner.
Je suis avec vous et j'intercède chaque jour pour vous devant Dieu.
Je vous demande, petits enfants, de m'écouter et de vivre les messages que je vous donne. Depuis des années déjà vous êtes tous appelés à la sainteté, or vous en êtes encore loin. Je vous bénis.
Merci d'avoir répondu à mon appel".

25 avril 1989

"Chers enfants, je vous appelle à l'abandon complet à Dieu. Que tout ce que vous possédez soit entre les mains de Dieu.
Ainsi, seulement ainsi, aurez-vous la joie dans le coeur.
Petits enfants, soyez dans la joie pour tout ce que vous avez. Remerciez Dieu, car tout cela est un don de Dieu pour vous. Ainsi pourrez-vous dans votre vie remercier pour tout et découvrir Dieu en tout, même dans la fleur la plus petite.
Vous allez découvrir une grande joie. Vous allez découvrir Dieu.
Merci d'avoir répondu à mon appel".

25 mai 1989

"Chers enfants, je vous demande de vous ouvrir à Dieu. Voyez, petits enfants, comme la nature s'ouvre pour donner fruit et vie De même vous, je vous appelle à la vie en Dieu et à vous abandonner entièrement à lui !
Petits enfants, je suis avec vous et je veux sans cesse vous faire pénétrer la joie de la vie. Je désire que chacun d'entre vous découvre la joie ainsi que l'amour, lequel se trouve seulement en Dieu et que seul lui peut donner.
Dieu ne veut rien d'autre de vous que votre abandon. Ainsi, petits enfants, décidez-vous sérieusement pour Dieu, car tout le reste passera, seul Dieu ne passera jamais. Priez pour découvrir toute la grandeur et la joie de cette vie que Dieu vous donne.
Merci d'avoir répondu à mon appel".

25 juin 1989 - Huitième anniversaire des apparitions

"Chers enfants, aujourd'hui, je vous appelle tous à vivre les messages que je vous ai donnés au cours de ces huits dernières années. Cette période est un temps de grâces et je souhaite, petits

enfants, que la grâce de Dieu soit grande pour chacun d'entre vous.
Je vous bénis et je vous aime d'un amour particulier.
Merci d'avoir répondu à mon appel".

25 juillet 1989

"Chers enfants, aujourd'hui je vous invite au renouvellement du coeur. Ouvrez-vous à Dieu et donnez-lui toutes vos difficultés et vos croix, pour que Dieu transforme tout en joie.
Petits enfants, vous ne pouvez vous ouvrir à Dieu si vous ne priez pas. C'est pourquoi, à partir d'aujourd'hui, décidez de consacrer un temps de la journée uniquement pour rencontrer Dieu dans le silence.
Ainsi pourrez-vous témoigner avec Dieu de ma présence ici.
Petits enfants, je ne veux pas vous forcer, mais donnez librement votre temps à Dieu en tant qu'enfants de Dieu.
Merci d'avoir répondu à mon appel".

25 août 1989

"Chers enfants, je vous invite à la prière. Par la prière, petits enfants, vous obtenez joie et paix. Par la prière vous êtes plus riches de la grâce de Dieu. Ainsi, petits enfants, que la prière soit vie pour chacun d'entre vous.
En particulier, je vous invite à prier pour ceux qui sont loin de Dieu, pour qu'ils se convertissent.
Alors nos coeurs seront plus riches, car Dieu règnera dans le coeur de tous les hommes. C'est pourquoi, petits enfants, priez, priez, priez.
Que la prière règne dans le monde entier.
Merci d'avoir répondu à mon appel".

25 septembre 1989

"Chers enfants, aujourd'hui, je vous invite à remercier Dieu pour tous les dons que vous avez découverts durant votre vie.
Même pour le don le plus petit que vous avez ressenti !
Je remercie avec vous et je désire que vous tous ressentiez la joie des dons et que Dieu soit tout pour chacun d'entre vous. C'est ainsi, petits enfants, que vous pourrez croître continuellement sur le chemin de la sainteté.
Merci d'avoir répondu à mon appel".

25 octobre 1989

"Chers enfants, aujourd'hui encore, je vous invite à la prière. Je vous appelle sans cesse, et pourtant vous êtes encore loin. C'est pourquoi, décidez-vous à partir d'aujourd'hui à consacrer avec sérieux du temps à Dieu.
Je suis avec vous et je souhaite vous apprendre à prier avec le coeur. Dans la prière avec le coeur, vous rencontrerez Dieu.
Ainsi, petits enfants, priez, priez, priez.
Merci d'avoir répondu à mon appel".

25 novembre 1989

"Chers enfants, je vous appelle depuis des années par les messages que je donne. Petits enfants, par les messages je veux créer dans vos coeurs une magnifique mosaïque, afin que je puisse présenter chacun d'entre vous à Dieu comme une image originale.
Pour cela, petits enfants, je souhaite que vos décisions devant Dieu soient libres ; car Dieu vous a donné la liberté ! Pour cela, priez, pour pouvoir vous décider uniquement pour Dieu sans aucune influence de Satan.
Je prie pour vous devant Dieu et je demande votre abandon à Dieu.
Merci d'avoir répondu à mon appel".

25 décembre 1989 - Noël

"Chers enfants, aujourd'hui, je vous bénis particulièrement de ma bénédiction de Mère et j'intercède pour vous auprès de Dieu pour qu'il vous fasse don de la conversion du coeur.
Depuis des années je vous invite à une vie spirituelle profonde dans la simplicité, mais vous êtes tellement froids !
C'est pourquoi, petits enfants, acceptez avec sérieux et vivez les messages, pour que votre âme ne soit pas triste quand je ne serai plus avec vous et quand je ne vous guiderai plus comme un enfant incertain dans ses premiers pas.
Ainsi, petits enfants, lisez tous les jours les messages que j'ai donnés et transformez-les en vie.
Je vous aime, voilà pourquoi je vous invite au chemin du salut avec Dieu.
Merci d'avoir répondu à mon appel".

— 1990 —

25 janvier 1990

"Chers enfants, aujourd'hui, je vous appelle à vous décider à nouveau pour Dieu et à choisir Dieu avant tout et au-dessus de tout ! Ainsi il fera des miracles dans vos vies, et de jour en jour votre vie deviendra joie avec Dieu.
C'est pourquoi, petits enfants, priez et ne laissez pas Satan agir dans vos vies par des malentendus, des incompréhensions et le fait de ne pas vous accepter les uns les autres.
Priez pour comprendre la grandeur et la beauté du don de la vie.
Merci d'avoir répondu à mon appel".

25 février 1990

"Chers enfants, je vous invite à l'abandon à Dieu. En ce temps, je souhaite particulièrement que vous renonciez aux choses auxquelles vous vous êtes liés, mais qui font du mal à votre vie spirituelle.
Ainsi, petits enfants, décidez-vous entièrement pour Dieu et ne laissez pas Satan pénétrer dans vos vies par ces choses qui vous font du mal, à vous et à votre vie spirituelle.
Petits enfants, Dieu s'offre entièrement à vous, mais vous ne pourrez le découvrir et le connaître que dans la prière.
C'est pourquoi, décidez-vous pour la prière !
Merci d'avoir répondu à mon appel".

25 mars 1990

"Chers enfants, je suis avec vous, même si vous n'en avez pas conscience. Je veux vous protéger de tout ce que Satan vous offre et par quoi il veut vous détruire.
Comme j'ai porté Jésus en mon sein, de même vous aussi, chers enfants, je veux vous porter vers la sainteté. Dieu veut vous sauver et vous envoie des messages par l'intermédiaire des hommes, de la nature et par de nombreux autres moyens, qui ne peuvent que vous aider à comprendre qu'il faut changer la direction de votre vie.
Ainsi, petits enfants, comprenez la grandeur du don que Dieu vous accorde par moi, pour que je puisse vous protéger de mon

manteau et vous porter vers la joie de la vie.
Merci d'avoir répondu à mon appel".

25 avril 1990

"Chers enfants, aujourd'hui, je vous invite à accepter avec sérieux et à vivre les messages que je vous donne.
Je suis avec vous et je voudrais, chers enfants, que chacun d'entre vous soit le plus près possible de mon coeur.
C'est pourquoi, petits enfants, priez et recherchez la volonté de Dieu dans votre vie de tous les jours.
Je voudrais que chacun d'entre vous découvre le chemin de la sainteté, pour croître sur ce chemin jusqu'à l'éternité.
Je prierai pour vous et je vais intercéder pour vous devant Dieu pour que vous compreniez la grandeur de ce don que Dieu m'accorde d'être avec vous.
Merci d'avoir répondu à mon appel".

25 mai 1990

"Chers enfants, je vous invite à vous décider avec sérieux à vivre cette neuvaine. Consacrez du temps à la prière et au sacrifice. Je suis avec vous et je souhaite vous aider à croître dans le renoncement et la mortification, pour que vous puissiez saisir la beauté de la vie de ceux qui se donnent à moi de façon particulière.
Chers enfants, Dieu vous bénit de jour en jour et il souhaite la transformation de votre vie. Ainsi priez pour avoir la force de changer votre vie.
Merci d'avoir répondu à mon appel".

25 juin 1990 - Neuvième anniversaire des apparitions

"Chers enfants, aujourd'hui, je veux vous remercier pour tous les sacrifices et pour toutes les prières. Je vous bénis de ma bénédiction spéciale de Mère. Je vous appelle tous à vous décider pour Dieu et à découvrir de jour en jour sa volonté dans la prière.
Chers enfants, je voudrais tous vous inviter à la conversion complète, pour que la joie soit dans vos coeurs.
Je suis heureuse de vous voir ici aujourd'hui en si grand nombre.
Merci d'avoir répondu à mon appel".

25 juillet 1990

"Chers enfants, aujourd'hui, je vous invite à la paix.
Je suis venue ici en tant que Reine de la Paix et je veux vous enrichir de ma paix maternelle.

Chers enfants, je vous aime et je voudrais tous vous mener à cette paix que Dieu seul peut donner et qui enrichit chaque coeur. Je vous appelle à devenir les porteurs et les témoins de ma paix dans ce monde sans paix. Que la paix règne dans le monde entier, car ce monde est inquiet et désire la paix.
Je vous bénis de ma bénédiction maternelle.
Merci d'avoir répondu à mon appel".

25 août 1990

"Chers enfants, aujourd'hui je désire vous inviter à prendre au sérieux et à mettre en pratique les messages que je vous donne. Sachez, petits enfants, que je suis avec vous et que je veux vous guider tous au Ciel par un même chemin, qui est beau pour ceux qui le découvrent dans la prière. Pour cela, petits enfants, n'oubliez pas que ces messages que je vous donne, vous devez les vivre dans votre vie quotidienne, afin de pouvoir dire "Voilà, j'ai fait miens les messages et j'ai essayé de les vivre". Chers enfants, je vous protège par mes prières devant le Père céleste.
Merci d'avoir répondu à mon appel".

25 septembre 1990

"Chers enfants, je vous appelle à la prière avec le coeur, pour que votre prière soit un dialogue avec Dieu. Je souhaite que chacun d'entre vous consacre davantage de temps à Dieu. Satan est fort, il veut vous détruire et vous tromper de mille manières. Ainsi, chers petits enfants, priez chaque jour afin que votre vie soit un bien pour vous-mêmes et pour tous ceux que vous rencontrez. Je suis avec vous et je vous protège, bien que Satan veuille détruire mes plans et arrêter les désirs que le Père céleste veut réaliser ici.
Merci d'avoir répondu à mon appel.

25 octobre 1990

"Chers enfants, aujourd'hui, je vous invite à prier de façon particulière, et à présenter des sacrifices et des bonnes actions pour la paix dans le monde. Satan est puissant et il veut de toutes ses forces détruire la paix qui vient de Dieu.
C'est pourquoi, chers enfants, priez de manière spéciale avec moi, pour la paix. Je suis avec vous, je veux vous aider par ma prière, et veux vous mener sur le chemin de la paix. Je vous bénis de ma bénédiction maternelle. N'oubliez pas de vivre les messages de paix.
Merci d'avoir répondu à mon appel".

25 novembre 1990

**"Chers enfants, aujourd'hui je vous invite à faire des oeuvres de miséricorde, avec amour et par amour pour moi et pour nos frères et soeurs (les vôtres et les miens).
Chers enfants, tout ce que vous faites pour les autres, faites-le dans une grande joie et avec humilité envers Dieu. Je suis avec vous, et de jour en jour je présente vos sacrifices et vos prières à Dieu, pour le salut du monde.
Merci d'avoir répondu à mon appel".**

25 décembre 90

**"Chers enfants, aujourd'hui je vous invite de façon particulière à prier pour la paix.
Chers enfants, sans la paix vous ne pouvez faire l'expérience de la naissance de Jésus enfant, ni aujourd'hui ni dans votre vie quotidienne. C'est pourquoi, priez le Seigneur de la paix pour qu'il vous protège de son manteau, et qu'il vous aide à saisir la grandeur et l'importance de la paix dans vos coeurs. Ainsi, vous pourrez répandre la paix de vos coeurs dans le monde entier.
Je suis avec vous et j'intercède pour vous devant Dieu. Priez, car Satan veut détruire mes plans de paix. Réconciliez-vous et aidez par vos vies à faire régner la paix sur toute la terre.
Merci d'avoir répondu à mon appel".**

Chapitre 3

LOCUTIONS INTÉRIEURES DE JELENA ET DE MARIJANA de février 1982 au 30 juillet 1987

- Chronologie faite d'après le livre *Words from Heaven*, Saint James Publisching, 1990.

- Traduction :

soit reprise dans le livre du père Laurentin pour les messages,

soit faite par nos soins pour tout ce qui ne figure pas dans le livre du père René Laurentin, ainsi que toutes les phrases de contexte et de situation entre les messages.

Jelena et Marijana Vasilj reçoivent des locutions intérieures et des visions intérieures. Par ces deux jeunes filles la Sainte Vierge guide un groupe de prière et donne des conseils spirituels à la paroisse de Medjugorje.

Jelena et Marijana voient Marie en deux dimensions ("comme au cinéma" disent-elles).

Fin février et début mars

Messages reçus par Jelena :

"Chers enfants, si vous saviez combien je vous aime, votre coeur en pleurerait".
"Si quelqu'un est là qui vous demande quelque chose, donnez-le lui".
"Moi aussi, je me tiens devant beaucoup de coeurs, et ils ne s'ouvrent pas. Priez pour que le monde accueille mon amour".
"Chers enfants, je voudrais que le monde entier soit mon enfant, mais il ne veut pas. Je veux tout donner pour lui. Pour cela priez".

Les 4 et 10 avril 1982

Jelena demanda à Notre-Dame la signification de sa vision. Elle a vu Jésus tenant la main de Marie. Il y avait beaucoup de mots écrits sur le bras et la paume de Jésus. Jelena pouvait lire l'inscription : "Gloire", sur la paume de Jésus.

"Ce sont les noms de tous ceux qui sont inscrits dans le coeur de Jésus".

29 décembre 1982

Jelena demande si les dix secrets lui seront révélés ?

"Je ne t'apparais pas comme aux autres six, parce que mon dessein est différent. A eux j'ai confié des messages et des secrets. Pardonne-moi si je ne peux pas te dire les secrets que je leur ai confiés ; il s'agit d'une grâce qui est pour eux, mais non pas pour toi. Je t'apparais afin de t'aider à progresser dans la vie spirituelle et, par ton intermédiaire, je veux mener les personnes à la sainteté".

— 1983 —

Début 1983

Jelena interroge la Vierge sur l'authenticité des apparitions aux six voyants et sur le signe qu'elle a promis.

"Pardonne-moi, mais tu ne peux pas le savoir ; c'est un don spécial pour eux. Toi, tu devras y croire comme tous les autres. Cependant tout ce qu'ils disent correspond à la vérité".

Mardi 1er mars 1983

A Jelena :

"Transcris toutes les leçons que je te donne pour la vie spirituelle ; plus tard tu les remettras aux autorités de l'Eglise".

4 avril 1983

Jelena donne un message au père Tomislav Vlasic concernant un problème de la paroisse dont elle n'était pas au courant :

"N'ayez recours à personne. Quand vous avez un problème vous devez rester souriant et prier. Quand Dieu commence un travail, personne ne peut l'arrêter".

Notre Dame dit :

"Priez, jeûnez, laissez faire Dieu".
"Ne vous plaignez à personne. Si la police vous cause des ennuis, passez votre chemin, joyeux et calmes. Priez pour elle. Quand Dieu se met à l'oeuvre, personne ne peut l'arrêter.

Selon le père Vlasic, les locutions intérieures qui suivent ont été reçues par Jelena après le 15 décembre 1982 :

"Dépêchez-vous de vous convertir. N'attendez pas le grand signe. Pour les incroyants, il sera alors trop tard pour se convertir. Pour ceux qui ont la foi, ce moment constitue une grande chance pour se convertir et approfondir leur foi. Jeûnez au pain et à l'eau avant toute fête et préparez-vous par la prière.
Jeûnez une fois par semaine au pain et à l'eau en l'honneur de l'Esprit Saint, excepté le vendredi. Soyez le plus grand nombre de personnes possible à prier et à jeûner pendant la neuvaine à l'Esprit Saint afin qu'il se répande sur l'Eglise.
Jeûnez et priez pour l'Evêque".

Mercredi 20 avril 1983

La Sainte Vierge en larmes dit à Jelena :

"Je donne toutes les grâces à ceux qui commettent des péchés graves, mais ils ne se convertissent pas. Priez, priez pour eux ! N'attendez pas vendredi, priez maintenant. Aujourd'hui vos prières et votre pénitence me sont nécessaires".

Lundi 25 avril 1983

"Convertissez-vous. Ce sera trop tard quand viendra le signe. Auparavant, plusieurs avertissements seront donnés au monde. Que l'on se hâte de se convertir. J'ai besoin de vos prières et de votre pénitence".

Vendredi 29 avril 1983

Jelena demande pourquoi Marijana (11 ans) qui voit la Vierge en même temps qu'elle ne l'entend pas.

"Je ne veux pas vous séparer".

La Gospa veut-elle dire que les deux jeunes filles sont complémentaires ?

Mercredi 25 mai 1983

"Rassemble une vingtaine de jeunes qui sont prêts à suivre sans réserve Jésus. Réunis-les dans un délai d'un mois. Je les initierai à la vie spirituelle. Ils peuvent même être plus de vingt. Même des adultes et des enfants peuvent en faire partie ; tous ceux qui en accepteront la règle.
A ces personnes je demanderai de faire pénitence pour certaines intentions. Elles jeûneront et prieront pour l'Evêque. Elles renonceront à ce à quoi elles tiennent le plus, boisson, café, plaisirs, télévision. Il faut qu'il y ait des personnes désirant se consacrer à la vie religieuse. Et d'autres, prêtes à se consacrer plus spécialement à la prière et au jeûne. Je leur donnerai des règles à suivre (voir le 16 juin 1983).
Les personnes qui suivront ces règles seront consacrées, quel que soit leur état".

Samedi 28 mai 1983

"C'est très beau de rester le jeudi pour l'adoration de mon Fils dans le Saint-Sacrement de l'autel. C'est également beau de vénérer la croix chaque vendredi. Je souhaite que chaque samedis, qui est le jour que l'Eglise m'a dédié, vous me consacriez au moins un quart d'heure. Méditez, pendant ce temps, ma vie, mes messages et priez !"

Vendredi 10 juin 1983

Après une dispute entre Marijana, Jelena et Anita, les deux premières se réconcilient et entrent dans l'église. Quand Anita entre à son tour, elle leur tend la main. Cela les remplit de joie.

Notre-Dame dit :

"J'attendais depuis un bon moment votre victoire. Continuez ainsi".

Jeudi 16 juin 1983

Notre-Dame dicte à Jelena les règles du groupe de prière dont elle avait souhaité la constitution le 25 mai :

"1 - Renoncez à toutes les passions et désirs désordonnés. Evitez la télévision, particulièrement les émissions néfastes, les sports excessifs, la jouissance intempestive de nourriture et de

boissons, l'alcool, le tabac, etc.
2 - Abandonnez-vous sans restriction aucune à Dieu.
3 - Bannissez définitivement toute angoisse. Qui s'abandonne à Dieu n'a pas de place dans son coeur pour l'angoisse. Les difficultés subsisteront, mais elles serviront à la croissance spirituelle et rendront gloire à Dieu.
4 - Aimez vos adversaires. Bannissez du coeur haine, amertume, jugements préconçus. Priez pour vos adversaires et appelez la bénédiction divine sur eux.
5 - Jeûnez deux fois par semaine au pain et à l'eau. Rejoignez le groupe au moins une fois par semaine.
6 - Consacrez journellement au moins trois heures à la prière, dont au moins une demi-heure matin et soir. Dans ce temps de prière sont comprises la sainte messe et la prière du Rosaire. Réservez-vous des instants de prière au cours de la journée et, chaque fois que les circonstances le permettent, recevez la sainte communion. Priez avec un grand recueillement. Ne regardez pas sans cesse la montre, mais laissez-vous conduire par la grâce de Dieu. Ne vous souciez pas trop des choses de ce monde, mais confiez tout cela dans la prière à notre Père céleste. Si on est trop préoccupé, on ne peut pas bien prier, car la sérénité intérieure fait défaut. Dieu contribuera à conduire à bonne fin les choses d'ici-bas, si on s'efforce d'oeuvrer pour les siennes.
Ceux qui fréquentent l'école ou vont au travail doivent prier une demi-heure le matin et le soir et, si possible, participer à l'Eucharistie. Il faut étendre l'esprit de prière au travail quotidien, c'est-à-dire accompagner le travail par la prière.
7 - Soyez prudents car le démon tente tous ceux qui ont pris la résolution de se consacrer à Dieu, et plus particulièrement ceux-là. Il leur suggérera qu'ils prient trop, qu'ils jeûnent trop ; qu'ils doivent être comme les autres jeunes et aller à la recherche des plaisirs. Qu'ils ne l'écoutent pas et ne lui obéissent pas ! C'est à la voix de la Vierge qu'ils doivent prêter attention. Lorsqu'ils seront raffermis dans la foi, le démon ne pourra plus les séduire.
8 - Priez beaucoup pour l'Evêque et les responsables de l'Eglise. Pas moins de la moitié de leurs prières et de leurs sacrifices doit être consacrée à cette intention".

A Jelena :

"Je suis venue dire au monde : Dieu est vérité. Il existe. En lui est le vrai bonheur et la plénitude de vie. Je suis venue ici en Reine de la Paix pour dire au monde que la paix est nécessaire au salut du monde. En Dieu se trouve la vraie joie, de laquelle dérive la vraie paix".

Printemps 1983

Concernant Anita, à qui la Vierge apparaît, mais qui ne peut rejoindre Jelena et Marijana à cause de ses obligations :

"Si elle ne peut venir à cause de ses obligations, qu'elle prie un quart d'heure au moins et je lui apparaîtrai et la bénirai".

Mercredi 22 juin 1983

"Aimez vos ennemis et bénissez-les !"

Mardi 28 juin 1983

"Priez trois heures par jour. Vous priez trop peu. Priez au moins une demi-heure matin et soir".

Samedi 2 juillet 1983

"Consacrez cinq minutes au Sacré-Coeur. Chaque famille en est l'image".

Lundi 4 juillet 1983

"Vous avez commencé à prier trois heures par jour. Mais vous regardez la montre, préoccupés par votre travail. Soyez préoccupés de l'unique essentiel. Laissez-vous guider par l'Esprit Saint en profondeur. Alors votre travail ira bien. Ne vous hâtez pas. Laissez-vous guider, et vous verrez que tout s'achèvera bien".

Mardi 26 juillet 1983

"Soyez sur vos gardes. Cette période est dangereuse pour vous. Le démon cherchera à vous détourner de cette voie. Ceux qui se donnent à Dieu seront l'objet d'attaques".

Mardi 2 août 1983

"Consacrez-vous au coeur immaculé. Abandonnez-vous totalement. Je vous protègerai. Je prierai l'Esprit Saint. Priez-le vous aussi".

Lundi 15 août 1983

"Voyez comme je suis heureuse ici ! Ils sont nombreux à m'honorer. Cependant n'oubliez pas qu'en d'autres endroits il y a encore davantage de personnes qui me blessent et m'offensent".

"Ne soyez pas dans l'inquiétude. Que la paix unisse vos coeurs. Tout trouble vient de Satan".

Aux jeunes qui vont reprendre l'école :

"Prenez garde de ne pas diminuer l'esprit de prière".
"Satan est enragé contre ceux qui jeûnent et ceux qui se convertissent".

Vendredi 16 septembre 1983

A Jelena, un message pour le Pape :

"Prie, prie, prie ! Ne te décourage pas. Sois en paix puisque Dieu te donne la grâce de défaire Satan".
"Dans mes messages je recommande à tous, et au Saint-Père en particulier, de propager le message que j'ai reçu de mon Fils, ici à Medjugorje. Je désire confier au Pape le mot avec lequel je suis venue ici : "mir", la paix, qu'il doit répandre partout. Et voici un message spécialement pour lui : qu'il réunisse le peuple chrétien par ses paroles et ses prédications. Qu'il répande, particulièrement parmi les jeunes, les messages reçus du Père dans ses prières, lorsque Dieu l'inspire".

Jeudi 29 septembre 1983

"Je désire qu'une grande paix et qu'un grand amour grandissent en vous. Par conséquent, priez !".

Concernant des prêtres de Liverpool :

"Prêchez mes messages. Parlez des événements de Medjugorje. Continuez de croître dans vos prières".

Automne 1983

"Chers enfants, nous ne vivons pas seulement que du travail. Mais nous vivons aussi de la prière".

Jeudi 20 octobre 1983

A Jelena, pour le groupe de prière :

"Je vous demande un engagement pour quatre ans. Ce n'est pas encore le moment de choisir votre vocation. L'important, c'est d'abord d'entrer dans la prière. Après vous ferez le juste choix".

Pour la paroisse :

"Que toutes les familles se consacrent au Sacré-Coeur, chaque

jour. Je suis très heureuse quand toute la famille se réunit pour prier chaque matin une demi-heure".

Lundi 24 octobre 1983 :

A Jelena, pour le groupe de prière

"Si vous priez, une source de vie coulera de vos coeurs. Si vous priez avec force, si vous priez avec foi, vous recevrez des grâces de cette source, et votre groupe se fortifiera".

Mardi 25 octobre 1983

A Jelena :

"Priez, priez, la prière vous donnera tout. C'est avec la prière que vous pouvez tout obtenir".

Mercredi 26 octobre 1983

A Jelena :

"Je répands sur vous ma bénédiction et mon coeur désire être avec vous".

Jeudi 27 octobre 1983

A Jelena :

"Priez, priez, priez ! Vous ne tirerez rien du bavardage, mais seulement de la prière. Si l'on vous questionne sur moi et sur ce que je dis, répondez : Cela ne sert à rien d'expliquer. C'est en priant que nous comprendrons mieux".

Vendredi 28 octobre 1983

A Jelena :

"Je vois que vous êtes fatigués. Je désire vous soutenir dans votre effort, vous prendre dans mes bras pour que vous soyez auprès de moi. A tous ceux qui désirent me poser des questions, je dirai : Il n'y a qu'une réponse : priez ! Une foi forte, une prière intense et le jeûne.

Samedi 29 octobre 1983

A Jelena :

"Je vous donne mon coeur, accueillez-le ! Je ne voudrais pas vous faire de la peine, ni cesser de vous parler, mais je ne peux

pas rester toujours avec vous. Il faut vous y habituer. Cependant je désire être constamment avec vous de coeur. Il faut beaucoup prier, ne pas dire : "Si aujourd'hui nous n'avons pas prié, ce n'est pas grave". Il faut vous efforcer de prier. La prière est le seul chemin qui conduit à la paix. Si vous priez et jeûnez, vous obtiendrez tout ce que vous demandez".

Dimanche 30 octobre 1983

A Jelena :

"Pourquoi ne vous confiez-vous pas à moi ? Je sais que vous priez longtemps, mais livrez-vous vraiment. Abandonnez vos soucis à Jésus. Ecoutez ce qu'il dit dans l'Evangile : '*Et qui d'entre vous peut, par son inquiétude, ajouter une seule coudée à la longueur de sa vie ?*' (Mt 6, 27)".
"Priez aussi le soir, quand vous avez fini votre journée. Asseyez-vous dans votre chambre et dites à Jésus : 'Merci !'
"Si, le soir, tu t'endors dans la paix et en priant, le matin tu te réveilleras en pensant à Jésus. Tu pourras alors le prier pour la paix. Mais si tu t'endors dans la distraction, le lendemain sera embrumé et tu oublieras même de prier".

Lundi 31 octobre 1983

A Jelena :

"Je sais que vous avez prié aujourd'hui et que vous avez fait tout votre travail en priant. Cependant j'ai une intention particulière pour laquelle je vous demande de dire chaque jour sept "Pater", sept "Ave", ainsi que le "Credo".

Vendredi 4 novembre 1983

A Jelena :

"Je désire que tu leur dises que demain c'est un jour de jeûne pour vous sanctifier dans l'Esprit Saint. Et priez ! Que ce message soit transmis au groupe".

Samedi 5 novembre 1983

Jelena : "Notre-Dame nous a regardés tendrement et a dit " :

"Je sais, mes enfants que vous avez travaillé et prié aujourd'hui. Mais, je vous en prie, soyez généreux, persévérez, continuez à prier".

Dimanche 6 novembre 1983

A Jelena :

"Où sont les prières que vous m'adressiez ? Mes vêtements étaient étincelants, les voici trempés de larmes. Oh, si vous saviez comme le monde est aujourd'hui plongé dans le péché ! Il vous semble que le monde ne pèche plus, car ici vous vivez dans un univers paisible où il n'y a ni désordre, ni perversité. Si vous saviez combien sont tièdes dans leur foi, combien n'écoutent pas Jésus. Ah, si vous saviez combien je souffre, vous ne pécheriez plus ! Oh, comme j'ai besoin de vos prières ! Priez !"

Lundi 7 novembre 1983

A Jelena :

"Ne vous confessez pas par habitude, pour rester les mêmes après cela. Non, ce n'est pas bien. La confession doit donner une impulsion à votre foi. Elle doit vous stimuler et vous rapprocher de Jésus. Si la confession ne signifie rien pour vous, en vérité, vous vous convertirez difficilement".

Mardi 8 novembre 1983

A Jelena :

"Priez et jeûnez ! Tout ce que vous pouvez faire pour moi, c'est de prier et jeûner".

Mercredi 9 novembre 1983

A Jelena :

"Priez ! J'ai tant besoin de vos prières. Donnez-moi vos coeurs".

Jeudi 10 novembre 1983

A Jelena :

"Je vous demande de prier. C'est tout ce que j'attends de vous. N'oubliez pas de prier le Seigneur, matin et soir. Priez, priez !"

Vendredi 11 novembre 1983

A Jelena :

"Priez ! Vous pouvez tout, oui, vous le pouvez par la prière. Mettez une image des coeurs de Jésus et de Marie dans vos maisons".

Samedi 12 novembre 1983

A Jelena :

"Donnez-moi vos coeurs, ouvrez-les-moi".

"Vous devez redoubler d'efforts. Jour après jour, augmentez votre ferveur".

Dimanche 13 novembre 1983

A Jelena :

"Priez, et faites-le avec ferveur. Incluez le monde entier dans votre prière. Priez, car la prière fait vivre".

En réponse à une question, la Gospa dit seulement :

"Priez et vous comprendrez cela un jour".

Lundi 14 novembre 1983

A Jelena :

"Priez, car la prière est vie. Par elle et en elle, vous vivez dans la prière".

Mardi 15 novembre 1983

A Jelena :

"Priez et jeûnez !"

A l'intention du groupe :

"Je vous ai fait souvent des reproches. Priez avec moi. Commencez dès maintenant".

Mercredi 16 novembre 1983

A Jelena :

"Priez et jeûnez. Que tous les membres de votre groupe viennent le mardi, autant que possible. Parlez-leur du jeûne. Jeûnez trois jours par semaine pour l'Evêque. Si cela ne peut se faire pour tous le même jour, que chacun le fasse quand il le pourra".

Jeudi 17 novembre 1983

A Jelena :

"Priez ! Si je vous demande toujours de prier, ne pensez pas que vos prières ne sont pas bonnes. Mais je vous invite à prolonger

votre prière personnelle, à prier plus intensément pour les autres".

Vendredi 18 novembre 1983

A Jelena :

"A Medjugorje, beaucoup avaient bien commencé mais se sont tournés vers les biens matériels et ils oublient le seul bien".

Samedi 19 novembre 1983

A Jelena :

"Mes enfants, priez seulement !"

Dimanche 20 novembre 1983

A Jelena :

"Mes enfants, ne croyez pas tout ce qu'on vous raconte. Il ne faut pas, à cause de cela, faiblir dans la foi".

Lundi 21 novembre 1983

A Jelena :

"Mardi, c'est-à-dire demain, tout le groupe trouvera la paix dans la prière, tous ses membres seront vivifiés dans la prière, comme c'est le désir de Jésus. Il confie à chacun quelque chose et désire de chacun quelque chose. Il leur faut revenir à leurs promesses faites au début, et prier".

Mardi 22 novembre 1983

A Jelena :

"Priez, priez, priez... Priez, mes enfants. Priez, car seule la prière peut vous sauver".

Mercredi 23 novembre 1983

A Jelena :

"O mes doux enfants, priez ! Je vous demande seulement de prier. Vous voyez vous-mêmes que seule la prière peut sauver".

Jeudi 24 novembre 1983

A Jelena :

"Priez et jeûnez !"

Vendredi 25 novembre 1983

"Priez et jeûnez".

Samedi 26 novembre 1983

"Prière et jeûne".

Dimanche 27 novembre 1983

A Jelena :

"Mes enfants, priez et gardez votre âme pure. Je désire être constamment avec vous".

Lundi 28 novembre 1983

A Jelena :

"Priez, priez ! Que la paroisse prie chaque jour les coeurs de Jésus et de Marie pendant la neuvaine de l'Immaculée Conception".

Ce jour-là des prières lui furent "dictées" :
Consécration au Coeur de Jésus

O Jésus, nous savons que tu es doux (Mt 11, 29)
Que tu as donné ton coeur pour nous,
Il a été couronné d'épines par nos péchés.
Nous savons qu'aujourd'hui encore tu pries pour nous,
Afin que nous ne nous perdions pas.
Jésus, rappelle-toi de nous, si nous tombons dans le péché.
Par ton coeur très saint,
Fais que nous nous aimions tous les uns les autres.
Fais que disparaisse la haine entre les hommes.
Montre-nous ton amour.
Tous, nous t'aimons.
Et nous désirons que tu nous protèges,
Avec ton coeur de bon pasteur.
Entre en chaque coeur, Jésus !
Frappe à la porte de nos coeurs.
Sois patient et tenace avec nous.
Nous sommes encore enfermés en nous-mêmes,

**Parce que nous n'avons pas compris ta volonté.
Frappe sans relâche, ô Jésus,
Fais que nos coeurs s'ouvrent à toi,
Au moins en nous souvenant de la passion
Que tu as soufferte pour nous.
Amen.**

Consécration au coeur immaculé de Marie

**O coeur immaculé de Marie, débordant de bonté,
Montre-nous ton amour pour nous.
Que la flamme de ton coeur, ô Marie,
Descende sur tous les peuples.
Nous t'aimons immensément.
Imprime en nos coeurs un véritable amour.
Que notre coeur languisse de toi.
O Marie, douce et humble de coeur,
Souviens-toi de nous, quand nous péchons.
Tu sais que nous, les hommes, nous sommes pécheurs.
Par ton coeur très saint et maternel,
Guéris-nous de toute maladie spirituelle.
Rends-nous capables de regarder
La bonté de ton coeur maternel,
Et qu'ainsi nous nous convertissions
A la flamme de ton coeur.
Amen.**

Mardi 29 novembre 1983 :

"Priez !"

A l'intention du groupe de prière :

"Je suis votre mère pleine de bonté et Jésus est votre grand ami. Ne craignez rien en sa présence, donnez-lui votre coeur. Du fond du coeur, dites-lui vos souffrances. Ainsi vous serez vivifiés dans la prière, avec un coeur libre, dans une paix sans crainte" .

Mercredi 30 novembre 1983

"Priez, priez, priez !"

Novembre 1983

La Sainte Vierge dit à Jelena que la messe serait désormais précédée de la prière à l'Esprit saint :

"Avant la messe, il faut prier le Saint-Esprit".

Jeudi 1er décembre 1983

"Merci à vous tous qui êtes venus si nombreux durant cette année, malgré la neige, le verglas et le mauvais temps, pour prier Jésus. Continuez, tenez bon dans la souffrance. Vous savez bien que lorsqu'un ami vous demande quelque chose, vous le lui donnez. Ainsi en est-il pour Jésus : quand vous priez sans cesse et que vous venez malgré votre fatigue, il vous donnera tout ce que vous lui demanderez. Pour cela, priez !".

Vendredi 2 décembre 1983

A Jelena :

"Merci, merci à tous !"

Au sujet de cette soirée très froide :

"Soyez assez bons pour venir à la messe, sans chercher d'excuse. Montrez-moi que vous avez un coeur généreux".

Dimanche 4 décembre 1983

A Jelena :

"Priez, priez, priez seulement ! La prière doit être pour vous, non seulement une habitude, mais une source de bonheur. Vous devez vivre de prière".

Mardi 6 décembre 1983

A Jelena :

"Priez, priez ! Si vous priez, je vous garderai et serai avec vous".

Mercredi 7 décembre 1983 - veille de l'Immaculée Conception

A Jelena :

"Demain sera vraiment pour vous un jour béni, si chaque instant est consacré à mon Coeur Immaculé. Livrez-vous à moi. Efforcez-vous de faire croître votre joie, de vivre dans la foi, de changer vos coeurs".

Jeudi 8 décembre 1983

A Jelena :

"Merci mes enfants d'être venus si nombreux, merci. Continuez vos efforts, soyez persévérants et tenaces. Priez sans cesse".

Dimanche 11 décembre 1983

A Jelena :

"Priez et jeûnez ! Je souhaite que la prière se renouvelle dans vos coeurs chaque jour. Priez davantage, oui, davantage chaque jour".

Lundi 12 décembre 1983

A Jelena :

"Priez, priez, ainsi je vous protègerai. Priez et abandonnez-moi vos coeurs, car je souhaite être avec vous".

Mardi 13 décembre 1983

A Jelena :

"Priez et jeûnez ! Je ne veux rien vous dire d'autre".

Mercredi 14 décembre 1983

"Priez et jeûnez ! Je vous demande la prière".

Jeudi 15 décembre 1983

"Faites jeûner jeudi et vendredi pour l'Evêque".

Au sujet de prédictions catastrophiques :

"Cela vient de faux prophètes. Ils disent : tel jour, à telle date, il y aura une catastrophe. J'ai toujours dit que le malheur viendra, si le monde ne se convertit pas. Appelez le monde à la conversion. Tout dépend de votre conversion".

Vendredi 16 décembre 1983

"Priez et jeûnez seulement !"

Samedi 17 décembre 1983

A Jelena :

"Priez et jeûnez !"

Dimanche 18 décembre 1983

A Jelena :

"En cette neuvaine pour Noël, priez tant que vous pouvez, je vous le demande".

Lundi 19 décembre 1983

A Jelena :

"Priez !".

Mardi 20 décembre 1983

A Jelena :

"Priez !"

A l'intention du groupe de prière :

"Jeûnez mercredi, jeudi et vendredi".

Mercredi 21 décembre 1983

A Jelena :

"Mes enfants, je vous le répète, priez et jeûnez".

Jeudi 22 décembre 1983

A Jelena :

"Priez ! Ce qui est le plus important pour votre corps, c'est la prière. Priez !"

Vendredi 23 décembre 1983

A Jelena :

"Priez, priez, surtout demain. Je désire vos prières".

Samedi 24 décembre 1983

A Jelena :

"Priez, priez, mes enfants. Je désire que toute cette nuit se passe dans la prière".

Dimanche 25 décembre 1983 - Noël

A Jelena :

"Mes enfants, priez ! Je ne peux vous dire autre chose que : priez ! Sachez que dans votre vie il n'y a rien de plus important que la prière".

Lundi 26 décembre 1983

A Jelena :

"Mes enfants, priez, priez encore. Il ne faut pas dire : Notre Dame ne fait que répéter : priez ! Je ne puis vous dire autre chose que de prier. Vous aviez besoin de vivre ce Noël dans la prière. Vous vous êtes beaucoup réjouis de ce Noël, mais vos coeurs n'ont pas atteint et vécu ce que vous avez désiré. Personne ne s'est retiré dans sa chambre pour remercier Jésus".

Mardi 27 décembre 1983

A Jelena :

"Mes enfants, priez, priez, priez ! Souvenez-vous que le plus important dans votre vie, c'est la prière".

Mercredi 28 décembre 1983

"Mes enfants, comprenez que le plus important de votre vie, c'est la prière".

Jeudi 29 décembre 1983

A Jelena :

"Je souhaite qu'un seul amour, une seule paix fleurisse sur vous, priez donc".

Vendredi 30 décembre 1983

A Jelena :

"Mes enfants, priez et jeûnez ! Je désire vous fortifier, mais la prière seule est votre force".

Samedi 31 décembre 1983

A Jelena :

**"Pour vous je souhaite seulement que cette nouvelle année soit réellement sainte. En ce jour, allez donc vous confesser et purifiez-vous en cette nouvelle année".
Des prières pour l'Evêque furent demandées au groupe.**

1983

"Quand les autres vous créent des difficultés, ne vous défendez pas, priez plutôt".

1983

"Je désire que vous soyez une fleur qui fleurisse pour Jésus à Noël. Une fleur qui ne cesse de fleurir quand Noël sera passé. Je voudrais que vous ayez un coeur de berger pour Jésus".
"Chers enfants, quand quelqu'un vient à vous et vous demande une faveur, répondez en donnant. Je me suis trouvée devant tant de coeurs qui ne s'ouvraient pas à moi. Priez pour que le monde veuille accepter mon amour de plein gré".

1983

"Prenez-moi au sérieux. Quand Dieu vient parmi les hommes, il ne vient pas pour plaisanter mais pour dire des choses sérieuses".

— 1984 —

Lundi 2 janvier 1984

"Pourquoi avez-vous cessé de dire la prière au Saint-Esprit ? Je vous ai demandé de prier toujours et en tout temps pour que l'Esprit Saint se répande sur vous tous. Pour cela, recommencez à prier.
Nous avions cessé de dire la prière à l'Esprit Saint, pensant qu'elle se disait seulement jusqu'à Noël".

Mardi 3 janvier 1984

"Mes enfants, priez ; je le répète, priez ! Sachez que dans votre vie, le plus important, c'est la prière".

Mercredi 4 janvier 1984

"Avant tout, priez ! Cela, je ne cesse de vous le demander".

Dimanche 15 janvier 1984

"Je sais que je vous parle très souvent de la prière. Mais sachez-le, il y a dans le monde beaucoup de personnes qui ne prient pas, qui ne savent même pas quoi dire dans la prière" .

Mardi 17 janvier 1984

"Priez et jeûnez ! Je désire que dans vos coeurs fleurissent la prière et le jeûne".

Mercredi 18 janvier 1984

A Jelena :

"Priez et jeûnez !"

A l'intention du groupe :

"Que tous se lèvent tôt, les uns pour aller à l'école, d'autres à leur travail, d'autres encore pour aider les pauvres comme eux, ainsi que tous ceux qui ont besoin de secours".

Jeudi 19 janvier 1984

"Priez et jeûnez, car sans la prière vous ne pouvez rien faire".

Samedi 21 janvier 1984

"Priez et jeûnez. N'abandonnez pas la méditation. A la maison, méditez au moins une demi-heure".

Dimanche 22 janvier 1984

"Priez et jeûnez. A tous ceux qui se mortifient, je permets de le faire tout au plus trois fois par semaine. Qu'ils ne le prolongent pas".

Lundi 23 janvier 1984

"Priez et jeûnez. Vous n'avez pas encore bien compris ce que veut dire : prier. Puissiez-vous comprendre cela, je le désire tant".

Mardi 24 janvier 1984

"Priez beaucoup ! Je désire vous imprégner de prière".

Mercredi 25 janvier 1984

"Priez et jeûnez ! Vous avez besoin de vigueur dans la prière. Puissiez-vous prier dans le recueillement, longuement et avec ferveur".

Jeudi 26 janvier 1984

"Merci d'adorer mon Fils dans l'hostie. Cela me touche beaucoup. Quant à vous, priez ! Je désire vous voir heureuses".

Vendredi 27 janvier 1984

"Priez et jeûnez. Je désire que vous approfondissiez continuellement votre vie dans la prière. Faites tous les matins la prière de consécration au coeur de Marie. Faites-la en famille. Récitez chaque matin l'"Angelus", cinq "Pater", "Ave" et "Gloria" en l'honneur de la Sainte Passion et un sixième pour notre Saint-Père, le Pape. Ensuite dites le "Credo" et la prière au Saint-Esprit. Et, si c'est possible, il serait bon de prier un chapelet".

Samedi 28 janvier 1984

"Je désire que vous priiez tous et que mon coeur se répande dans le monde entier. Je désire être avec vous".

Dimanche 29 janvier 1984

"Priez et jeûnez ! Je désire que vous purifiez vos coeurs. Purifiez-les et ouvrez-les moi".

Lundi 30 janvier 1984

"Priez ! Je désire purifier vos coeurs. Priez. Cela est indispensable, car Dieu vous donne les plus grandes grâces quand vous priez".

Mardi 31 janvier 1984

A Jelena :

"Priez ! Ne pensez à rien, priez. Ne pensez pas à autre chose qu'à ceux pour qui vous priez. Alors la prière sera meilleure et vous y serez fidèles".

Au groupe :

"Qu'ils continuent d'aider les pauvres, d'aider les malades, de prier pour les morts. Ils ne doivent ressentir aucune peur. Qu'ils

se libèrent complètement et qu'ils m'abandonnent leur coeur, en sorte que je puisse être avec eux. Qu'ils m'écoutent et me découvrent dans le pauvre et en tout homme".

Mercredi 1er février 1984

"Il pleut en ce moment, et vous dites : "Il n'est pas raisonnable d'aller à l'église dans cette boue. Pourquoi pleut-il tant ? Pourquoi la pluie ne cesse-t-elle pas ?" Ne parlez plus jamais comme cela. Vous n'avez cessé de prier pour que Dieu vous envoie la pluie qui féconde la terre. Alors ne vous retournez pas contre la bénédiction de Dieu. Avant tout, remerciez-le par la prière et le jeûne".

Jeudi 2 février 1984

"Priez, car j'ai besoin de plus de prières. Réconciliez-vous, car je désire la réconciliation entre vous et davantage d'amour les uns pour les autres, comme des frères. Je souhaite que prière, paix et amour s'épanouissent en vous".

Vendredi 3 février 1984

A Jelena :

"C'est à vous de prier et je prendrai soin de tout le reste. Vous ne pouvez même pas imaginer combien puissant est Dieu. C'est pourquoi priez. Priez parce qu'Il veut être avec vous et veut vous purifier de tout péché".

Notre Dame donna ce message sur la demande que nous lui adressâmes à l'arrivée d'un document de l'Evêque : "l'affaire du diaire des apparitions de Vicka Ivankovic", lui demandant, en conséquence, que devons-nous faire ?

Samedi 4 février 1984

"Priez, car la prière vous est très nécessaire. Avec la prière, votre âme et votre corps retrouveront la paix. Il y a des jeunes qui se sont consacrés à moi. Mais il y a dans la paroisse des personnes qui ne se sont pas entièrement consacrées. Sitôt que la messe est terminée, ils se hâtent de quitter l'église. Ce n'est pas bien. De la sorte, ils ne pourront jamais se donner totalement. Il n'est pas bon qu'ils traînent autour de l'église. Il faut être pieux et donner aux autres le bon exemple pour éveiller en eux la foi. Il est nécessaire de prier le plus possible en offrant son coeur. Ceux-là devront se consacrer pour devenir vraiment meilleurs".

Dimanche 5 février 1984

"Priez et jeûnez. Moi je désire habiter vos coeurs".

Et spécialement pour le groupe de prière :

"Quelques-uns ont encore une semaine de repos. Ils ne jeûnent pas... D'autres sont venus ici et jeûnent mercredi, jeudi et vendredi ; d'autres aident les pauvres et les malades ; d'autres aiment tous les hommes et veulent découvrir Jésus en chacun. Les uns ne sont pas convaincus, d'autres le sont. Ils sont à moi. Regardez comme ils me glorifient. Amenez-les-moi pour que je les bénisse".

Lundi 6 février 1984

"Priez, priez, je vous le demande".

Mercredi 8 février 1984

A Jelena :

"De vous, j'attends seulement la prière. Ainsi donc, priez !"

Jeudi 9 février 1984

"Priez, priez ! Combien de personnes ont suivi d'autres croyances ou sectes et ont abandonné Jésus-Christ. Ils se fabriquent leurs propres dieux ; ils adorent des idoles. Comme cela me fait mal ! S'ils pouvaient se convertir ! Comme les incroyants sont nombreux ! Cela ne pourra changer que si vous m'aidez de vos prières".

Vendredi 10 février 1984

"Priez et jeûnez ! Je désire de vous l'humilité. Mais vous ne pouvez devenir humbles que par la prière et le jeûne".

Samedi 11 février 1984

"Ouvrez-moi vos coeurs, je désire vous bénir pleinement".

Dimanche 12 février 1984

"Priez et jeûnez ! Je vous le demande. Priez pour la paix et l'humilité de vos coeurs".

Lundi 13 février 1984

A Jelena :

"Jeûnez et priez ! Donnez-moi vos coeurs. Je désire les changer complètement. Je désire qu'ils soient purs".

Mardi 14 février 1984

"Priez et jeûnez ! Je désire purifier complètement vos coeurs. Je désire vous rendre heureux".

Mercredi 15 février 1984

Par un temps très froid et un vent glacial :

"Le vent est mon signe. Je viendrai dans le vent. Quand le vent souffle, sachez que je suis avec vous. Vous avez appris que la croix représente le Christ ; elle en est le signe. Il en est ainsi pour le crucifix que vous avez dans vos maisons. Pour moi, il n'en est pas de même. Quand il fait froid, vous venez à l'église, vous voulez tout offrir à Dieu. Je suis alors avec vous. Je suis avec vous dans le vent. N'ayez pas peur".

Vendredi 17 février 1984

"Mes enfants, priez ! Le monde est pris dans un grand tourbillon. Il ne sait pas ce qu'il fait. Il ne se rend pas compte dans quel péché il s'enfonce. Il a besoin de vos prières pour que je puisse le tirer de ce danger".

Lundi 20 février 1984

"Priez et jeûnez ! Je désire vous purifier et vous sauver. Pour cela, aidez-moi de vos prières".

Mardi 21 février 1984

"Priez et jeûnez ! J'attends de vos coeurs générosité et prières".

Jeudi 23 février 1984

"Je vous tiens tous dans mes bras. Vous êtes à moi. J'ai besoin de vos prières pour que vous soyez tout à moi. Je désire être tout à vous et que vous soyez tout à moi. J'accueille toutes vos prières. Je les accueille avec joie".

Vendredi 24 février 1984

"Priez et jeûnez ! Je désire être toujours avec vous. Je désire demeurer toujours dans vos coeurs et que vous demeuriez dans le mien".

Samedi 25 février 1984

"Sachez que je vous aime tous. Sachez que vous êtes tous à moi. A personne je ne désire donner plus qu'à vous. Venez tous à moi. Demeurez avec moi. Je veux être votre Mère. Venez, je vous désire tous".

Dimanche 26 février 1984

"Priez et jeûnez ! Sachez que je vous aime. Je vous tiens tous sur mes genoux".

Lundi 27 février 1984

"Ne soyez pas fatigués. Je désire être avec vous".

Mardi 28 février 1984

"Priez et jeûnez ! Aimez tous les hommes sur la terre, comme vous vous aimez vous-mêmes".

A l'intention du groupe :

"Que chacun décide seul. Il serait cependant bon que, cette semaine, ils jeûnent jeudi. Qu'ils lisent la Bible et la méditent".

Mercredi 29 février 1984

"Priez ! Il peut vous sembler étrange que je parle toujours de prière. Pourtant je dis : priez ! Pourquoi hésitez-vous ? Dans la Sainte Écriture, vous avez entendu dire : *"Ne vous inquiétez pas pour le lendemain... A chaque jour suffit sa peine"* **(Mt 6, 34). Donc ne vous inquiétez pas pour les autres jours. Vous, contentez-vous de prier. Moi, votre Mère, je prends soin du reste".**

Jeudi 1er mars 1984

Message à Marijana

"Priez et jeûnez. Quand je vous dis de prier, ne pensez pas que vous avez à prier davantage, mais priez. Que prière et foi s'éveillent en vos coeurs".

A Jelena :

"Chaque jeudi, relisez, devant le Saint-Sacrement -ou s'il n'est pas possible de venir à l'église, faites-le dans votre famille- le passage de Matthieu 6, 24-34 de l'Evangile".

Lundi 5 mars 1984

A Jelena :

**"Priez et jeûnez !
Demandez au Saint-Esprit de renouveler vos âmes, de renouveler le monde entier".**

Samedi 17 mars 1984

A Jelena durant la neuvaine préparatoire à l'Annonciation :

"Priez et jeûnez, pour que durant cette neuvaine, Dieu vous comble de sa puissance".

Mercredi 21 mars 1984

A Jelena :

"Aujourd'hui, je me réjouis avec tous mes anges : la première partie de mon programme est achevée".

Puis en pleurant :

**"Il y a tant d'hommes qui vivent dans le péché.
Ici il y a également, parmi vous, des personnes qui ont offensé mon coeur. Priez et jeûnez pour elles".**

Jeudi 22 mars 1984

A Jelena :

"Hier soir, j'ai dit qu'un premier désir de mon plan s'est réalisé".

Mardi 27 mars 1984

A Jelena :

**"Dans le groupe, quelques-uns se sont livrés à Dieu pour qu'Il les guide.
Laissez se réaliser en vous la volonté de Dieu".**

Vendredi 30 mars 1984

A Jelena :

"Mes enfants, je désire que la sainte messe soit pour vous le cadeau de la journée. Attendez-la, désirez qu'elle commence. Jésus lui-même se donne à vous pendant la messe. Ainsi, aspirez à ce moment où vous êtes purifiés. Priez beaucoup pour que l'Esprit Saint renouvelle votre paroisse. Si les gens assistent à la messe avec tiédeur, ils retournent chez eux froids et le coeur vide".

Mardi 3 avril 1984

A Jelena :

"Je vous demande de prier pour la conversion de tous les hommes. Pour cela, j'ai besoin de prières".

Samedi 14 avril 1984

A Jelena :

"Comment pouvez-vous ne pas être heureux ? Jésus se donne à vous. Je désire inonder les âmes. Si je suis triste ce soir, c'est que beaucoup ne se sont pas préparés à Pâques. Ils ne permettent pas à Jésus, en ce jour, de s'unir à leur âme".

Semaine sainte (15-22 avril 1984) :

A Jelena

"Levez vos mains et ouvrez vos coeurs. Maintenant, au temps de la Résurrection, Jésus désire vous faire un don particulier. Ce don de mon Fils, c'est mon don. Le voici : vous serez soumis à des épreuves et vous les supporterez avec beaucoup de facilité. Nous serons prêts à vous montrer comment vous en sortir si vous nous acceptez. Ne dites pas que l'Année Sainte est terminée et qu'il n'est plus besoin de prier. Au contraire, redoublez de prières, car l'année sainte est juste un pas en avant".

A cet instant, Jésus ressuscité apparut. Des rayons sortaient de ses plaies. Il dit :

"Recevez mes grâces et dites au monde entier qu'il n'y a de bonheur que par moi".

Jeudi saint - 19 avril 1984

Ce même jour, la Vierge aurait "dicté" à Jelena la prière suivante :

Comment se donner à Marie, Mère de bonté, d'amour et de miséricorde.

O ma Mère !
Mère de bonté, d'amour et de miséricorde !
Je vous aime immensément, et je m'offre à vous,
Par votre bonté, votre amour,
Et votre miséricorde, sauvez-moi !
Je veux être vôtre.
Je vous aime immensément
et je souhaite que vous me protégiez.
Dans mon coeur, ô Mère de bonté,
Donnez-moi votre bonté,
De sorte que j'aille au Ciel.
Je vous demande votre immense amour.
Que vous me donniez la grâce
Que je puisse aimer chacun
Comme vous avez aimé Jésus-Christ.
Je vous demande en grâce
Que je puisse être miséricordieux envers vous.
Je m'offre complètement à vous
Et je souhaite que vous soyez avec moi à chaque pas.
Parce que vous êtes pleine de grâce,
Et si je la perds,
Je vous le demande, faites-la-moi retrouver. Amen.

A la question de T. Vlasic, posée par Jelena :
"Comment Jésus a-t-il pu prier toutes les nuits ? Avec quelle méthode ?"

"Il avait grand désir de Dieu et du salut des âmes".

Vendredi saint 20 avril 1984

A Jelena :

"Vous devriez être pleins de joie.
Aujourd'hui, Jésus est mort pour votre salut. Il est descendu aux enfers et a ouvert les portes du Paradis.
Dans vos coeurs, que règne la joie !
Quand vous priez, vous devez prier davantage. La prière est une conversation avec Dieu. Prier signifie entendre le Seigneur.
La prière est pour moi un service, parce que, après elle, toutes les choses deviennent claires.
La prière conduit à connaître le bonheur".

Samedi saint 21 avril 1984

A Jelena :

"Levez les mains, aspirez à Jésus parce que dans sa Résurrection, il veut vous combler de grâces. Soyez enthousiastes de la Résurrection.
Nous tous, au Ciel, nous sommes heureux, mais nous avons besoin de la joie de vos coeurs.
Le don de mon Fils et le mien, en ce moment, le voici : vous serez soulagés dans vos épreuves ; elles seront plus faciles pour vous, parce que nous serons auprès de vous. Si vous nous écoutez, nous vous montrerons comment les vaincre.
Priez beaucoup demain. Que Jésus ressuscite vraiment dans vos familles. Que là où il y a la guerre, s'établisse la paix. Je désire que quelqu'un de nouveau naisse en vos coeurs.
Mes enfants, je vous remercie. Continuez à susciter la Résurrection de Jésus dans tous les hommes.
L'année sainte est terminée, mais elle ne représente qu'un pas dans votre vie. Continuez à prier".

Mardi 24 avril 1984

A Jelena :

"Bien des fois, devant la justice et devant vos péchés, bien des fois je suis revenue de chez vous en pleurant. Je ne pouvais dire aucune parole. Je suis votre Mère et je ne veux point m'opposer à vous. Mais de vous dépend ce que je ferai en vous.
Nous devons réjouir Jésus, le rendre heureux" .

Samedi 19 mai 1984 :

A Jelena :

"Chers enfants, en ce temps il est spécialement nécessaire de vous consacrer vous-mêmes à moi et à mon coeur.
Aimez, priez et jeûnez !"

Lundi 21 mai 1984

A Jelena :

"O chers enfants, combien je souhaite que vous vous tourniez vers moi. Imaginez, mes petits enfants, que c'est la fin de l'année scolaire et vous n'êtes pas parvenus à mi-chemin, c'est pourquoi maintenant vous devez devenir un peu plus sérieux".

Mercredi 23 mai 1984

A Jelena :

"Je désire que la paroisse se prépare, par une neuvaine, à la réception du sacrement de Confirmation le jour de la fête de l'Ascension (qui aura lieu le 31 mai)".

Vendredi 25 mai 1984

A Jelena :

"Je souhaite vraiment que vous soyez purs au jour de la Pentecôte. Priez, priez que votre esprit soit changé en ce jour !"

Samedi 26 mai 1984

"A Jelena :

"Chers enfants, merci pour toute prière, tâchez de prier continuellement, et n'oubliez pas que je vous aime et souhaite que vous vous aimiez tous.

A Jelena, à qui tous demandent de poser des questions à la Vierge :

"A toutes ces questions, il y a déjà une réponse : priez l'Esprit Saint qu'il vous illumine et vous en viendrez à savoir tout ce que vous désirez".

Lundi 28 mai 1984

A Jelena :

"L'amour est un don de Dieu, priez donc que Dieu vous donne le don d'aimer".

Mercredi 30 mai 1984

A Jelena :

"Les prêtres devraient rendre visite aux familles, plus particulièrement à celles qui ne pratiquent plus, et qui ont oublié Dieu. Les prêtres devraient porter l'Evangile de Jésus au peuple et lui enseigner la manière de prier. Et les prêtres devraient eux-mêmes prier davantage, et de même, jeûner ; ils devraient donner aux pauvres ce dont ils n'ont pas besoin".

Mai 1984

A Jelena après avoir demandé que, le 5 août 1984, on célèbre le deux millième anniversaire de sa naissance :

"Au cours des siècles, je me suis totalement donnée à vous. Est-ce trop de me réserver trois jours ? Ne travaillez pas ces jours-là ; prenez vos chapelets et priez !"
"Le jeûne a été oublié, au cours de ce dernier quart de siècle, au sein de l'Eglise catholique".

Jelena : "Je sais que toutes les familles peuvent prier pendant quatre heures par jour. Mais si je dis cela aux gens, ils reculeront."

"Ne comprends-tu pas que ce n'est que la sixième partie de la journée ?"

Vendredi 1er juin 1984

A Jelena :

"Que l'amour de Dieu soit toujours en vous parce que sans cela vous ne pouvez être pleinement convertis. Que le Rosaire dans vos mains vous fasse souvenir de Jésus".

"Chers enfants, faites un effort pour pénétrer la messe comme vous le devez".

Samedi 2 juin 1984

A Jelena :

"Merci pour toute prière. Continuez à prier, mais priez avec le coeur".
"Chers enfants, de nouveau il vous est nécessaire de prier l'Esprit Saint et il serait bon pour vous de prier sept "Pater" dans l'église, comme on le fait pour la Pentecôte".

Durant la neuvaine préparatoire à la Pentecôte, le prêtre qui guide la prière fait une brève introduction avant chaque "Pater" pour demander les sept dons de l'Esprit Saint.

Lundi 4 juin 1984

"Chers enfants, je suis heureuse que vous ayez commencé à prier comme je vous l'ai demandé. Continuez".

Vendredi 8 juin 1984

A Jelena :

"Chers enfants, l'amour vous est nécessaire, je vous l'ai dit bien des fois et je vous le rappelle.
Continuez seulement à prier et soyez heureux car je suis avec vous".

Lundi 11 juin 1984

A Jelena :

"Je souhaite que vous continuiez à prier et jeûner".

Au groupe :

"Je souhaite que le groupe devienne comme une fleur au printemps.
L'amour que je vous donne est grand, mais quelquefois vous le rejetez et ainsi il devient moindre. Acceptez toujours immédiatement les dons que je vous donne, afin d'en faire bon profit".

Jeudi 21 juin 1984

A Jelena :

"Si vous saviez combien je vous aime, vous pleureriez de joie. Quand quelqu'un se trouve devant vous et vous demande quelque chose, vous le lui donnez. Moi, je me trouve devant tant de coeurs, mais ils restent fermés. Priez pour que le monde accueille mon amour.
Chaque membre du groupe est comme une fleur ; et si quelqu'un essaie de vous écraser, vous grandirez et tâcherez de grandir encore. Si quelqu'un vous écrase un peu, vous vous rétablirez ; et si quelqu'un arrache un pétale, continuez de grandir comme si vous étiez complet".

A Marijana :

"Mon seul souhait est que vous deveniez aussi joyeux et enthousiastes que vous l'étiez aux premiers jours de mes apparitions".

Samedi 23 juin 1984

"Chers enfants, je suis très heureuse qu'il y ait tant de monde ce soir. Remerciez Dieu seul".

Depuis Pâques, Notre Dame ne parle pas chaque jour à Jelena et Marijana, mais surtout le mardi, mercredi, samedi et dimanche.

Début août 1984

A Jelena :

"Ce message est destiné au Pape et à tous les chrétiens. Préparez le second millénaire de ma naissance qui aura lieu le 5 août 1984. A travers les siècles, j'ai consacré toute ma vie à vous. Est-ce

trop pour vous de consacrer trois jours pour moi ? Ne travaillez pas ce jour-là, mais prenez votre chapelet et priez".

Jeudi 2 août 1984

A Jelena :

"Je suis contente de ta participation à la messe. Continue comme ce soir. Merci d'avoir résisté à la tentation de Satan".

Août 1984

"Les chrétiens font une erreur en considérant l'avenir s'ils pensent aux guerres et au mal. Pour un chrétien il n'y a qu'une attitude à avoir envers le futur. C'est l'espoir du salut".
"Votre responsabilité est d'accepter la paix divine, de la vivre, de la répandre, pas par des mots mais par votre vie".

Août 1984

"La seule attitude d'un chrétien envers le futur c'est l'espoir du salut. Ceux qui pensent seulement aux guerres, aux maux, à la punition, ne font rien de bien".
"Si vous pensez au mal, au châtiment, aux guerres, vous êtes sur la route qui y mène. Votre responsabilité est d'accepter la paix qui vient de Dieu et de la répandre".

Lundi 10 septembre 1984

A Jelena

"Chers enfants, vous devez comprendre qu'il faut prier. La prière n'est pas une plaisanterie. La prière est un colloque avec Dieu. En toute prière vous devez écouter la voix de Dieu. Sans la prière on ne peut vivre. La prière c'est la vie".

Vendredi 5 octobre 1984

A Jelena :

"Je vous aime. Aimez-moi, aimez-vous les uns les autres !"

Samedi 17 novembre 1984

A Jelena :

"Prie. Ne t'interroge pas sur le motif par lequel je t'invite constamment à prier. Intensifie ta prière personnelle de sorte qu'elle devienne canal pour les autres".

Vendredi 21 décembre 1984

Jelena Vasilj a donné ce message :

"Je souhaite que vous soyez une fleur, qui fleurit à Noël pour Jésus ; une fleur qui n'arrête pas de fleurir, quand le moment de Noël est passé. Je souhaite que vos coeurs soient comme les bergers devant Jésus".

Samedi 29 décembre 1984

A Jelena, le jour anniversaire de sa première apparition :

"Aujourd'hui, c'est la fête de la Mère de bonté, de miséricorde et d'amour".

La Sainte Vierge bénit le groupe de façon particulière.

"Jusqu'ici, je ne l'ai donnée à personne".

Le groupe fut heureux de recevoir la bénédiction de Notre Dame.

"Accueillez-la, ne la négligez pas comme avant. Je peux vous donner ma bénédiction, mais je ne peux vous la donner si vous ne la voulez pas".

A Jelena :

"Je désire qu'en vous fleurisse un grand amour, une grande paix. Alors, priez !"

— 1985 —

Mercredi 20 février 1985 - mercredi des Cendres

A Jelena :

"Je vous donne un conseil : je désirerais que vous essayiez de vaincre chaque jour un défaut. Si c'est votre défaut de vous fâcher pour tout, essayer un jour de vous fâcher moins. Si c'est votre défaut de ne pouvoir étudier, essayez d'étudier. Si c'est votre défaut de ne pouvoir obéir, ou si vous ne pouvez supporter ceux qui ne vous plaisent pas, essayez un jour de parler avec eux. Si votre défaut est de ne pouvoir supporter une personne orgueilleuse, vous devez essayer de vous en approcher. Si vous

désirez qu'elle soit humble, soyez humbles vous aussi. Montrez que l'humilité vaut plus que l'orgueil. Ainsi, chaque jour essayez de dépasser ou de rejeter tout vice de votre coeur. Cherchez quels sont les vices que vous avez à rejeter. En ce carême, vous devez essayer et vraiment désirer qu'il se passe dans l'amour. Efforcez-vous autant que possible".

Lundi 25 février 1985

A Jelena :

"Sachez que je vous aime. Sachez que vous êtes à moi. Je ne désire faire pour personne d'autre plus que je ne désire faire pour vous. Venez tous à moi. Restez avec moi et je serai votre Mère pour toujours. Venez, car je désire vous avoir tous".

Carême 1985

"Jeûnez au pain et à l'eau pendant la première semaine de la Passion, le mercredi saint, le jeudi saint et le vendredi saint".

Lundi 25 mars 1985

Jelena demande à la Vierge pourquoi elle est aussi belle ?

"Je suis si belle parce que j'aime, vous aussi aimez si vous voulez être belles. Il n'y a personne sur terre qui ne désire être beau".

A Jelena :

"Souvent les prières faites à voix haute éloignent Jésus parce que, quand les hommes veulent vaincre avec leurs propres forces, il n'y a pas de place pour Dieu. Les prières à voix haute sont bonnes quand elles viennent du coeur".

Dimanche 19 mai 1985

A Jelena :

"Chers enfants, en ce moment je vous demande particulièrement de vous consacrer à moi et à mon Coeur Immaculé. Aimez, priez et jeûnez".

Samedi 1er juin 1985

A Jelena :

"Ayez l'amour de Dieu toujours en vous, parce que sans cet amour, vous ne pouvez pas vous convertir entièrement. Que le chapelet soit dans vos mains en mémoire de Jésus.

Chers enfants, efforcez-vous d'approfondir la messe comme il se doit".

Mi-juin 1985

Notre Dame donna cette explication à Jelena après qu'elle eût vu une perle magnifique se diviser. Chaque morceau brillait puis se décolorait.

"Jelena, le coeur de l'homme est comme cette splendide perle. Quand il appartient complètement au Seigneur, il brille même dans l'obscurité. Mais quand il est divisé, un peu à Satan, un peu au péché, un peu à tout, il dépérit et ne vaut plus rien".

Samedi 22 juin 1985

Notre Dame inspira Jelena d'écrire cette prière et de la dire dans son groupe de prière :

Supplique à Dieu
O Dieu, notre coeur est dans une obscurité profonde,
malgré notre lien à ton coeur
notre coeur se débat entre toi et Satan,
ne permets pas qu'il en soit ainsi !
Toutes les fois que le coeur est divisé
entre le bien et le mal,
qu'il soit illuminé de ta lumière
et qu'il s'unifie.
Ne permets jamais
qu'il puisse y avoir en nous deux amours,
qu'en nous puissent jamais coexister deux fois
et que jamais puissent cohabiter en nous :
le mensonge et la sincérité,
l'amour et la haine,
l'honnêteté et la malhonnêteté,
l'humilité et l'orgueil.
Aide-nous au contraire
afin que notre coeur s'élève vers toi comme celui d'un enfant.
Fais que notre coeur soit ravi de paix
et continue d'en avoir toujours la nostalgie.
Fais que ta sainte volonté et ton amour
trouvent demeure en nous,
qu'au moins quelquefois nous désirions vraiment être tes fils
et quand, Seigneur,
nous désirons être tes fils,
rappelle-toi nos désirs passés,
et aide-nous à te recevoir de nouveau.

Nous t'ouvrons nos coeurs
afin qu'en nous demeure ton saint amour.
Nous t'ouvrons nos âmes,
afin qu'elles soient touchées par ta sainte miséricorde
qui nous aidera à voir clairement tous les péchés,
et nous fera comprendre,
que ce qui nous rend impurs c'est le péché.
Dieu, nous désirons être tes fils,
humbles et dévots,
au point de devenir
tes fils chéris et sincères,
tels que seul le Père
pourrait désirer que nous soyons.
Aide-nous, Jésus notre frère,
à obtenir la bonté du Père à notre égard,
et à être bons envers lui.
Aide-nous, Jésus,
à bien comprendre ce que Dieu nous donne,
puisque parfois nous renonçons à accomplir
une bonne action, comme si elle était pour nous un mal.

Autre prière inspirée par Notre Dame. La Gospa dit que c'était la plus belle prière que l'on puisse dire pour un malade :

Prière pour un malade

O mon Dieu
voici ce malade devant toi.
Il est venu te demander
ce qu'il désire
et ce qu'il considère comme le plus important pour lui.
Toi, ô mon Dieu,
fais entrer dans son coeur ces paroles :
"L'important, c'est la santé de l'âme !"
Seigneur, qu'advienne pour lui,
ta volonté en tout, si tu veux qu'il guérisse,
que la santé lui soit donnée ;
mais si ta volonté est autre,
qu'il continue à porter sa croix.
Je te prie aussi pour nous,
qui intercédons pour lui ;
purifie nos coeurs,
pour nous rendre dignes de transmettre
ta sainte miséricorde.
Protège-le et allège sa peine,

que soit faite en lui ta sainte volonté,
qu'à travers lui soit révélé ton Saint Nom,
aide-le à porter sa croix avec courage.

"Récitez le "Gloire à Dieu" trois fois avant cette prière et la précédente".

A Jelena :

"Un coeur qui appartient au Seigneur est splendide, même s'il est abreuvé de difficultés et d'épreuves. Mais si un coeur, pris dans des difficultés, s'écarte de Dieu, il perd sa splendeur".

Juin 1985

A Jelena :

"Chers enfants, si quelqu'un se tient là et qu'il vous demande quelque chose, donnez-le-lui. Moi aussi, je me tiens devant beaucoup de coeurs, et ils ne s'ouvrent pas. Priez pour que le monde accueille mon amour".

Juillet 1985

Au groupe de Jelena :

"Je ne peux pas vous parler, vos coeurs sont fermés. Vous n'avez pas fait ce que je vous ai demandé. Je ne peux pas vous parler. Je ne peux vous donner les grâces aussi longtemps que vous resterez fermés".

Au groupe de Jelena :

"Chacun de vous a un cadeau spécial qui est le sien et vous pouvez le comprendre uniquement intérieurement".

Au groupe de prière de Jelena :

"Quand vous portez mes messages, soyez sur vos gardes afin qu'ils ne soient pas perdus. Portez mes messages avec humilité de façon que l'on puisse voir le bonheur en vous pour que les gens désirent être comme vous. Ne portez pas mes messages pour simplement les jeter aux autres".

28 juillet au 4 août 1985

"Pendant ces jours-ci je veux que vous pensiez à cela. Depuis si longtemps je n'ai pas rencontré Jésus mon ami. Depuis si longtemps je n'ai pas rencontré Marie, ma Mère. En ces jours je désire les rencontrer".

Août 1985

"N'ayez pas peur de Satan. Cela n'en vaut pas la peine parce qu'avec une humble prière et un amour ardent on peut le désarmer".

Septembre 1985

Une prière pour le groupe de Jelena :

"Mon âme est pleine d'amour comme la mer.
Mon coeur est plein de paix comme la rivière.
Je ne suis pas un saint mais je suis invité à le devenir".

Octobre 1985

Trois soirs de suite, la Gospa dit à Jelena :

"Si vous voulez accepter mon amour, vous ne devrez jamais pécher".

Au quatrième soir en réponse à la question de Jelena : "Pourquoi répètes-tu le même message ?" la Gospa répond :

"Mais je n'ai rien d'autre à vous dire".

En pleurant, notre Mère ajoute :

"Il y en a beaucoup qui finissent leur prière sans même y entrer".

Octobre 1985

En réponse à une question posée par un groupe de pèlerins de Milan, demandant quand Notre Dame viendrait dans leur ville :

"Quand vous m'ouvrirez vos coeurs".

Samedi 7 décembre 1985

A Jelena :

"J'ai seulement un désir pour la fête de demain. Je vous prie de trouver au moins un quart d'heure pour vous tenir devant moi, et me confier vos problèmes. Personne ne vous comprendra comme moi".

Mardi 31 décembre 1985

"L'an prochain est l'année de la paix non parce que les hommes l'ont appelée ainsi, mais parce que Dieu l'a programmée ainsi.

La paix, vous ne l'aurez pas par les présidents mais par la prière".

Par une des petites voyantes du groupe, durant la même veillée, Jésus dit :

"Quand vous entendez les cloches, à minuit, vous vous mettez à genoux, vous inclinez vos têtes jusqu'à terre pour que vienne le Roi de la paix. En cette année, j'offrirai ma paix au monde, mais après, je vous demanderai où vous étiez quand je vous offrais ma paix".

Décembre 1985

"Si vous n'avez pas écouté mes messages, le jour de joie sera pour moi un jour de tristesse".

— 1986 —

Mardi 21 janvier 1986

Lors du second jour de retraite du groupe de prière :

"Ce soir reposez-vous".

Mercredi 22 janvier 1986

Au même groupe de prière :

"Je sais que vous êtes fatigués, mais je ne peux plus vous dire : reposez-vous. Aujourd'hui je vous dis : priez et n'allez pas au lit avant d'avoir prié au moins un quart d'heure pour le groupe. Demain sera un jour meilleur".

Lundi 27 janvier 1986

Au groupe de prière de Jelena :

"Chaque seconde de prière est comme une goutte de rosée matinale qui rafraîchit pleinement chaque brin d'herbe et la terre. De la même façon la prière rafraîchit l'homme. Quand l'homme est fatigué il se détend. Quand il est troublé, il retrouve la paix. L'homme se régénère lui-même et peut une fois encore écouter la parole de Dieu.

Comme le paysage est beau quand on regarde la nature le matin dans toute sa fraîcheur. Mais c'est encore plus beau quand on voit un homme qui apporte aux autres la paix, l'amour et le bonheur. Enfants si vous pouviez savoir ce que la prière apporte aux êtres humains ! Spécialement la prière individuelle. L'homme peut devenir ainsi une vraie fleur pour Dieu. Vous voyez comment les gouttes de rosée restent sur les fleurs jusqu'aux premiers rayons du soleil !"

"La nature de cette façon est renouvelée et revivifiée. Pour la beauté de la nature, un renouvellement et un rafraîchissement quotidien sont nécessaires. Les prières rafraîchissent l'homme de la même façon pour le renouveler et lui donner de la force. Les tentations qui viennent à lui encore et encore le rendent faible et l'homme a besoin d'avoir toujours par la prière une nouvelle capacité d'amour et de fraîcheur. C'est pourquoi vous devriez prier et vous réjouir de la fraîcheur que Dieu vous donne".

22 février 1986

Avant la bénédiction, à la fin de la prière :

"Mes chers enfants, vous serez capable de recevoir l'amour divin seulement quand vous comprendrez que sur la croix, Dieu vous offre son immense amour".

Février 1986

A Jelena et à Marijana :

"Comprenez que vous n'êtes rien, incapables, vraiment rien. C'est le Père qui fera tout".

11 août 1986

"Chers enfants ouvrez vos coeurs et laissez Jésus vous guider. Pour beaucoup de gens cela semble dur, mais cela est tellement facile. Vous n'avez pas besoin d'avoir peur, parce que vous savez que Jésus ne vous abandonnera jamais et vous savez qu'il vous conduit au salut".

1986

Au groupe de prière de Jelena après jeûne et prière :

"J'ai écouté votre prière et pourtant vous ne recevrez pas ce que vous avez souhaité. Vous recevrez d'autres choses parce que ce n'est pas à vous de vous glorifier, mais à moi d'être glorifiée en vous".

"N'ayez pas peur. Confiez-vous au Père. Priez jusqu'à ce que vous soyez sûrs qu'il guide tout".
"Dans les difficultés, quand vous portez une croix, chantez. Soyez pleins de joie".

1986

"Quand les gens vous demandent de parler des apparitions dites : Prions ensemble pour comprendre les apparitions de la Gospa".

1986

Au groupe de Jelena :

"Je vous supplie, détruisez cette maison faite en carton que vous avez construite par vos désirs. Alors je pourrai agir pour vous".

1986

Pour le groupe de Jelena

"Je vous souhaite seulement d'être heureux, que vous soyez remplis de joie, remplis de paix et que vous annonciez cette joie".

Au groupe de prière :

"Si vous vous abandonnez à moi, vous ne vous apercevrez pas du passage de cette vie à l'autre vie. Vous commencerez à vivre la vie du Ciel sur terre".

Septembre 1986

"Aujourd'hui, ce ne sont ni les mots, ni les actions qui comptent. La seule chose importante est de rester en Dieu".

Octobre 1986 :

Ce message est de Jésus à Jelena :

"Je suis heureux, mais ma joie n'est pas complète tant que vous ne serez pas pleins de joie. Vous n'êtes pas encore remplis de joie parce que vous n'êtes pas encore en état de comprendre mon immense amour".

Pas daté

Au sujet de la similarité du troisième secret de Fatima avec les signes annoncés à Medjugorje :

"N'ayez peur de rien. Vous devez oublier ce qui est derrière vous dans votre vie. Je veux simplement qu'à partir de maintenant vous soyez de nouveaux hommes. Ne craignez rien quand je suis auprès de vous. Je vous aime".

Concernant une discussion avec le père Ljubicic et le père Bonifacio :

"Il ne suffit pas de prier. Vous devez changer votre vie, votre coeur. Aimez les autres, ayez de l'amour pour les autres. Aimez ce que vous faites, et pensez toujours à Jésus, et vous comprendrez ce qui est bien et ce qui est mal".

Pas daté

"Je prie pour vous parce que je vous aime. Si vous voulez aimer, priez pour vos soeurs et frères. Aujourd'hui, beaucoup de gens ont besoin de beaucoup de prières. Priez et soyez un modèle pour les autres parce que par vous je veux conduire les gens vers la lumière".

— 1987 —

1er mars 1987

"Chers enfants, quelquefois vous avez le coeur oppressé à cause de certaines choses et cela n'est pas nécessaire. Quelquefois vous avez peur de ceci ou de cela. Pourquoi cela ? Celui qui est avec Jésus n'a pas besoin d'avoir peur. Ne soyez pas angoissés pour ce qui se passera demain où d'ici quelques années. Abandonnez-vous à Jésus et seulement de cette manière vous serez la brebis qui suit le berger".

12 avril 1987

"Si vous aimez du fond du coeur, vous recevrez beaucoup. Si vous haïssez, vous perdrez beaucoup. Chers enfants, l'amour fait de belles choses. Plus vous avez d'amour en vous, plus vous pourrez aimer les gens autour de vous. C'est pourquoi priez sans cesse Jésus pour qu'il remplisse vos coeurs d'amour".

16 mai 1987

"O, enfants ! Rappelez-vous, la seule façon pour vous d'être

toujours avec moi et de savoir la volonté du Père, c'est de prier. C'est pourquoi je vous appelle aujourd'hui encore. Ne laissez pas mes appels sans réponse. Continuez à prier malgré tout et vous comprendrez la volonté du Père et son amour.
Chers enfants, quand Dieu appelle les hommes c'est vraiment une grande chose. Pensez combien il serait triste de laisser passer ces occasions que Dieu vous accorde sans les saisir !
Alors n'attendez pas demain ou après-demain. Dites oui à Jésus maintenant. Et que ce oui soit pour toujours".

16 juin 1987

"Chers enfants, mon coeur est plein de grâce et d'amour. Mon coeur est un présent que je vous donne.
Soyez unis. Priez ensemble. Aimez-vous".

11 juillet 1987

"O, enfants, je veux que vous viviez chaque nouveau jour dans l'amour et la paix. Je veux que vous soyez les porteurs de paix et d'amour. Les gens ont tant besoin de ces grâces de paix et d'amour, mais ils les ont perdues parce qu'ils ne prient pas. Créez dans vos coeurs une prière continue, parce que seulement ainsi serez-vous capables d'être des vases préparés.
Par la prière votre Père vous modèlera en vases selon son désir. Pour cela abandonnez vous entièrement à lui".

30 juillet 1987

"Chers enfants, aujourd'hui je vous invite particulièrement à prier pour que les plans de Dieu s'accomplissent : d'abord en ce qui vous concerne, ensuite pour cette paroisse que Dieu a lui-même choisie.
Chers enfants, être choisi par Dieu est vraiment une grande chose ! Mais c'est aussi une responsabilité qui doit vous inciter à prier davantage, pour que vous, qui êtes choisis, encouragiez les autres et pour que vous puissiez être lumière pour ceux qui sont dans les ténèbres.
Enfants, les ténèbres règnent sur toute la terre. Les gens sont attirés par beaucoup de choses, mais ils oublient l'essentiel.
La lumière ne règnera pas dans le monde tant que les hommes n'accepteront pas Jésus, tant qu'ils ne vivront pas ses paroles, c'est-à-dire la parole de l'Evangile.
Chers enfants, voici la raison de ma présence parmi vous depuis

si longtemps : je veux vous guider sur le chemin de Jésus !
Je veux vous sauver et, à travers vous, je veux sauver le monde entier.
Beaucoup de gens vivent maintenant sans la foi. Certains ne veulent même pas entendre parler de Jésus, et pourtant ils veulent paix et satisfaction !
Enfants, voici la raison pour laquelle j'ai besoin de votre prière : la prière est le seul moyen pour sauver la race humaine !"

Conclusion
"Le commencement du jour"

"L'interdiction d'organiser des pèlerinages officiels
ne signifie absolument pas que des groupes de prière et des particuliers
n'aient pas le droit de se rendre en pèlerinage".
(Cardinal Joseph Ratzinger)

"La Sainte Vierge réussira - Elle arrivera à ses fins".

Ainsi nous parlait Ivan, lors d'une interview en mars 1990, déboulonnant par cette affirmation toute forme de doute craintif ou de crainte dubitative quant aux fruits de Medjugorje.

En effet, certains lecteurs n'ont pas manqué de se dire : ces événements, ces messages sont très beaux, mais la Sainte Vierge voit grand et elle demande beaucoup ; comment pourrais-je vivre à fond de telles exigences ?

"Elle réussira", telle est notre réponse. C'est Elle qui réussira et sa victoire sera nôtre, nous qui l'aimons, nous qui nous mettons à son école. Déjà Medjugorje brille comme une lumière éblouissante au coeur du monde, et le grand leitmotiv des millions de pèlerins venus rencontrer leur Mère, ne cesse de faire tache d'huile : "A Medjugorje, j'ai trouvé l'espérance". Face à la marée noire des oeuvres de ténèbre qui tuent le coeur, voire le corps de nos enfants, Marie est en train de lever une armée de lumière, puissante et enthousiaste comme le petit David avec sa fronde et ses cinq cailloux, incontournable. Tous les pays du monde sont touchés. Des centaines de milliers d'hommes et de femmes, de jeunes de toutes races et langues, se sont mis à prier avec le coeur, à jeûner au pain et à l'eau, à travailler avec la "Gospa" selon les mille inventions de leur amour pour Elle, provoquant ainsi une chaîne de miracles et de prodiges impossible à dénombrer. Ni les lamentables confusions du New Age, ni les filets des loges maçonniques, ni les plans machiavéliques des sociétés secrètes (plus tellement secrètes d'ailleurs), ni le cynisme des pervertisseurs professionnels, ni les élaborations les plus glauques de ce monde, ne pourront désormais s'opposer à cette vague de témoins et d'apôtres qui tiennent dans leurs mains d'enfants, les seules armes dont la victoire est aussi certaine que l'aurore.

Elle réussira. Car elle est la femme la plus aimante du monde. Et par l'amour, on obtient même ce qui était impossible, quelques exemples récents :

- Elle avait invité dans son "Oasis de Paix", des médecins qui avaient des milliers d'avortements à leur actif. Nous ne savons pas très bien quel a été le message, mais de retour chez eux ils ont abandonné cette pratique et ont construit des Centres pour protéger la vie. Des milliers de vies sauvées et des mères qui rendent grâce pour le visage de leur enfant.

- Un chanteur de Hard-Rock très connu en Amérique, totalement athée arrive à Medjugorje "pour voir". Son groupe se rend chez Vicka, lui s'ennuie derrière un pilier de la cour, la tignasse en bataille comme il se doit. Puis une main se tend vers lui : "Tiens, Vicka m'a donné ce message pour toi". Il enfonce le papier dans sa poche sans le lire et le papier va rejoindre quelques joints. Le soir il fait ses poches avant de se coucher et tombe sur le papier : "La Gospa m'a parlé de toi, elle demande que maintenant tu travailles pour Elle". Son coeur bat trop fort, ses yeux se brouillent de larmes... Moi ? Elle ? Sa vie chavire. Il expérimente la prière, le jeûne au pain et à l'eau, la miséricorde... en un mot tout ce que la Gospa lui enseigne. Ses nouvelles cassettes de musique ? Un extraordinaire chant d'amour inspiré, une musique qui fait aimer la vie au lieu de pousser au suicide.

- Un drogué est amené par des amis de la Gospa. Il avait soigneusement et secrètement placé à l'intérieur de son vêtement ses petites doses quotidiennes et il ne quittait ce vêtement ni le jour ni la nuit. A peine arrivé à Medjugorje il veut prendre sa première dose mais toute la drogue avait disparu comme par enchantement. Dans un flash, il comprend : la drogue pour moi, c'est fini. La Vierge lui a rendu le goût de la vie.

- Un prêtre de paroisse, après avoir entendu et commencé à vivre les messages : "Je vous remercie, cela m'a fait retrouver le sens de ma vocation sacerdotale et la joie" (lettre à Cyrille Auboyneau parmi une centaine d'autres semblables).

- Une mère de famille très accablée par des revers familiaux : "Depuis quatre jours je ne cesse d'écouter vos cassettes sur les messages et je vais continuer tellement cela m'apaise et me guérit. Je retrouve l'espérance". (lettre à Cyrille Auboyneau).

- On ne compte plus les divorcés qui se sont retrouvés, les enfants qui se sont réconciliés avec leurs parents, les familles qui, à genoux, ont retrouvé la joie et l'harmonie. Des milliers de petits groupes de prière se sont formés sous la houlette de la Reine de la Paix pour le Rosaire, pour l'adoration du Saint-Sacrement, renouvelant et nourrissant ainsi la vie paroissiale de par le monde...

Elle réussira parce qu'Elle aime la vie et que sa seule présence vous inocule l'amour de la vie. Et comme elle est très intelligente, elle a misé sur l'exigence. Elle sait que notre génération a fait le tour des jouissances possibles et impossibles et que le bilan est accablant. Elle sait que pour sauver ses enfants ce n'est pas l'heure de leur passer une nouvelle marque de pommade. Marja Pavlovic nous a confié récemment : "La Sainte Vierge n'est pas comme on se l'imagine. Permettez-moi simplement de dire qu'elle est une femme forte, avec un esprit de décision."

Dès mes premiers jours à Medjugorje j'ai compris le pourquoi de son formidable impact sur les jeunes : neuf jours avant Noël, Ivan reçoit le message pour le groupe de prière et les pèlerins : "Chers enfants, votre Mère ce soir vous demande de vivre cette neuvaine en offrant à Dieu ce que vous aimez le plus". Quel est l'évêque, le prêtre de paroisse, le berger de groupe de prière en France, qui aurait osé suggérer cela à ces fidèles ? Elle aurait pu dire "quelque chose que vous aimez beaucoup" au lieu de "ce que vous aimez le plus" ! Mais elle s'appelle la Mère de Dieu. Oui, ce jour-là j'ai compris sa pédagogie et le pourquoi de son succès. Elle ose. Elle n'a pas peur. Elle refuse d'édulcorer la violence évangélique de l'amour. Elle croit à fond que nous sommes capables d'aller jusqu'au bout car elle voit d'avance notre beauté. C'est la Mère de Dieu. Par Elle Dieu réussira !

A Medjugorje, les messages continuent de nous être donnés chaque mois et les grâces à chaque minute, mais ce n'est qu'un commencement. Le commencement du Jour.

Soeur Emmanuel

Les messages donnés de janvier 1991 à septembre 1994

1- Messages divers

Janvier 1991 (guerre du Golf) à Vicka :

"Quand la guerre survient, c'est parce qu'il y a déjà la guerre dans les coeurs. Et cette guerre dans vos coeurs ne fait que sortir à l'extérieur. Mais, si vous faites la paix dans vos coeurs, alors la guerre extérieure s'arrêtera aussi."

21 janvier 1991

Des prêtres canadiens questionnent Marija sur les célébrations sans prêtre. Vaut-il mieux se déplacer dans un bourg voisin pour avoir la messe ? La Gospa dit que :

"La Sainte Messe ne peut se remplacer par rien d'autre."

Il vaut mieux se rendre dans un bourg voisin et assister à la messe.

18 mars 1991

L'apparition annuelle de Mirjana dura sept minutes. Mirjana la décrit ainsi : Cinq jours avant mon anniversaire, j'ai su dans la prière que la Vierge m'apparaîtrait à 19 heures 30. Ce soir-là, beaucoup de gens s'étaient rassemblés pour prier, et la Vierge est apparue exactement à 19 heures 30. Elle n'était pas triste comme l'an dernier. Sa venue ne fut pas précédée d'une lumière, comme au temps des apparitions quotidiennes. Au moment de partir, les cieux se sont ouverts, et j'ai vu trois anges qui l'attendaient.

Cette fois-ci, elle ne m'a pas parlé des secrets. J'ai prié trois Notre Père avec elle, l'un pour les incroyants, l'autre pour ceux qui en avaient besoin, le troisième pour les malades présents. Puis, elle nous a tous bénis, ainsi que les objets religieux que nous lui avions présentés. J'avais aussi beaucoup de questions de la part d'autres personnes. Pour toutes, elle ne m'a donné qu'une seule réponse :

"Priez les trois parties du Rosaire chaque jour, et assistez à la messe une fois par mois pour les incroyants. Dieu connaît les besoins qu'ils doivent m'apporter".

Voici le passage qu'elle me donna :

"Chers enfants, je suis heureuse que vous soyez rassemblés en si grand nombre. Je désire que vous vous rassembliez souvent dans une prière commune envers mon Fils. Avant tout, je désire que vous offriez des prières pour mes enfants qui ne connaissent pas mon amour, ni l'amour de mon Fils. Aidez-les à connaître cet amour. Aidez-moi, comme la mère de chacun de vous

Mes enfants, combien de fois vous ai-je déjà, à Medjugorje, invités à prier, et je vais continuer. Car je désire que vous ouvriez vos coeurs à mon Fils, que vous lui permettiez d'entrer en vous et de vous remplir de paix et d'amour. Permettez-le lui, laissez-le entrer !

Aidez-le par vos prières à répandre la paix et l'amour sur les autres, car cela est plus que nécessaire pour vous, en ces temps de lutte contre Satan.

Je vous le promets, mes enfants, je prierai pour vous. Mais j'attends de votre part une prière plus forte, et je vous invite à répandre la paix et l'amour, comme je vous l'ai tant demandé depuis dix ans, ici à Medjugorje.

Aidez-moi et je vais prier mon Fils pour vous."

25 juin 91

Au cours de son apparition annuelle à Ivanka, la Vierge lui parla de la moitié du sixième secret. Elle ne donna pas de message mais intercéda pour que notre prière pour la paix soit plus forte, et pour que nous soyons plus enracinés dans la foi.

Eté 91, à Mirjana (Pour des parents qui présentaient leurs enfants malades à la Vierge).

"Quand vous avez un malade, priez à mes intentions et offrez des sacrifices pour mes intentions. Et moi je m'occupe du malade."

octobre 1991, Vicka nous apprend :

"La Gospa a dit que lorsque le Signe viendra sur Podbrdo, il y aura encore un de nous quatre à la voir tous les jours. Après le signe, ce voyant continuera à la voir quelque temps. Mais nous ne savons pas lequel de nous."

novembre 1991, Vicka cite la Gospa à propos de la souffrance.

> **"Lorsque vous avez un problème, une souffrance, une maladie, ne dites pas : "Oh, pourquoi c'est tombé sur moi et pas sur quelqu'un d'autre !" Non, chers enfants, dites plutôt : "Seigneur, je te remercie pour le cadeau que tu me fais." Car la souffrance, lorqu'elle est offerte, est source de grandes grâces pour vous et pour les autres.**
>
> **Lorsque vous êtes malades, beaucoup d'entre vous ne prient que pour répéter : "Guéris-moi, guéris-moi !" Non, chers enfants, cela n'est pas bien ; car ainsi vos coeurs ne sont pas ouverts à Dieu. Vous refermez vos coeurs sur votre maladie et vous n'êtes ouverts ni à la volonté de Dieu, ni aux grâces qu'Il veut vous donner. Priez plutôt ainsi : "Seigneur, que ta volonté soit faite en moi." Alors seulement Dieu pourra vous communiquer ses grâces, selon vos vrais besoins qu'il connaît mieux que vous. Cela peut être la grâce de la guérison, la grâce d'une force nouvelle de la lumière, de la joie... Il vous suffit d'ouvrir vos coeurs à Dieu."**

novembre 1991

Vicka cite la Gospa à propos de la question d'un pélerin : Comment peut-on connaître sa vocation ?

> **"C'est dans la prière quotidienne que vous commencerez, de jour en jour, à écouter Dieu qui parle à vos coeurs. Il vous faut apprendre à entendre la voix de Dieu dans vos coeurs. Dieu veut toujours vous parler, la prière est une conversation avec lui. Il désire toujours vous montrer ce qu'il attend de vous, et vous faire connaître sa volonté. Pour cela, priez chaque jour avec le coeur. Si vous ne priez pas, vous ne pouvez connaître votre vocation."**

Et Vicka de confier : "Au début, nous posions beaucoup de questions à la Sainte Vierge. Elle nous a souvent dit : "Pourquoi me posez-vous tant de questions ? Priez seulement ; c'est dans la prière que vous trouverez les réponses dont vous avez besoin."

10 décembre 1991, à Marija

Vint-cinq jeunes suivent une retraite de cinq jours, pendant laquelle ils prient et jeûnent au pain et à l'eau. Marija les a rejoints pour l'heure de l'apparition, et la Gospa a donné ce message pour eux :

"Très chers, oh comme il me serait facile d'arrêter la guerre, si davantage de gens priaient, comme vous priez maintenant !"

18 mars 1992, à Mirjana

L'apparition a eu lieu en Italie. Celle-ci dura huit minutes au cours desquelles Mirjana pleurait... mais de joie ! La Vierge pria pour les malades, pour ceux qui ne connaissent pas l'amour de Dieu, pour les personnes présentes. Puis elle donna ce message :

" Chers enfants, maintenant plus que jamais j'ai besoin de vos prières. Je vous supplie de prendre le Rosaire dans vos mains, maintenant plus que jamais. Saisissez-le fortement et priez de tout votre coeur, en ces temps difficiles.
Merci d'avoir répondu à mon appel."

25 juin 1992, à Ivanka

Ivanka eut son apparition chez elle. La Gospa avait un visage grave. Au cours de l'apparition, Ivanka a levé les mains et elle a tenu celles de la Sainte Vierge. Celle-ci a dit :

"Je vous demande de vaincre Satan. Les armes pour le vaincre sont le jeûne et la prière. Priez pour la paix, car Satan veut détruire le peu de paix que vous avez."

2 octobre 1992 à Pordbrdo, à Ivan

"Chers enfants, ce soir aussi la Mère désire vous inviter(appeler) de manière spéciale en ce temps à prier. Chers enfants, Satan désire agir à travers des petites petites choses, chers enfants. Pour cela priez. En ce temps Satan est fort et il désire faire dévier aussi mon plan de paix. Il désire le détruire."

14 décembre 1992, à Ivan

Lors de l'apparition du soir sur la colline de Pordbrdo, la Vierge indiqua à Ivan ce qu'elle désirait de nous pour la neuvaine préparatoire à Noël.

"Ce soir, votre Mère désire vous inviter d'une manière spéciale durant ce temps à renouveler la prière en famille. Et au cours de la prière familiale, chers enfants, lisez davantage la Bible, et spécialement les passages qui concernent ce temps (de l'Avent). Priez, chers enfants, surtout en ce temps, et à travers la prière

préparez-vous au grand jour qui vient. Que ce Noël soit différent des autres : qu'il soit plus joyeux, chers enfants. Rappelez-vous, chers enfants, combien nous étions heureux dans l'étable, quand mon Fils est né. Que vos familles soient aussi heureuses que tout ceux qui étaient présents dans l'étable.

5 avril 1993, à Ivan

Elle fit de même pour les jours précédants Pâques, sur la même colline.

"Chers enfants, aujourd'hui encore votre Mère désire vous appeler à la prière. D'une manière spéciale, lisez davantage la Bible, surtout les passages concernant ce temps (Passion et Résurrection). Chers enfants, priez !"

18 mars 1993, à Mirjana

L'apparition annuelle eut lieu chez elle à Medjugorje. Elle dura sept minutes, et Mijana déclara ensuite qu'elle était "indiciblement heureuse au cours de cette apparition". La Gospa ne parla d'aucun secret avec Mirjana, elle pria avec elle pour les incroyants et donna ce message :

"Chers enfants ! Mon désir est celui-ci : donnez-moi vos mains, ainsi je pourrai vous porter comme une mère sur le juste chemin, ainsi je pourrai vous porter vers votre Père. Ouvrez votre coeur, et laissez-moi entrer. Priez, car je suis avec vous dans la prière. Priez, ainsi je pourrai vous guider. Je vous amènerai à la paix et au bonheur."

25 juin 1993, apparition annuelle à Ivanka

Chez Ivanka, quelques personnes étaient invitées, dont une TV italienne. L'apparition commença dans une certaine joie, mais très vite Ivanka se mit à pleurer, et c'est en larmes qu'elle pria le *Notre Père* et le *Gloire au Père* avec la Gospa. A l'issue de l'apparition, toute bouleversée, Ivanka ne s'attarda pas avec ses amis mais se retira discrètement.

Au cours de l'apparition, la Vierge lui montra des images terribles qu'Ivanka ne peut décrire. Ces choses sont pour bientôt, nous dit Ivanka ; elles concernent le monde en général. La Vierge pleurait. Au début de l'apparition elle donna ce message :

"Ouvrez vos coeurs à mon Fils, afin qu'Il puisse vous guider sur le juste chemin."

A la fin - après sept minutes - il y eut un deuxième message :

"Soyez porteurs de la paix."

Ivanka confia que cette apparition avait été la plus difficile pour elle depuis le début (en 1981). Elle ajouta que ces images ne concernaient pas les secrets, mais que par cela la Vierge voulait nous prévenir. Une sorte d'avertissement. Ivanka dit que ces choses peuvent être changées par notre prière.

A Marija (non daté) :

> **"L'avortement est un grand péché. Vous devez beaucoup aider les femmes qui ont avorté. Aidez-les à comprendre que c'est un péché, invitez-les à demander pardon à Dieu et à se confesser. Dieu est prêt à tout pardonner, car sa miséricorde est immense. Chers enfants, je vous appelle à aider et à protéger la vie."**

Mirjana (non daté) :

"Lorsque j'étais à Sarajevo, j'ai découvert que beaucoup de femmes avortaient autour de moi, et j'en ai parlé avec la Gospa. Elle m'a demandé d'aider ces femmes, surtout en leur témoignant beaucoup d'amour, tout l'amour que Dieu et Elle-même ont pour elles.

> **"L'avortement est un grand péché", dit la Gospa, "car avorter c'est tuer. Il est sûr que Dieu pardonnera ce péche aussi, car Il nous aime tous. Mais pour ce péché-là, Dieu demande au père et à la mère de l'enfant de faire un grand sacrifice (une grande pénitence). Cela est nécessaire."**

18 mars 1994, à Mirjana :

Après deux heures de prière intense, la Vierge apparut et bénit l'assemblée de sa bénédiction maternelle avec un sourire radieux et tendre. Elle dit :

> **"Chers enfants, aujourd'hui mon coeur est plein de bonheur. J'aimerais que tous les jours vous vous trouviez vous-mêmes dans la prière comme aujourd'hui, ce grand jour de prière. C'est seulement ainsi que l'on va vers le vrai bonheur, qui comble vraiment l'âme et le corps.**
> **Comme Mère, je désire vous aider en cela, permettez-le-moi. A nouveau, je vous dis : Ouvrez-moi vos coeurs, et laissez-moi vous guider. Mon chemin mène à Dieu. Je vous appelle à vous mettre en route ensemble, car vous voyez bien vous-mêmes qu'avec notre prière nous détruisons tout mal. Prions et espérons."**

Puis la Vierge pria pour les incroyants et les malades. Elle ne parla pas des secrets. Mirjana pleura d'émotion et de bonheur.

2- Les messages du mois

25 janvier 1991

"Chers enfants, aujourd'hui je vous invite à la prière comme jamais auparavant. Que votre prière soit prière pour la paix. Satan est puissant et il veut détruire non seulement la vie humaine mais aussi la nature et la planète sur laquelle vous vivez. Ainsi, chers enfants, priez pour être protégés par la bénédiction divine de paix.
Dieu m'a envoyée parmi vous pour vous aider. Si vous le voulez bien, emparez-vous du Rosaire ! Un simple Rosaire peut faire des miracles dans le monde et dans vos vies. Je vous bénis et je reste avec vous tant que Dieu le veut. Merci de ne pas trahir ma présence ici. Merci car votre réponse sert le bien et la paix.
Merci d'avoir répondu à mon appel."

25 février 1991

"Chers enfants, aujourd'hui je vous demande de vous décider pour Dieu, car l'inquiétude de vos coeurs produit comme fruit l'éloignement de Dieu. Dieu est la paix même, c'est pourquoi approchez-vous de lui par la prière personnelle. Ensuite, vivez la paix dans vos coeurs. De cette façon la paix de votre coeur coulera comme un fleuve sur le monde entier. Ne parlez pas de la paix, mais faites la paix ! Je bénis chacun d'entre vous et chacune de vos bonnes décisions.
Merci d'avoir répondu à mon appel."

25 mars 1991

"Chers enfants, aujourd'hui je vous invite à vivre la Passion de Jésus dans la prière et en union avec lui. Décidez-vous à donner davantage de temps à Dieu, lui qui vous a donné ces jours de grâce. Pour cela, chers enfants, priez et renouvelez l'amour pour Jésus d'une manière spéciale dans vos coeurs. Je suis avec vous, je vous accompagne de ma bénédiction et de mes prières.
Merci d'avoir répondu à mon appel."

25 avril 91

"Chers enfants, aujourd'hui je vous invite tous à ce que votre prière soit prière avec le coeur. Que chacun de vous trouve du temps pour la prière, afin de pouvoir découvrir Dieu dans la prière. Je ne veux pas que vous parliez de la prière, mais je désire que vous priez.

Que chacune de vos journées soit remplie de prières d'action de grâce envers Dieu, pour la vie et pour tout ce que vous avez. Je ne désire pas que votre vie se passe en paroles, mais glorifiez Dieu par vos actes. Je suis avec vous et je remercie Dieu pour chaque moment passé avec vous.
Merci d'avoir répondu à mon appel."

25 mai 1991

"Chers enfants, vous tous qui avez entendu mon message de paix, je vous invite à le réaliser avec sérieux et avec amour dans votre vie. Nombreux sont ceux qui pensent faire beaucoup en parlant des messages, mais qui ne les vivent pas. Je vous invite à la vie, chers enfants, et au changement de tout ce qui est négatif en vous, afin de tout transformer en positif et en vie.
Chers enfants, je suis avec vous et je veux aider chacun de vous à vivre, et à témoigner de la Bonne Nouvelle par votre vie. Je suis ici, chers enfants, pour vous aider et pour vous conduire au Ciel. Au Ciel se trouve la joie à travers laquelle vous pouvez vivre le Ciel dès à présent.
Merci d'avoir répondu à mon appel."

25 juin 1991

"Chers enfants, aujourd'hui, en ce grand jour que vous m'avez offert, je souhaite vous bénir tous et vous dire : vous vivez un temps de grâce en cette période où je suis avec vous. Je veux vous enseigner et vous aider à cheminer sur la voie de la sainteté. De nombreuses personnes ne veulent pas saisir mon message, ni accepter avec sérieux ce que je dis. Voilà pourquoi je vous appelle et je vous prie : soyez les témoins de ma présence par votre vie, et votre vie de tous les jours.
Si vous priez, Dieu vous fera découvrir la véritable raison de ma venue. C'est pourquoi, petits enfants, priez et lisez les Saintes Ecritures pour pouvoir découvrir par les Saintes Ecritures le message contenu pour vous dans mes venues.
Merci d'avoir répondu à mon appel."

25 juillet 1991

"Chers enfants, aujourd'hui je vous invite à prier pour la paix. Ces temps-ci la paix est menacée de manière particulière, et je vous demande de renouveler le jeûne et la prière dans vos familles.
Chers enfants, je désire que vous saisissiez la gravité de la situation, et qu'une grande partie de ce qui va arriver dépend

de votre prière. Or vous priez peu. Je suis avec vous, et je vous invite à commencer à prier et à jeûner avec sérieux, comme aux premiers jours de ma venue.
Merci d'avoir répondu à mon appel."

25 août 1991

"Chers enfants, aujourd'hui je vous appelle à la prière, maintenant comme jamais auparavant, alors que mes plans ont commencé à se réaliser. Satan est fort et veut balayer mes plans de paix et de joie, il veut vous faire croire que mon Fils n'est pas fort dans ses décisions.
C'est pourquoi j'appelle chacun d'entre vous, chers enfants, à prier et à jeûner avec encore plus de force. Je vous invite au renoncement durant neuf jours, de telle sorte qu'avec votre aide, tout ce que je voulais réaliser à travers les secrets que j'ai commencés à Fatima, puisse être accompli.
Je vous invite, chers enfants, à bien saisir l'importance de ma venue et la gravité de la situation. Je veux sauver toutes les âmes et les offrir à Dieu. C'est pourquoi prions pour que tout ce que j'ai commencé puisse être pleinement réalisé.
Merci d'avoir répondu à mon appel."

25 septembre 1991

"Chers enfants, aujourd'hui je vous appelle tous d'une manière spéciale à la prière et au renoncement. Maintenant comme jamais auparavant Satan désire montrer au monde son visage honteux, par lequel il veut tromper le plus de gens possible et les mener sur le chemin de la mort et du péché. C'est pourquoi, chers enfants, aidez mon Coeur Immaculé à triompher dans un monde de péché. Je prie chacun de vous d'offrir des prières et des sacrifices à mes intentions, afin que je puisse les offrir à Dieu pour les besoins les plus grands.
Oubliez vos désirs et priez, chers enfants, pour ce que Dieu veut et non pour ce que vous voulez.
Merci d'avoir répondu à mon appel."

25 octobre 1991

"Chers enfants, priez, priez, priez."

25 novembre 1991

"Chers enfants, cette fois-ci aussi je vous invite à la prière. Priez, afin de pouvoir saisir ce que Dieu veut vous dire à travers ma

présence et à travers les messages que je vous donne. Je désire vous rapprocher encore plus de Jésus et de son coeur blessé afin que vous puissiez comprendre son incommensurable amour, qui s'est donné pour chacun de vous. C'est pourquoi, chers enfants, priez pour que de vos coeurs se répande une fontaine d'amour envers chaque être humain, aussi bien ceux qui vous haïssent que ceux qui vous méprisent. De cette manière, grâce à l'amour de Jésus, vous serez capables de vaincre toute misère dans ce monde de douleur qui est sans espérance pour ceux qui ne connaissent pas Jésus.
Merci pour tous vos sacrifices et vos prières. Priez pour que je puisse vous aider encore plus. Vos prières me sont nécessaires.
Merci d'avoir répondu à mon appel".

25 décembre 91

"Chers enfants, aujourd'hui je vous apporte le petit Jésus d'une manière particulière, afin qu'il vous bénisse de sa bénédiction de Paix et d'Amour.
Chers enfants, n'oubliez pas que cela est une grâce que beaucoup de personnes ne comprennent pas, ni n'acceptent. C'est pourquoi, vous qui dites être à moi et qui recherchez mon aide, donnez tout de vous-mêmes. Tout d'abord donnez votre amour dans vos familles et montrez-y l'exemple. Vous dites que Noël est une fête de famille, donc chers enfants, mettez Dieu à la première place dans vos familles, afin qu'il vous donne la paix et qu'il vous protège, non seulement de la guerre, mais aussi, au sein de la paix, de toute attaque satanique.
Quand Dieu est avec vous, vous avez tout. Mais quand vous ne le désirez pas, vous êtes misérables et vous ne savez pas du côté de qui vous êtes. C'est pourquoi, chers enfants, décidez-vous pour Dieu, et alors, vous aurez tout.
Merci d'avoir répondu à mon appel".

- 1992 -

25 janvier 1992

"Chers enfants ! Aujourd'hui je vous appelle à renouveler la prière dans vos familles, pour qu'ainsi chaque famille devienne joie pour mon Fils Jésus. C'est pourquoi, chers enfants, priez et

recherchez plus de temps pour Jésus. Ainsi vous pourrez comprendre tout et accepter tout, même les maladies et les croix les plus pénibles. Je suis avec vous et je désire vous prendre dans mon coeur et vous protéger. Mais vous ne vous êtes pas encore décidés. C'est pourquoi, chers enfants, je recherche vos prières afin que par la prière vous me permettiez de vous aider. Priez, mes chers petits enfants, afin que la prière devienne votre nourriture quotidienne.
Merci d'avoir répondu à mon appel."

25 février 1992

"Chers enfants ! Aujourd'hui je vous invite à vous rapprocher encore plus de Dieu, à travers la prière. Seulement ainsi, pourrai-je vous aider et vous protéger de toute attaque satanique. Je suis avec vous et j'intercède pour vous auprès de Dieu afin qu'il vous protège. Mais j'ai besoin de vos prières et de votre "oui". Vous vous perdez facilement dans les choses matérielles et humaines, et vous oubliez que Dieu est votre plus grand ami. C'est pourquoi, mes chers petits enfants, rapprochez-vous de Dieu afin qu'il vous protège et vous garde de tout mal.
Merci d'avoir répondu à mon appel."

25 mars 1992

"Chers enfants ! Aujourd'hui comme jamais auparavant, je vous invite à vivre mes messages et à les mettre en pratique dans votre vie. Je suis venue chez vous pour vous aider, c'est pourquoi je vous invite à changer de vie. Vous avez pris un chemin de misère, un chemin de ruine. Quand je vous ai dit : "Convertissez-vous, priez, jeûnez, réconciliez-vous", vous avez pris ces messages superficiellement. Vous avez commencé à les vivre pour ensuite les abandonner, parce que c'était difficile pour vous. Non, chers enfants ! Quand une chose est bonne vous devez persévérer dans le bien et ne pas penser : "Dieu ne me voit pas, Il ne m'écoute pas, Il ne m'aide pas". Et ainsi vous vous êtes éloignés de Dieu et de moi à cause de votre intérêt. Je désirais faire de vous une oasis de Paix, d'Amour et de Bonté. Dieu désirait, par votre amour et avec son aide, que vous fassiez des miracles et ainsi donniez l'exemple. C'est pourquoi, voici ce que je vous dis : Satan se joue de vous et de vos âmes, et moi, je ne peux pas vous aider parce que vous êtes loin de mon coeur. C'est pourquoi priez, vivez mes messages et ainsi vous verrez les miracles de l'amour de Dieu dans votre vie quotidienne.
Merci d'avoir répondu à mon appel."

25 avril 1992

"Chers enfants ! Aujourd'hui encore je vous invite à la prière. C'est seulement par la prière et le jeûne que la guerre peut être arrêtée. C'est pourquoi, mes chers petits enfants, priez et témoignez par votre vie que vous êtes miens et que vous m'appartenez. Car Satan, dans ces jours agités, désire séduire le plus d'âmes possible. C'est pourquoi je vous invite à vous décider pour Dieu, il vous protégera et vous montrera ce que vous devez faire, et quel chemin emprunter. J'invite tous ceux qui m'ont dit "oui" à renouveler leur consécration à mon Fils Jésus et à son Coeur, et à moi-même, de telle sorte que nous puissions vous prendre plus intensément comme instruments de paix dans ce monde sans paix. Medjugorje est un signe pour vous tous, et une invitation pour vous à prier et à vivre les jours de grâce que Dieu vous donne. C'est pourquoi, chers enfants, saisissez cet appel à la prière avec sérieux. Je suis avec vous et votre souffrance est aussi la mienne.
Merci d'avoir répondu à mon appel."

25 mai 1992

"Chers enfants ! Aujourd'hui encore je vous appelle à la prière pour qu'à travers la prière vous vous rapprochiez encore plus de Dieu. Je suis avec vous et je désire vous conduire sur le chemin du salut que Jésus vous donne. De jour en jour, je suis de plus en plus proche de vous, bien que vous n'en ayez pas conscience, et que vous ne vouliez pas admettre que vous ne vous êtes attachés à moi qu'un tout petit peu. Lorsque des tentations et des problèmes surviennent, vous dites : " O Dieu, O Mère, où êtes-vous ?" Et moi, je ne fais qu'attendre que vous me donniez votre "oui" pour le transmettre à Jésus, et qu'il puisse vous combler de grâces. C'est pourquoi, encore une fois, acceptez mon appel et commencez à nouveau à prier jusqu'à ce que la prière devienne joie pour vous. Alors vous allez découvrir que Dieu est tout-puissant dans votre vie quotidienne. Je suis avec vous et je vous attends.
Merci d'avoir répondu à mon appel."

25 juin 1992

"Chers enfants ! Aujourd'hui je suis heureuse, même si dans mon coeur il y a encore un peu de tristesse pour tous ceux qui se sont mis en route sur ce chemin et qui l'ont ensuite abandonné. Ma présence ici est pour vous conduire sur un chemin nouveau : le chemin du salut. C'est pourquoi je vous appelle jour après

jour à la conversion. Mais si vous ne priez pas, vous ne pouvez pas dire que vous êtes en train de vous convertir. Je prie pour vous et j'intercède auprès de Dieu pour la paix : d'abord pour la paix dans vos coeurs et ensuite pour la paix dans votre entourage, afin que Dieu soit votre paix.
Merci d'avoir répondu à mon appel."

(La Vierge a donné à toutes les personnes présentes sa Bénédiction Spéciale).

25 juillet 1992

"Chers enfants ! Aujourd'hui encore je vous invite tous à nouveau à la prière, une prière de joie, afin qu'en ces jours douloureux personne d'entre vous ne ressente de la tristesse dans la prière, mais une rencontre joyeuse avec son Dieu Créateur. Priez, petits enfants, pour pouvoir être plus près de moi et pour sentir à travers la prière ce que je désire de vous. Je suis avec vous, et chaque jour je vous bénis de ma bénédiction maternelle afin que le Seigneur vous comble tous de l'abondance de sa grâce, pour votre vie quotidienne. Remerciez Dieu pour ce don : que je puisse être avec vous, parce que je vous le dis : ceci est une grande grâce.
Merci d'avoir répondu à mon appel."

25 août 1992

"Chers enfants ! Aujourd'hui je désire vous dire que je vous aime. Je vous aime de mon amour maternel et je vous invite à vous ouvrir complètement à moi, afin qu'à travers chacun de vous je puisse convertir et sauver ce monde où il y a beaucoup de péché et beaucoup de choses mauvaises. C'est pourquoi, mes chers petits enfants, ouvrez-vous complètement à moi pour que je puisse vous entraîner toujours davantage vers l'amour merveilleux de Dieu le Créateur qui se révèle à vous de jour en jour. Je suis avec vous et je désire vous révéler et vous montrer le Dieu qui vous aime.
Merci d'avoir répondu à mon appel. "

25 septembre 1992

"Cher enfants, aujourd'hui encore je voudrais vous dire : "Je suis avec vous aussi en ces jours troublés durant lesquels Satan désire détruire tout ce que moi-même et mon Fils Jésus construisons". Il désire tout spécialement détruire vos âmes. Il désire vous entraîner le plus loin possible de la vie chrétienne ainsi que

des commandements que l'Eglise vous appelle à vivre. Satan désire détruire tout ce qui est saint en vous et autour de vous. C'est pourquoi, petits enfants, priez, priez, pour être capables de saisir tout ce que Dieu vous donne à travers mes venues." Merci d'avoir répondu à mon appel."

25 octobre 1992

"Cher enfants, je vous invite à la prière maintenant que Satan est fort et veut s'approprier le plus possible d'âmes. Priez, chers enfants, et ayez davantage confiance en moi parce que je suis ici avec vous pour vous aider et pour vous guider sur une nouvelle route vers une vie nouvelle.
C'est pourquoi, chers petits enfants, écoutez et vivez ce que je vous dis parce que ce sera important pour vous, quand je ne serai plus avec vous, de vous souvenir de mes paroles, de tout ce que je vous ai dit. Moi, je vous invite à commencer de nouveau à changer votre vie et à vous décider pour la conversion, non en paroles mais avec votre vie.
Merci d'avoir répondu à mon appel."

25 novembre 1992

"Chers enfants, aujourd'hui comme jamais je vous invite à prier. Que votre vie devienne toute entière prière. Sans amour, on ne peut prier. C'est pourquoi, je vous invite à aimer avant tout le Dieu Créateur de vos vies et alors vous reconnaîtrez Dieu et vous l'aimerez en tous, comme Lui-même vous aime.
Chers enfants, c'est une grâce que je sois avec vous, c'est pourquoi acceptez et vivez mes messages pour votre bien. Je vous aime et c'est pour cela que je suis avec vous, afin de vous enseigner et de vous conduire dans une vie nouvelle de conversion et de renoncement. Seulement ainsi vous découvrirez Dieu et tout ce qui est maintenant loin de vous. C'est pourquoi, petits enfants, priez !
Merci d'avoir répondu à mon appel".

25 décembre 1992

"Chers enfants, aujourd'hui, je désire vous mettre tous sous mon manteau et vous protéger de toutes les attaques sataniques. Aujourd'hui, c'est le jour de la Paix, mais dansle monde entier il y a un grand manque de paix. C'est pourquoi je vous appelle tous à construire avec Moi, à travers la prière, un nouveau monde de paix ; cela, je ne peux le faire sans vous et c'est

pourquoi je vous appelle tous avec mon amour maternel et Dieu fera le reste. Alors ouvrez-vous au plan de Dieu et à ses desseins afin de pouvoir collaborer avec Lui à la paix et au bien. N'oubliez pas que votre vie ne vous appartient pas mais que c'est un don à travers lequel vous devez donner la joie aux autres et les guider vers la vie éternelle. Chers enfants, que la tendresse de mon Petit Jésus vous accompagne toujours.
Merci d'avoir répondu à mon appel."

- 1993-

25 janvier 1993

"Cher enfants, aujourd'hui je vous invite à accepter et à vivre avec sérieux mes messages. Ces jours sont des jours pendant lesquels vous devez vous décider pour Dieu, pourla paix et pour le bien, que toute haine et toute jalousie disparaissent de votre vie et de vos pensées, et que seul y habite l'amour envers Dieu et envers le prochain. Ainsi, seulement ainsi, vous serez capables de discerner les signes de ce temps. Je suis avec vous et je vous guide vers un temps nouveau, temps que Dieu vous donne comme une grâce pour le connaître encore davantage.
Merci d'avoir répondu à mon appel."

25 février 1993

"Cher enfants, aujourd'hui je vous bénis de ma bénédiction maternelle, et je vous invite tous à la conversion. Je désire que chacun de vous se décide à changer sa vie, et que chacun de vous travaille davantage dans l'Eglise, non par des paroles ni par la pensée, mais par l'exemple, afin que votre vie soit un joyeux témoignge de Jésus. Vous ne pouvez pas dire que vous êtes convertis, car votre vie doit devenir u e conversion de chaque jour. Pour conprendre ce que vous devez faire, petits enfants, priez, et Dieu vous donnera ce que concrètement vous avez à faire et en quoi vous devez changer. Je suis avec vous, et je vous mets tous sous mon manteau. Merci d'avoir répondu à mon appel."

25 mars 1993

"Cher enfants, aujourd'hui comme jamais auparavant, je vous appelle à prier pour la paix ; la paix dans vos coeurs, dans vos familles et dans le monde entier. Satan veut la guerre. Il ne veut pas la paix. Priez, priez, priez.
Merci d'avoir répondu à mon appel."

25 avril 1993

"Cher enfants, aujourd'hui je vous invite tous à éveiller vos coeurs à l'amour. Allez dans la nature et regardez comment la nature s'éveille, cela vous sera une aide pour ouvrir vos coeurs à l'amour de Dieu-Créateur. Je désire que vous réveilliez l'amour dans vos familles, de telle sorte que là où se trouvent le manque de paix et la haine, l'amour règne. Et quand il y a l'amour dans vos coeurs, alors il y a aussi la prière. Et n'oubliez pas, chers enfants, que je suis avec vous et que je vous aide par ma prière, afin que Dieu vous donne la force d'aimer. Je vous bénis et je vous aime de mon amour maternel.
Merci d'avoir répondu à mon appel."

25 mai 1993

"Chers enfants, aujourd'hui je vous appelle à vous ouvrir à Dieu par la prière, afin que le Saint-Esprit commence à faire des miracles en vous et à travers vous. Car, chers petits enfants, chacun de vous est important dans mon plan de salut.
Je vous invite à être porteurs de bien et de la paix. Dieu peut vous donner la paix seulement si vous vous convertissez et si vous priez. C'est pourquoi, mes chers petits enfants, priez, priez, priez, et faites ce que le Saint-Esprit vous inspirera.
Merci d'avoir répondu à mon appel."

25 juin 1993

"Chers enfants, aujourd'hui encore je me réjouis de votre présence ici. Je vous bénis de ma bénédiction maternelle, et j'intercède pour chacun de vous auprès de Dieu. Je vous appelle à nouveau à vivre mes messages et à les mettre en pratique dans votre vie. Je suis avec vous, et je vous bénis tous de jour en jour. Chers enfants, ces temps-ci sont particuliers, et c'est pourquoi je suis avec vous pour vous aimer et vous protéger ; pour protéger vos coeurs de Satan et vous rapprocher tous davantage du Coeur de mon Fils Jésus.
Merci d'avoir répondu à mon appel."

25 juillet 1993

"Chers enfants, je vous remercie pour vos prières et pour l'amour que vous me montrez. Je vous invite à vous décider à prier à mes intentions. Chers enfants, offrez des neuvaines, vous sacrifiant là où vous vous sentez le plus liés. Je désire que votre vie soit liée à moi.
Je suis votre Mère, et je désire, petits enfants, que Satan ne vous fourvoie pas, car il désire vous mener sur le mauvais chemin. Mais il ne le peut pas si vous ne le lui permettez pas. C'est pourquoi, petits enfants, renouvelez la prière dans vos coeurs, et alors vous comprendrez mon appel et mon vif désir de vous aider.
Merci d'avoir répondu à mon appel."

25 août 1993

"Chers enfants, je désire que vous saisissiez que je suis votre Mère. Je désire vous aider et vous appeler à la prière, car seulement par la prière vous pouvez saisir, accepter mes messages et les mettre en pratique dans votre vie.
Lisez les Saintes Ecritures, vivez-les et priez, afin de saisir les signes de ce temps. Celui-ci est un temps spécial. C'est pourquoi je suis avec vous, afin de vous rapprocher de mon Coeur et du Coeur de mon Fils Jésus.
Chers petits enfants, je désire que vous soyez des enfants de lumière et non pas de ténèbre. Pour cela vivez ce que je vous dis.
Merci d'avoir répondu à mon appel."

25 septembre 1993

"Chers enfants, je suis votre Mère, et je vous invite à vous rapprocher de Dieu à travers la prière, parce que Lui seul est votre Paix, votre Sauveur.
C'est pourquoi, petits enfants, ne cherchez pas des consolations matérielles, mais cherchez Dieu.
Je prie pour vous, et j'intercède auprès de Dieu pour chacun individuellement. Je recherche votre prière, afin que vous m'acceptiez moi-même et que vous acceptiez mes messages comme aux premiers jours des apparitions.
Et alors seulement, lorsque vous ouvrirez vos coeurs et que vous prierez, des miracles s'accompliront.
Merci d'avoir répondu à mon appel."

25 octobre 1993

"Chers enfants, au cours des années je vous ai invités à prier et à vivre ce que je vous dis, mais vous vivez peu mes messages. Vous parlez, mais vous ne vivez pas, c'est pourquoi, petits enfants, cette guerre dure si longtemps. Je vous invite à vous ouvrir à Dieu et à vivre avec Dieu dans votre coeur, en vivant le Bien et en témoignant de mes messages.
Je vous aime, et je désire vous protéger de tout mal. Mais vous ne le voulez pas ! Chers enfants, je ne peux pas vous aider si vous ne vivez pas les commandements de Dieu, si vous ne vivez pas la Messe, si vous ne rejetez pas le péché.
Je vous invite à devenir apôtres de l'amour et de la bonté. En ce monde sans paix, témoignez de Dieu et de l'amour de Dieu, et Dieu vous bénira et vous donnera ce que vous lui demandez.
Merci d'avoir répondu à mon appel."

25 novembre 1993

"Chers enfants, en ces temps-ci je vous appelle comme jamais auparavant à vous préparer à la venue de Jésus. Que le petit Jésus règne dans vos coeurs, et quand Jésus sera votre ami, seulement alors vous serez heureux.
Cela ne sera pas difficile de prier ni d'offrir des sacrifices, ni de témoigner de la grandeur de Jésus dans votre vie, car il vous donnera la force et la joie en ces temps.
Je vous suis proche par ma prière et mon intercession, et je vous aime et vous bénis tous.
Merci d'avoir répondu à mon appel."

25 décembre 1993

"Chers enfants, aujourd'hui je me réjouis avec le petit Jésus, et je désire que la joie de Jésus entre dans chaque coeur. Petits enfants, avec le message je vous donne, ainsi que mon Fils Jésus, la bénédiction, afin que dans chaque coeur règne la paix.
Je vous aime, petits enfants, et je vous invite tous à vous rapprocher de moi par la prière. Vous parlez, parlez, mais vous ne priez pas.
C'est pourquoi, petits enfants, décidez-vous pour la prière, seulement ainsi vous serez heureux, et Dieu vous donnera ce que vous recherchez de Lui.
Merci d'avoir répondu à mon appel."

1994

25 janvier 1994

"Chers enfants, vous êtes tous mes petits enfants. Je vous aime. Mais, petits enfants, vous ne devez pas oublier que sans la prière vous ne pouvez être proches de moi.
En ces temps, Satan veut susciter le désordre dans vos coeurs et vos familles. Petits enfants, ne lui cédez pas ! Vous ne devez pas lui permettre de vous diriger, ni vous, ni votre vie.
Je vous aime, et j'intercède pour vous auprès de Dieu. Petits enfants, priez. Merci d'avoir répondu à mon appel."

25 février 1994

"Aujourd'hui je vous remercie de vos prières. Vous tous m'avez aidée pour que cette guerre s'arrête le plus tôt possible. Je suis proche de vous, et prie pour chacun de vous.
Je vous en prie : Priez, priez, priez. Par la prière uniquement nous pouvons vaincre le mal et protéger tout ce que Satan veut détruire dans vos vies. Je suis votre Mère, et je vous aime tous de la même façon, et j'intercède pour vous auprès de Dieu.
Merci d'avoir répondu à mon appel."

25 mars 1994

"Chers enfants, aujourd'hui je me réjouis avec vous, et je vous invite à vous ouvrir à moi et à devenir instruments entre mes mains pour le salut du monde.
Je désire, petits enfants, que vous tous qui avez senti l'odeur de la sainteté à travers ces messages que je vous donne, vous la portiez à ce monde affamé de Dieu et de l'amour de Dieu.
Je vous remercie tous, qui avez répondu si nombreux, et je vous bénis de ma bénédiction maternelle.
Merci d'avoir répondu à mon appel."

25 avril 1994

"Chers enfants, aujourd'hui je vous invite à vous décider à prier à mon intention. Petits enfants, j'invite chacun de vous à aider à la réalisation de mon plan à travers cette paroisse. Maintenant de manière spéciale, je vous invite, petits enfants, à vous décider à cheminer sur la voie de la sainteté. Seulement de cette manière vous serez proches de moi. Je vous aime, et je désire vous conduire tous avec moi au Paradis. Mais si vous ne priez pas et si vous n'êtes

ni humbles ni obéissants aux messages que je vous donne, je ne peux pas vous aider. Merci d'avoir répondu à mon appel."

25 mai 1994

"Chers enfants, je vous invite tous à avoir davantage confiance en moi et à vivre plus profondément mes messages. Je suis avec vous, et j'intercède pour vous auprès de Dieu. Mais j'attends aussi que vos coeurs s'ouvrent à mes messages.
Réjouissez-vous, parce que Dieu vous aime et vous donne chaque jour la possibilité de vous convertir et de croire davantage en Dieu Créateur. Merci d'avoir répondu à mon appel."

25 juin 1994

"Chers enfants, aujourd'hui je me réjouis dans mon Coeur en vous regardant tous, présents ici. Je vous bénis, et je vous appelle tous à vous décider à vivre mes messages que je vous donne ici.
Je désire, petits enfants, vous mener tous à Jésus, car Il est votre Salut. C'est pourquoi, petits enfants, plus vous prierez, plus vous serez à moi et à mon Fils Jésus.
Je vous bénis tous de ma bénédiction, et merci d'avoir répondu à mon appel."

25 juillet 1994

"Chers enfants, aujourd'hui je vous invite à vous décider patiemment à consacrer du temps à la prière. Petits enfants, vous ne pouvez pas dire que vous êtes à moi et que vous avez fait l'expérience de la conversion à travers mes messages, si vous n'êtes pas prêts à donner chaque jour du temps à Dieu.
Je suis proche de vous, et je vous bénis tous. Petits enfants, n'oubliez pas que si vous ne priez pas, vous n'êtes pas proches ni de moi ni de l'Esprit Saint qui vous conduit sur le chemin de la sainteté. Merci d'avoir répondu à mon appel."

25 août 1994

"Chers enfants, aujourd'hui je m'unis à vous d'une manière particulière, priant pour le don de la présence de mon fils bien-aimé dans votre patrie. Priez, petits enfants, pour la santé de mon plus cher des fils qui souffre et que j'ai choisi pour ces temps.
Je prie et j'intercède auprès de mon Fils Jésus, afin que se réalise le rêve qu'avaient vos pères.
Priez, petits enfants, de manière particulière, car Satan est fort et veut détruire l'espérance dans vos coeurs. Je vous bénis.
Merci d'avoir répondu à mon appel."

Présentation des voyants

IVAN

Ivan 25 ans, est berger du groupe de prière des jeunes qui se réunit les lundi et vendredi soir sur les montagnes de Medjugorje depuis 1982. La Vierge lui donne des messages pour guider ce groupe de jeunes.

D'un caractère plutôt réservé et solitaire, il consacre pourtant ses matinées à l'accueil des pèlerins, pour qui il est un bon témoin des apparitions. Parmi les voyants, Ivan est plus particulièrement chargé de transmettre les messages concernant la famille, l'éducation et les jeunes.

VICKA

Vicka 26 ans, frappe toujours les pèlerins par sa joie et sa disponibilité. Parmi les voyants, c'est elle qui témoigne le plus volontiers auprès des pèlerins, leur communiquant avec force et simplicité l'amour de la Sainte Vierge. Elle n'hésite pas à imposer les mains aux malades. Elle-même a connu de grandes souffrances physiques, avant d'être guérie miraculeusement par Marie.

MARIJA

Marija, 25 ans, est recueillie et profonde. Une grande paix et un grand amour se dégagent d'elle, ce qui permet à ses proches de ressentir intensément la présence de la Vierge et sa tendresse. Très généreuse, elle fit preuve de détermination et de courage en donnant l'un de ses reins à son frère malade. C'est elle qui reçoit les messages pour le monde.

JACOV

Jacov, 18 ans, est un jeune bien de son temps. Il aime la musique pop et la compagnie de ses amis du village. Il n'a pas la charge de témoigner aux pèlerins, dont il est très indépendant. C'est lui qui a le plus fait sourire la Sainte Vierge...

MIRJANA

Mirjana, 25 ans, est la seule des voyantes à avoir vécu en ville, à Sarajevo, ce qui la rend un peu différente dans sa mentalité. Elle a fait des études universitaires, s'est mariée en septembre 89, elle a eu son premier enfant en décembre 1990. Depuis Noël 82, elle a ses 10 secrets et ne voit plus la Vierge tous les jours. Mais le 2e jour de chaque mois, la Vierge vient prier avec elle longuement, pour les incroyants.

IVANKA

Ivanka, 25 ans, est mariée et mère de 2 enfants. Elle a reçu son 10e secret en mai 85, et ne voit plus la Vierge qu'une fois par an, le 25 juin. Elle souhaite vivre une vie familiale normale, loin de l'oeil des pèlerins. Humble et d'une grande bonté de coeur, elle étonne toujours ses proches par sa simplicité et son amour.

PÈRE JOZO ZOVKO

Le père Jozo Zovko, 47 ans, est le héros des premiers jours des apparitions. Curé des voyants, il a d'abord été sceptique car il craignait une manipulation des communistes pour ridiculiser la religion. Grâce à une apparition de la Vierge, il est devenu lui-même l'ardent défenseur de Medjugorje. Sa détermination et son courage l'ont conduit en prison. Sans doute le meilleur témoin des apparitions, il reçoit chaque jour des centaines de pèlerins à Tihalina, sa nouvelle paroisse. Sa parole de feu et ses charismes sont bouleversants. Le père Jozo est l'un des plus grands spirituels de notre temps.

Note de l'éditeur : Les âges des enfants mentionnés dans cette annexe ne sont plus à jour. Voici les dates de naissance de chacun des voyants :

Ivanka : 21 juin 1966 ; Vicka : 3 septembre 1964 ; Marija : 1er avril 1965 ; Mirjana : 18 mars 1965 ; Ivan : 25 mai 1965 ; Jakov : 6 mars 1971

ANNEXE 3

les enfants de Medjugorje ©

15, rue Joseph le Brix, 76800 St Etienne du Rouvray, France

QUELLE FAMILLE ?

Vous êtes motivé par Medjugorje, vous avez été touché par un pèlerinage, un livre, une conférence... et vous ressentez le besoin de développer cette grâce en rejoignant d'autres personnes elles-aussi conquises par la Reine de la Paix ?

Vous percevez l'appel urgent de notre monde meurtri par les ténèbres et vous désirez travailler activement aux côtés de la Vierge pour vivre et répandre avec Elle la vraie paix du coeur et les nombreux trésors de Medjugorje ?

Vous voulez hâtez la réalisation de Ses plans et vous recherchez des moyens concrets pour cela ?

Vous êtes alors le bienvenu parmi les "Enfants de Medjugorje" qui vous accueillent avec joie. Cette famille, reconnue comme "Association" en France et présidée par le Docteur Vincent Maillard, existe dans plusieurs pays, et certains de ses membres habitent Medjugorje.

Tout a commencé le 23 août 1983...

Le Docteur Philippe Madre (Communauté des Béatitudes) et le Père Emiliano Tardif reçoivent un message privé de la Vierge, transmis par Marija Pavlovic à l'issue de l'apparition :

> **"J'ai moi-même invité chacun de vous en ce lieu, car j'ai besoin de vous pour transmettre mes messages au monde entier".**

Cette demande qui vient du Ciel est la parole fondatrice de la famille des "Enfants de Medjugorje", la Gospa compte sur nous !

3 BUTS

La Fondation d'un Centre spirituel francophone (dès que la situation le permettra)

Ce centre comprendra un lieu de prière chaleureux où l'on pourra se recueillir à l'écart de la foule. C'est là aussi que nous proposerons aux pèlerins une explication claire des messages que la Vierge donne depuis 1981 afin que chacun puisse comprendre les désirs que notre Mère exprime à Medjugorje et y répondre de tout son être. Ce sera pour tous l'occasion de se mettre à son école et de comprendre combien Elle nous veut pour réaliser son plan envers toute l'humanité.

Ce Centre assurera toutes sortes de services spirituels pour les pèlerins avec lieux de rencontre extérieurs et intérieurs, petites pièces pour l'accueil individuel, un point de vente où trouver livres, cassettes audio et vidéo. Grâce à la générosité des premiers "Enfants", nous avons pu acquérir un très beau terrain pour ce Centre, à 6mn. seulement de l'église et 10 mn. de chez les voyants... Merci à la Providence !

Nous ne ferons pas d'hébergement, Medjugorje étant bien pourvu.

Des initiatives dans nos pays

Elles ont pour but d'aider la Reine de la Paix à rassembler un maximum d'enfants sous son manteau. Pour cela nous avons déjà :

- publié tous ses messages dans le livre "*Paroles du Ciel*"
- enregistré dix cassettes audio sur Medjugorje,
- organisé des conférences avec divers témoins,
- lancé sur Minitel et répondeurs téléphoniques le message mensuel,
- suscité des veillées de prière ici ou là pour la Paix,
- distribué les messages dans les pays pauvres,
- publié un livre *"Medjugorje, la guerre au jour le jour"*, de Soeur Emmanuel,

Et ce n'est qu'un commencement...

Une lettre d'information

Une publication est envoyée gratuitement aux "Enfants de Medjugorje" tous les deux mois. Vous y trouverez des nouvelles de Medjugorje : les principaux messages, nos projets, la vie des voyants, des suggestions de démarches personnelles envers la Vierge ; ainsi vous demeurez en lien de coeur avec l'antenne oeuvrant sur place et avec tous les "Enfants de Medjugorje".

Cette lettre est gratuite grâce à l'aide que chacun envoie selon son coeur.

3 ENGAGEMENTS

Devenir "Enfants de Medjugorje" est une décision qui se prend dans la prière, car travailler aux oeuvres de Dieu demande souvent courage et tenacité. Un triple engagement vous est offert :

1- **Prier chaque jour** pour que les plans de la Gospa à Medjugorje se réalisent pleinement et que satan ne les contrecarre en rien. Prendre en charge un des six voyants en disant une prière à l'Esprit Saint ou une dizaine de chapelet afin qu'il devienne un saint. Une photo de lui pourra vous être envoyée sur simple demande.

2- **Diffuser** autour de vous les brochures, tracts et cassettes qui vous sont proposés sur Medjugorje ; user d'imagination créatrice !

3- **Soutenir matériellement** la construction du Centre et les autres initiatives pour la Gospa. Chacun donne avec joie et selon son coeur, de manière ponctuelle ou régulière.Merci anticipé à vous tous, instruments de la Providence !

Il va sans dire que chaque "Enfant de Medjugorje" est porté dans la prière devant la Vierge. Vos intentions de prière sont transmises aux voyants qui les confient à Marie lors de l'apparition. Vous pouvez nous les envoyer à cette adresse :

"Enfants de Medjugorje", Poste Restante, 88266 Medjugorje, CROATIE.

(ne pas envoyer vos inscriptions ni vos dons à Medjugorje)

Et dans l'immense joie de travailler ensemble avec la Sainte Vierge pour que la lumière de Dieu transfigure le monde, nous vous disons :

GRACE ET PAIX !

Soeur Emmanuel

Pour en savoir plus

EN CASSETTES AUDIO :
Commander à Diakonia-Service, 35750 Iffendic, France, 25 F (13 F pour les adhérents Diakonia) :

311 **"Medjugorje ou la saveur de Dieu"**
par Cyrille Auboyneau et Sr Emmanuel.
Ce qu'il faut savoir sur Medjugorje .

312 **"Medjugorje, l'école de l'amour"**
par Cyrille Auboyneau et Sr Emmanuel.
Profonde vision du plan de Marie.

T37 **"Medjugorje, les voyants racontent"**
par Sr Emmanuel (existe en anglais)
Vicka, Ivan et Marija interviewés.

315 **"Medjugorje, avec Elle sur la montagne"**
Chants croates avec Ivan - Apparition du soir (existe aussi en anglais).

BP 10 **"Une Femme géniale" (interdit aux plus de vingt ans)** par Soeur Emmanuel. *Evangélisation de base pour les jeunes, sur Medjugorje.*

327 **" Vivre Medjugorje"** par Sr Emmanuel
Comment Marie peut changer notre vie quotidienne.

326 **"Vicka à Paris"**
Son Témoignage lors de sa venue en février 1991 qui a convertit tant de coeurs.

367 **"Medjugorje, le Père Jozo raconte"**
Récit poignant d'un homme saisi par la Vierge, qui parle d'Elle avec les accents d'un prophète.

UNE RETRAITE SUR MEDJUGORJE EN CASSETTE

Soeur Emmanuel a prêché une retraite sur le thème : "Avec Marie, l'Ecole de l'amour et de la sainteté", en juillet 1991. Cette retraite, entièrement basée sur les messages de la Vierge, aide à les mettre en pratique dans la vie quotidienne.

6 cassettes diffusées exclusivement par Xavier Jooris, 12 av. des Bécasses, B-1640 RHODE ST GENESE, Belgique et non à Diakonia Service.

- *Jusqu'à l'infini j'ai besoin d'aimer*
- *La prière obtient tout*
- *Des armes invincibles*
- *L'amour dans la souffrance*
- *Où puiser la vie ?*
- *Les enfants de Medjugorje*

Index

A

B

C

D

E

F

G

H

I

J

K

L

M

N

O

P

R

S

T

U

V

Tables des Matières

Achevé d'imprimer en février 1996
sur presse CAMERON
par Bussière Camedan Imprimeries
à Saint-Amand-Montrond (Cher)

N° d'impression : 1/240.
Dépôt légal : février 1996.

Imprimé en France